Lezioni di Teoria dell’interpretazione giuridica

IUSTITIAM COLIMUS

Fabrizio Politi

Lezioni di Teoria dell'interpretazione giuridica

Giappichelli

VIA PO, 21 - TEL. 011-81.53.111 - FAX 011-81.25.100

http://www.giappichelli.it

ISBN/EAN 978-88-921-2427-1

G. Giappichelli Editore

Questo libro è stato stampato su carta certificata, riciclabile al 100%

Stampa: Stampatre s.r.l. - Torino

"Non c'è tirannia peggiore di quella esercitata all'ombra della legge e sotto il calore della giustizia"

(Charles-Louis de Secondat,
barone di La Brède e di Montesquieu)

Indice

Prefazione

Il tema dell'interpretazione è centrale per la riflessione del giurista e, non a caso, la dottrina, da sempre, è attraversata da profonde spaccature e da distinguo che rispecchiano le differenti – se non contrapposte – concezioni del diritto dei singoli autori.

Il presente volume ha l'ambizione di fornire uno strumento didattico che, lungi dal proclamare definizioni o schemi da apprendere e da ripetere meccanicamente, cerca di illustrare la problematicità – ma anche la "concretezza" – di alcune delle numerose questioni che ruotano attorno all'interpretazione giuridica.

L'approccio prescelto è quello di combinare insieme una ricostruzione – volutamente soggettiva ed inevitabilmente non esaustiva – delle maggiori correnti dottrinali in tema di interpretazione giuridica con l'analisi di alcune – recenti – significative pronunce delle maggiori giurisdizioni, nella convinzione che tale combinazione possa aiutare i giovani discenti a comprendere che le questioni che ruotano attorno all'interpretazione dei testi legislativi attengono alle aspettative di donne e uomini e che la problematicità del fenomeno interpretativo è il riflesso della problematicità dell'esperienza giuridica.

f.p.

Sulmona, 15 novembre 2022

Capitolo Primo

L'interpretazione giuridica fra definizioni ed esperienza giuridica

1. *La necessità e la complessità dell'interpretazione giuridica. L'esempio di due recenti pronunce delle supreme giurisdizioni civile ed amministrativa*

Nel 1905 Albert Venn Dicey scriveva che la completa assimilazione dell'interpretazione alla legislazione "equivale senza dubbio a sostenere un'assurdità. Tale assurdità, tuttavia, si avvicina al vero più di quanto non faccia chi sostiene che il diritto di origine giudiziaria non è altro che interpretazione" [1].

E Dicey aggiungeva che "è talmente facile che l'interpretazione di una norma ... sconfini nell'estensione o nella fissazione *ex novo* della stessa, ossia di fatto nella legislazione, che la linea di demarcazione fra le due attività non può essere tracciata con precisione ... Quando un giudice applica le parole di una legge a un caso particolare, è ben possibile che egli si limiti semplicemente ad attenersi ad una norma, senza affatto

[1] A.V. Dicey, *Diritto e opinione pubblica nell'Inghilterra dell'Ottocento* (1905), Bologna, 1997, 483.

crearla: tuttavia ... i giudici che interpretano le leggi scritte, e l'interpretazione dei quali crea precedente, legiferano".

Le considerazioni del celebre giurista inglese evidenziano la ineliminabile componente creativa contenuta in ogni operazione interpretativa, ma hanno anche la capacità di condensare numerose delle questioni legate alla determinazione dei caratteri dell'interpretazione giuridica.

Numerose sono le "teorie" (o, se si preferisce, le "dottrine") dell'interpretazione giuridica, cioè le ricostruzioni teoriche su cosa sia o cosa debba essere (e come si debba svolgere) l'interpretazione giuridica.

Ad un primo disincantato sguardo sulla realtà – e le parole di Dicey sono a questo proposito esemplari – non è difficile rilevare che l'interpretazione giuridica è un'attività intellettiva che non si lascia "incasellare" in definizioni semplificatrici o comunque indirizzate a circoscrivere l'opera dell'interprete in un'attività meccanicistica e predefinita.

L'interpretazione costituisce un tema centrale nella riflessione del giurista e, a questo proposito, è necessario affermare innanzitutto che l'interpretazione giuridica è un'attività pratica perché "ha sempre di fronte a sé la vita nelle sue manifestazioni concrete". L'interpretazione giuridica si svolge (ma non si esaurisce) all'interno del campo di tensione generato dalla disposizione regolatrice (da un lato) e dal fatto concreto che chiede di essere regolato (dall'altro). E così può affermarsi che l'interpretazione viene ad essere "la ricerca nell'ordinamento giuridico della regola adeguata al fatto da regolare" [2].

Il punto di partenza della nostra riflessione deve essere rappresentato dalla ricchezza dell'esperienza giuridica e, a questo proposito, appare utile prendere le mosse da alcune recenti pronunce dei vertici della giurisprudenza civile e amministrativa.

1.1. *Il primo esempio. La pronuncia delle Sezioni Unite della Cassazione n. 26283 del 6 settembre 2022*

Le Sezioni Unite della Cassazione si trovavano a doversi pronunciare sulla applicabilità ai giudizi pendenti di una nuova disposizione legislativa (introdotta con la legge di conversione del d.l. n. 146 del 2021) la quale esclude l'impugnabilità dell'estratto di ruolo.

Infatti, l'art. 3-*bis* del d.l. n. 146 del 2012, introdotto con la legge di

---

[2] G. Zagrebelsky, *Il sistema costituzionale delle fonti del diritto*, Torino, 1984, 69.

conversione n. 215 del 2012 (rubricato "*Non impugnabilità dell'estratto di ruolo e limiti all'impugnabilità del ruolo*"), ha aggiunto all'art. 12 del d.P.R. 29 settembre 1973, n. 602, il comma 4-*bis*, il quale dispone che "*L'estratto di ruolo non è impugnabile. Il ruolo e la cartella di pagamento che si assume invalidamente notificata sono suscettibili di diretta impugnazione nei soli casi in cui il debitore che agisce in giudizio dimostri che dall'iscrizione a ruolo possa derivargli un pregiudizio per la partecipazione ad una procedura di appalto ... oppure per la riscossione di somme allo stesso dovute dai soggetti pubblici ... o infine per la perdita di un beneficio nei rapporti con una pubblica amministrazione*".

L'art. 3-*bis* dichiara dunque non impugnabile l'estratto di ruolo ed indica i casi nei quali è possibile la tutela diretta per il contribuente che sostiene di non aver ricevuto la notifica della cartella.

Subito si è posta la questione (il "*dubbio interpretativo*") relativa alla applicabilità o meno della nuova norma anche alle cause già pendenti.

Con riguardo all'efficacia nel tempo delle leggi, l'art. 11 delle preleggi ("*Disposizioni sulla legge in generale*") afferma che "*La legge non dispone che per l'avvenire: essa non ha effetto retroattivo*", prevedendo (sia pur non escludendo la possibilità di norme retroattive; v. *infra*), l'applicabilità solo *pro futuro* delle nuove norme (che, ai sensi dell'art. 10 sempre delle preleggi, "*divengono obbligatorie nel decimoquinto giorno successivo a quello della loro pubblicazione, salvo che sia altrimenti disposto*").

L'istituto che regola la successione delle norme del tempo è l'abrogazione, in base alla quale la norma abrogante "succede" nel tempo alla norma abrogata, che dunque continua a porre la propria disciplina con riguardo ai rapporti sorti sotto il suo vigore.

Questo schema, apparentemente chiaro e semplice, nasconde in realtà molteplici quesiti quando viene applicato ai numerosi episodi della vita quotidiana caratterizzata da rapporti che non si esauriscono *uno actu*, ma aventi una durata temporale che coinvolge sia il periodo antecedente che quello successivo l'entrata in vigore delle nuove discipline legislative.

Altro esempio problematico è quello relativo alle discipline processuali, la cui modifica pone sempre la domanda relativa alla applicabilità o meno della norma subentrante ai processi pendenti e, laddove lo stesso legislatore non dia indicazioni precise in merito (ma a volte anche in tale caso), si sono sempre registrati orientamenti giurisprudenziali contrastanti, legati, non a caso, a scelte tutt'altro che "processuali" (o "formali"), ma di sostanza circa il livello di garanzie o di tutela da assicurare a determinati diritti o aspettative dei singoli.

E così emerge un primo dato che bisogna sempre tenere presente in ogni riflessione sull'interpretazione giuridica: l'opera di interpretazione si concretizza in un "procedimento ricognitivo diretto ad identificare e riprodurre negli apprezzamenti dell'interprete le valutazioni comparative degli interessi in conflitto che sono già contenute nelle norme giuridiche" (Betti). L'interprete non può non svolgere propri "apprezzamenti" i quali – quantunque svolgentisi all'interno del perimetro delimitato "dalle valutazioni comparative degli interessi in conflitto ... già contenute nelle norme giuridiche" – conferiscono centralità all'attività interpretativa e dunque all'interprete il quale si raffigura *ex ante* gli esiti della propria interpretazione. E proprio perché si raffigura "prima" gli effetti della propria interpretazione, l'interprete è sempre chiamato a compiere una scelta di valore sia pure all'interno del quadro normativo esistente (quadro normativo che spesso lo stesso interprete ricostruisce secondo una propria impostazione: v. *infra*, secondo esempio).

Tornando alla pronuncia delle Sezioni Unite n. 26283 del 2022, in tale occasione – come detto – la Cassazione ha affermato l'applicabilità della nuova norma anche ai processi pendenti, nei quali dunque, alla luce della nuova norma, i contribuenti dovranno dimostrare (pena l'inammissibilità del ricorso) il pregiudizio sussistente al momento della proposizione dell'impugnazione dell'estratto di ruolo.

1.2. *Il secondo esempio. La sentenza dell'Adunanza plenaria del Consiglio di Stato n. 9 del 5 agosto 2022*

L'Adunanza Plenaria del Consiglio di Stato era chiamata a pronunciarsi sul caso di un professore universitario che contestava l'applicazione, nei suoi confronti, di una nuova norma che introduce un trattamento economico deteriore rispetto a quello già in godimento.

Più precisamente, tale professore universitario, eletto consigliere del Consiglio superiore della magistratura (C.S.M.) per il quadriennio 1998-2002, alla cessazione di tale mandato, rientrando nei ruoli dell'Università, si vedeva corrisposto un assegno *ad personam* come previsto dall'art. 3 della legge 3 maggio 1971, n. 312 (contenente rinvio per "effetti e limiti" di tale assegno all'art. 202 del Testo Unico degli impiegati civili dello Stato approvato con d.P.R. 10 gennaio 1957, n. 3).

Il quadro normativo era così composto.

L'art. 202 ("*Assegno personale nei passaggi di carriera*") del d.P.R. 10 gennaio 1957, n. 3 ("*Testo unico delle disposizioni concernenti lo stato degli impiegati civili dello Stato*"), disponeva che "*Nel caso di passaggio di carriera presso la stessa o diversa amministrazione agli impiegati con stipendio superiore a quello spettante nella nuova qualifica è attribuito un assegno personale, utile a pensione, pari alla differenza fra lo stipendio già goduto ed il nuovo, salvo riassorbimento nei successivi aumenti di stipendio per la progressione di carriera anche se semplicemente economica*".

L'art. 3 della legge 3 maggio 1971, n. 312 ("*Trattamento economico dei componenti del Consiglio superiore della magistratura eletti dal Parlamento cessati dalla carica*") dispone che "*Ai componenti che fruiscono del trattamento previsto dall'articolo 40, comma terzo, della legge 24 marzo 1958, n. 195 l'assegno mensile a carico del Consiglio superiore della magistratura verrà tramutato, all'atto della cessazione dalla carica per decorso del quadriennio, in assegno personale agli effetti e nei limiti stabiliti dall'articolo 202 del testo unico delle disposizioni concernenti lo statuto degli impiegati civili dello Stato approvato con decreto del Presidente della Repubblica 10 gennaio 1957, n. 3. In tali casi la liquidazione dei trattamenti di quiescenza e di previdenza avrà luogo con le norme vigenti per il personale della magistratura. L'attribuzione dell'assegno di cui al comma precedente esclude la concessione dell'indennità di cui all'articolo 1 della presente legge*".

E l'art. 40, comma 3, della legge n. 195 del 1958 (citato dalla predetta disposizione) aveva ad oggetto il trattamento dovuto ai "*componenti eletti dal Parlamento che fruisc[o]no di stipendio o di assegni a carico del bilancio dello Stato*" in costanza di carica. Va aggiunto che, siccome l'art. 104, comma 4, Cost. dispone che i componenti del C.S.M. eletti da Parlamento siano scelti tra professori ordinari di università in materie giuridiche e avvocati dopo quindici anni di servizio, i consiglieri del C.S.M., eletti dal Parlamento interessati dall'art. 3 della legge n. 312 del 1971, erano i professori universitari.

L'art. 3 della legge n. 312 del 1971 definiva dunque il trattamento economico dei consiglieri del C.S.M., eletti dal Parlamento e provenienti dai ruoli di pubbliche amministrazioni, alla cessazione dalla carica. Ad essi spettava, per il periodo della consiliatura, il trattamento economico stabilito dall'art. 40, comma 2, della legge n. 195 del 1958, e, al rientro nella posizione di provenienza, un assegno *ad personam* che, per il rinvio effettuato al citato art. 202, era quantificato nella differenza tra quanto percepito in costanza di carica e il trattamento già goduto nell'amministrazione di provenienza, ed era anch'esso pensionabile e riassorbibile.

Il 1° gennaio 2014 entrava in vigore l'art. 1, comma 458, della legge 27 dicembre 2013, n. 147, che così dispone: "*L'articolo 202 del testo unico di cui al decreto del Presidente della Repubblica 10 gennaio 1957, n. 3 e l'articolo 3, commi 57 e 58, della legge 24 dicembre 1993, n. 537, sono abrogati. Ai pubblici dipendenti che abbiano ricoperto ruoli o incarichi, dopo che siano cessati dal ruolo o dall'incarico, è sempre corrisposto un trattamento pari a quello attribuito al collega di pari anzianità*".

In applicazione di tale nuova disposizione legislativa, l'Università comunicava la cessazione dell'assegno personale a decorrere dal gennaio 2014.

Il professore ricorreva al Tar Lazio che (sez. III, sent. n. 8984 del 2016) accoglieva il ricorso affermando che alla nuova disciplina legislativa (art. 1, commi 458 e 459, della legge n. 147 del 2013), in assenza di espressa qualificazione di retroattività, andava data una lettura "costituzionalmente orientata" (v. *infra*, cap. IV), tale da escluderne l'applicazione ai rapporti giuridici sorti anteriormente alla sua entrata in vigore ed ancora in vita, in modo da evitare il disconoscimento di effetti (già verificatisi) di un fatto già realizzatosi ovvero di efficacia a conseguenze (attuali o future) del fatto medesimo.

Per il Tar Lazio, dunque, la nuova disposizione è chiamata a regolare solo i rapporti instauratisi successivamente all'entrata in vigore della stessa (o comunque per i rapporti nei quali non vi sia collegamento con il fatto che li ha generati).

Secondo il Tar, l'applicazione della nuova norma anche ai rapporti instauratisi anteriormente all'entrata in vigore della stessa si pone in contrasto con il principio di irretroattività della legge (art. 11 della preleggi, secondo cui "*La legge non dispone che per l'avvenire: essa non ha effetto retroattivo*"). E se la Costituzione (art. 25) vieta la retroattività solo in materia penale, sicché nelle altre materie al legislatore è concessa la possibilità di modificare in senso sfavorevole la disciplina dei rapporti in corso, la Corte costituzionale ha affermato che il legislatore è comunque tenuto al rispetto del legittimo affidamento nella sicurezza dei rapporti giuridici (quale parametro di ragionevolezza dello *jus superveniens*). Pertanto, laddove la posizione soggettiva incisa dalla nuova legge sia "consolidata" (poiché "*radicata non soltanto su un provvedimento amministrativo che l'ha disposta ..., ma anche sull'esercizio effettivo delle attribuzioni connesse a quella posizione*"), è la "posizione soggettiva" a dover prevalere "*in un'ottica di bilanciamento di interessi tra quello pubblico e quello dei soggetti nei quali è sorto il legittimo affidamento nella si-*

curezza giuridica nutrito sulla base della normativa previgente, in base alla quale hanno maturato una situazione sostanziale consolidata".

Inoltre il Tar Lazio aggiungeva che l'abrogazione del ("solo") art. 202 T.U. impiegati civili dello Stato non si rivela "*sufficiente ad eliminare dall'ordinamento anche gli effetti dell'art. 3 della L. n. 312/1971*", poiché l'art. 202 mirava ad evitare effetti negativi economici del passaggio di carriera degli impiegati, mentre l'art. 3 della legge n. 312 del 1971 riguarda la diversa situazione di quei dipendenti che alla scadenza di un incarico onorario (e dunque non di un rapporto di impiego) rientrino nei ruoli della propria amministrazione di appartenenza; l'abrogazione della prima disposizione non esclude la perdurante vigenza della seconda, per eliminare la quale sarebbe stata necessaria una specifica disposizione di legge a contenuto abrogativo (ed anche in questo caso si sarebbe dovuto tener conto del principio di irretroattività sopra affermato).

Il Tar dunque accoglieva il ricorso del professore facendo leva su due argomenti:

– uno attinente alla portata (ambito di estensione soggettiva) della nuova disposizione legislativa, per cui (secondo il Tar) la nuova norma non riguardava il caso di specie;
– uno attinente alla "retroattività" o meno della nuova disciplina legislativa, cioè alla capacità della stessa di introdurre norme capaci di incidere negativamente su rapporti sorti anteriormente ed ancora *in itinere*.

A ben vedere le due argomentazioni si pongono (se non in contraddizione) non in piena armonia l'una con l'altra giacché se la nuova disposizione legislativa non riguarda il caso di specie (per ambito soggettivo), il secondo argomento (la irretroattività della nuova disciplina) appare indifferente (o pleonastico). Ma probabilmente il Tar ha ritenuto di dover "irrobustire" le motivazioni della propria decisione evidenziando che, anche laddove si fosse ritenuto applicabile la nuova disciplina al caso di specie, comunque la nuova norma non avrebbe dovuto trovare applicazione *ratione temporis*.

In sede di appello l'Università eccepiva che le disposizioni di cui all'art. 1, commi 458 e 459, della legge n. 147 del 2013, "*per il loro inequivoco tenore letterale come pure per la ratio ad esse sottesa*" (contenimento della spesa pubblica mediante la cessazione di tutti gli assegni *ad personam* in godimento a dipendenti pubblici cessati da ruoli o incarichi precedentemente svolti) andavano applicate anche ai rapporti giuridici sorti anteriormente ed ancora pendenti.

Ed anche con riguardo all'ambito soggettivo della nuova disciplina, l'Università affermava che la portata abrogativa delle nuove disposizioni, "*per quanto testualmente riferita al solo art. 202 del T.U. impiegati civili dello Stato*", non poteva non estendersi anche all'art. 3 della legge n. 312 del 1971 (ricomprendendo dunque anche l'assegno personale corrisposto al dipendente pubblico rientrato nei ruoli dell'amministrazione di appartenenza alla cessazione della carica di consigliere c.d. laico del C.S.M.), in ragione dello stretto rapporto esistente fra le due disposizioni. L'art. 3 della legge n. 312 del 1972 infatti rinvia all'art. 202 T.U. impiegati civili dello Stato, e pertanto non sarebbe possibile ritenere che il primo continui ad essere in vigore dopo l'abrogazione espressa del secondo. Al contrario, va rilevata una "abrogazione implicita" – avvenuta "per rinnovazione della materia" – dell'art. 3 cit., avendo il legislatore dettato una nuova disciplina organica di tutta la materia del trattamento economico spettante ai dipendenti pubblici rientrati nei ruoli dell'amministrazione di appartenenza.

La Sezione VII del Consiglio di Stato (in ragione dell'esistenza di un contrasto di orientamenti in merito alla perdurante vigenza dell'art. 3 della legge n. 312 del 1971, in materia di trattamento economico dei componenti c.d. laici del C.S.M. cessati dalla carica, a seguito dell'entrata in vigore dell'art. 1, commi 458 e 459, legge n. 147 del 2013 e, per il caso di riconosciuto effetto abrogativo, relativamente alla sua estensione anche ai rapporti sorti antecedentemente ed ancora in corso di svolgimento), con ordinanza (8 marzo 2022, n. 1672) rimetteva all'Adunanza Plenaria la decisione dei seguenti quesiti:

"a) *se le disposizioni normative di cui all'art. 1, commi 457 e 458, della l. n. 147 del 2013, nonché quelle di cui all'articolo 8, comma 5, della legge n. 370 del 1999 (nel testo vigente) siano applicabili anche ai componenti cc.dd. laici del Consiglio superiore della Magistratura (con la conseguenza di rendere inapplicabili nei loro confronti l'istituto dell'assegno ad personam) ovvero se questi ultimi siano esclusi dalla applicazione delle norme ivi contenute, anche in ragione del particolare munus ad essi affidato (art. 104, comma 4, Cost.)*";

"b) *(in caso di risposta affermativa al primo quesito) se le disposizioni normative de quibus siano applicabili ai ratei da corrispondersi a partire da 1° febbraio 2014, anche se il conferimento dell'incarico di componente c.d. laico del Consiglio superiore della Magistratura sia avvenuto antecedentemente alla data di entrata in vigore della l. n. 147/2013*".

Nella giurisprudenza del Consiglio di Stato si erano affermati due diversi orientamenti.

Secondo un primo orientamento (Consiglio di Stato, sez. VI, sentt. nn. 1384 e 1385 del 2018; Sez. III, sent. n. 8026 del 2021), l'art. 3 della legge n. 312 del 1972 sarebbe stato abrogato dalle disposizioni introdotte nel 2013 in via implicita o comunque sarebbe stato oggetto di un fenomeno di *"svuotamento normativo"*. E, considerato che il comma 459 dell'art. 1 della legge n. 147 del 2013 impone alle amministrazioni di adeguare i trattamenti giuridici *"a partire dalla prima mensilità successiva alla data di entrata in vigore"*, l'assegno personale non sarebbe più dovuto in relazione ai ratei retributivi da corrispondersi a partire dal 1° febbraio 2014; ed in tali sentenze si afferma che tale retroattività (c.d. "impropria") è stata ritenuta non in contrasto con i limiti che la giurisprudenza costituzionale e della Corte EDU hanno posto alla legittima introduzione di discipline retroattive.

Orientamento contrapposto è quello (espresso dal Consiglio della Giustizia amministrativa per la Regione Siciliana, sentenza 14 aprile 2016, n. 89; Consiglio di Stato, Sez. VI, sent. n. 5801 del 2017) secondo cui l'art. 3 della legge n. 312 del 1971, in quanto "norma speciale" (perché rivolta a regolare il caso particolare del professore universitario eletto componente del C.S.M.), non potrebbe dirsi abrogata in seguito all'abrogazione di una norma di carattere generale, quale l'art. 202 T.U. impiegati civili dello Stato, che si riferiva a *"compiti, funzioni incarichi svolti all'interno dell'amministrazione"*, ma non contemplava in alcun modo lo svolgimento di funzioni di competenza degli organi costituzionali. Secondo questa impostazione, la legge del 2013 sarebbe priva di effetto abrogativo nei confronti dell'assegno *ad personam* di cui alla legge n. 312 del 1971, sia per mancanza di abrogazione espressa di quest'ultima disposizione, sia in ragione del carattere speciale dell'attribuzione patrimoniale disciplinata (che non potrebbe dunque dirsi travolta dall'abrogazione dell'art. 202 T.U. impiegati civili dello Stato).

La Sezione VII (nel rimettere le sopra indicate questioni all'Adunanza Plenaria) dichiarava la sua preferenza per il primo orientamento, ponendo come base del proprio ragionamento la distinzione fra il "carattere" dell'art. 202, quale una *"norma di carattere generale"*, e quello dell'art. 3 della legge n. 312 del 1971, quale *"norma speciale ma non singolare"*.

La prima, infatti, era *"norma generale sul trattamento economico del dipendente pubblico in caso di passaggio di carriera"*: in tale norma era prevista la conservazione del trattamento economico – più favorevole –

in godimento nella precedente posizione mediante corresponsione di assegno *ad personam*, pari alla differenza tra lo stipendio già goduto e il nuovo stipendio, pensionabile e riassorbibile. Tale norma era espressione del principio del divieto di *reformatio in pejus* del trattamento economico in caso di passaggio di carriera (anche allo scopo di favorire processi di mobilità all'interno della stessa amministrazione o tra amministrazioni diverse).

La seconda norma (art. 3 della legge n. 312 del 1971) era invece definita (dalla VII sezione del Consiglio di Stato) *"norma speciale, ma non singolare"*: "speciale" perché si riferiva al trattamento dovuto ai dipendenti pubblici – e nello specifico ai professori universitari – eletti componenti c.d. laici del C.S.M. alla cessazione dalla carica, ma *"non singolare"* in ragione dell'esistenza di altre norme nell'ordinamento chiamate a disciplinare *"il trattamento economico (e giuridico) spettante al dipendente pubblico alla cessazione di un incarico cui sia stato eletto (o nominato)"* (quali, ad esempio, l'art. 2 della legge n. 265 del 1985 relativa ai giudici della Corte costituzionale; o l'art. 88 del d.P.R. n. 361 del 1957, con riguardo ai dipendenti pubblici eletti deputati o senatori; o l'art. 47, comma 2, della legge n. 146 del 1980, con riguardo ai dipendenti pubblici, non membri del Parlamento che abbiano assunto la carica di Ministro e di Sottosegretario di Stato).

L'Adunanza Plenaria, oltre alle norme già esaminate, ricorda, con riguardo alla disciplina relativa ai professori universitari, l'art. 8, quinto comma, della legge n. 370 del 1999 (*"Disposizioni in materia di università e di ricerca scientifica e tecnologica"*), che, nella sua originaria formulazione, prevedeva che: *"Nei casi in cui la normativa vigente consenta al personale assunto o rientrato nei ruoli dei professori e ricercatori universitari di conservare l'importo corrispondente alla differenza tra il trattamento economico complessivo goduto nel servizio o nell'incarico svolto precedentemente e quello attribuito al professore o ricercatore universitario di pari anzianità, tale importo è attribuito come assegno ad personam da riassorbire per effetto sia della progressione economica e dell'assegno aggiuntivo di cui agli articoli 36. 38 e 39 del decreto del Presidente della Repubblica 11 luglio 1980, n. 382, sia di ogni altro incremento retributivo attribuito al personale docente e ricercatore delle università"*.

Successivamente, con l'art. 5, comma 10-*ter*, del d.l. n. 95 del 2012, conv. con mod. dalla legge n. 135 del 2012, tale disposizione è stata così riformulata: *"Al professore o ricercatore universitario rientrato nei ruoli è corrisposto un trattamento pari a quello attribuito al collega di pari anzia-*

nità. In nessun caso il professore o ricercatore universitario rientrato nei ruoli delle università può conservare il trattamento economico complessivo goduto nel servizio o incarico svolto precedentemente, qualsiasi sia l'ente o istituzione in cui abbia svolto l'incarico. L'attribuzione di assegni ad personam in violazione delle disposizioni di cui al presente comma è illegittima ed è causa di responsabilità amministrativa nei confronti di chi delibera l'erogazione". Ed il Consiglio di Stato rileva che tale disposizione "*è stata evidentemente ritenuta non applicabile al caso del professore universitario rientrato nei ruoli dell'università dopo aver svolto l'incarico di componente c.d. laico del C.S.M. per la perdurante vigenza dell'art. 3 della legge n. 312 del 1971*".

Ed è di fronte a tale quadro normativo che bisogna interrogarsi sulla portata dell'art. 1, comma 458, della legge n. 147 del 2013, secondo cui "*L'articolo 202 del testo unico di cui al decreto del Presidente della Repubblica 10 gennaio 1957, n. 3 e l'articolo 3, commi 57 e 58, della legge 24 dicembre 1993, n. 537, sono abrogati. Ai pubblici dipendenti che abbiano ricoperto ruoli o incarichi, dopo che siano cessati dal ruolo o dall'incarico, è sempre corrisposto un trattamento pari a quello attribuito al collega di pari anzianità*".

Il Consiglio di Stato rileva che il comma 458 si compone di due norme: *a*) la prima abroga espressamente l'art. 202 del d.P.R. n. 3 del 1957, che, unitamente all'art. 3, commi 57 e 58, della legge n. 537 del 1993, poneva la disciplina dei c.d. passaggi di carriera; *b*) la seconda pone la regola secondo cui alla cessazione dell'incarico ricoperto (o del diverso ruolo assunto) al dipendente pubblico che rientri nell'amministrazione di provenienza spetta un trattamento pari a quello del collega con pari anzianità.

Pertanto, con riguardo al caso di specie, bisogna stabilire in che rapporto si ponga la nuova regola con le previgenti disposizioni in materia di trattamento economico e giuridico del dipendente pubblico ed in particolare con la disposizione di cui all'art. 3 della legge n. 312 del 1972, riferita ai professori eletti consiglieri c.d. laici del C.S.M.

Il Consiglio di Stato si interroga dunque sulla volontà del legislatore: "*Occorre domandarsi se il legislatore abbia inteso disporre la loro abrogazione, tacita o implicita, o se, invece, abbia voluto innovare all'ordinamento giuridico senza effetti sulle disposizioni previgenti*".

Con riguardo alla portata dell'art. 15 delle preleggi (secondo cui "*Le leggi non sono abrogate che da leggi posteriori per dichiarazione espressa del legislatore, o per incompatibilità tra le nuove disposizioni e le preceden-*

ti o perché la nuova legge regola l'intera materia già regolata dalla legge anteriore"), l'Adunanza Plenaria ricorda che "*Si suole distinguere tre tipologie di abrogazione: a) l'abrogazione espressa qualora una norma successiva espressamente dichiari abrogata una norma precedente; b) l'abrogazione tacita (anche denominata da parte della dottrina abrogazione implicita) che avviene nel caso in cui la norma successiva risulta incompatibile con quella precedente di modo che sia resa impossibile la contemporanea applicazione delle due leggi in comparazione, per cui dall'applicazione ed osservanza della successiva deriva necessariamente la disapplicazione o l'inosservanza dell'altra; c) l'abrogazione per rinnovazione della materia se, alla luce di una disamina complessiva delle varie disposizioni, si giunge a ritenere che il legislatore abbia inteso innovare completamente una certa materia, con l'avvertenza che qui per 'materia' ... deve intendersi ... anche solo un particolare segmento di una certa materia che la nuova normativa sottopone a diversa disciplina*".

Quest'ultima tipologia, alla quale si assegna in genere la qualifica di "abrogazione implicita" (e che l'Adunanza Plenaria preferisce indicare con l'espressione "*abrogazione per rinnovazione della materia*") è indicata quale "*prerogativa del legislatore che può innovare la disciplina di una materia senza doversi far carico di ricercare e disporre l'abrogazione espressa di tutte le (precedenti) disposizioni con la nuova incompatibili, ma rimettendo tale compito all'interprete che di esse si trovi a dover far applicazione in vicenda concreta*", giacché "*anche senza che di queste ultime sia stata disposta l'abrogazione espressa, si presume, infatti, dalla lettera e dal contenuto della nuova legge, la volontà del legislatore che le precedenti disposizioni non siano più applicate dopo l'entrata in vigore della nuova disciplina*".

Nel caso di specie, la norma del 2013, con riguardo alle disposizioni previgenti in esame, se abroga espressamente solo l'art. 202 cit. e l'art. 3, commi 57 e 58, della legge n. 537 del 1993, non pone un'abrogazione tacita dell'art. 3 della legge n. 312 del 1971, in ragione dell'applicazione del brocardo *lex posterior generalis non derogat priori speciali*. Infatti, le disposizioni previgenti, poiché connotate da elementi di specialità, potrebbero restare vigenti anche a seguito dell'introduzione della nuova regola.

L'Adunanza plenaria ritiene, invece, che si sia prodotta un'abrogazione delle disposizioni previgenti incompatibili (e dunque anche dell'art. 3 della legge n. 312 del 1971) per "*rinnovazione della materia*" (definita dalla maggior parte della dottrina "abrogazione implicita").

Da sottolineare, nella motivazione della pronuncia del Consiglio di Stato, l'insistenza sulla "volontà del legislatore" che – secondo l'Adunanza Plenaria – con la norma contenuta nella seconda parte del comma 458 cit., *"ha fissato una regola unitaria per quella particolare vicenda del rapporto di pubblico impiego rappresentata dal rientro nei ruoli di provenienza in seguito alla cessazione dell'incarico (o del ruolo) al quale il dipendente sia stato eletto o nominato"*, disponendo che *"il trattamento dovuto sarà equivalente a quello attribuito al collega di pari anzianità"*. Il Consiglio di Stato rileva che *"Se è vero che all'entrata in vigore della nuova norma, spetta all'interprete – e in sede giurisdizionale – rivelare la volontà del legislatore, è corretto dire che la disposizione qui in esame si presenta connotata da una evidente portata di uniformazione delle diversificate previgenti discipline, appare cioè caratterizzata da un afflato generalizzante, per cui ora v'è una sola regola che vale a disciplinare tale particolare e specifica vicenda del rapporto di pubblico impiego"*.

Ed il Consiglio di Stato utilizza anche un argomento *a contrario*: *"a voler diversamente opinare, considerato che nel precedente assetto normativo siffatta vicenda del rapporto di impiego pubblico trovava discipline diversificate a seconda dell'incarico cui il dipendente pubblico era stato destinato e dal quale cessava – o, altrimenti detto, v'era un reticolato di norme speciali – la nuova norma, non riferita alla cessazione di uno specifico incarico, e quindi, di portata generale, non potrebbe trovare mai concreta applicazione"*. E proprio questa conclusione sarebbe *"elusiva della chiara volontà del legislatore quale emerge dall'analisi diacronica delle disposizioni rilevanti in precedenza svolta"*.

Da segnalare che, nella motivazione della pronuncia in esame, l'accento posto sulla *"volontà del legislatore"* è funzionale anche a superare le argomentazioni fatte valere dall'orientamento contrapposto che faceva leva sui *"termini utilizzati dal legislatore nella formulazione del comma 458"*. Secondo tale tesi, la formulazione letterale del comma 458 (che fa riferimento al dipendente pubblico che abbia ricoperto – presso altra amministrazione – un *"incarico"* ovvero un *"ruolo"*) non sarebbe applicabile al professore universitario rientrante nell'Università dopo essere stato consigliere del C.S.M. giacché quello di componente laico del C.S.M. sarebbe una "carica istituzionale" ovvero un *"munus* pubblico" (rispetto al quale, quindi, non è assunto alcun "ruolo", né "incarico").

Ma per il Consiglio di Stato, nel caso di specie, *"la terminologia utilizzata dal legislatore"* è *"ininfluente"* per diverse ragioni.

Innanzitutto, se è vero che l'art. 104 Cost., in relazione ai membri del C.S.M., utilizza il termine *"carica"* (termine rinvenibile anche nelle disposizioni costituzionali relative ad altri organi: Presidente della Repubblica all'art. 85 Cost.; Presidente del Consiglio e ministri all'art. 96 Cost.), *"ciò non comporta alcuna specialità ai fini che qui interessano"*. Per il Consiglio di Stato *"entrambi i termini – 'carica' e 'incarico' – evocano il concetto di peso, essendo la 'carica' l'operazione di porre il peso sopra una persona e, dunque, per l'impegno che ciò comporta, in via traslata, quello di assunzione di un ufficio pubblico, e così, identicamente, l'incarico è l'esito dell'operazione di carica, per cui potrebbe dirsi che etimologicamente non vi sia differenza tra i due termini"*. Ma soprattutto *"quel che più conta è che, per aver il legislatore indicato i destinatari della disposizione in coloro che abbiano 'ricoperto un ruolo o incarico', può affermarsi che il concetto di 'incarico' sia qui usato in maniera metonimica: riferendosi all'atto di conferimento – l''incarico', appunto – il legislatore ha inteso riferirsi all'esercizio della funzione (in conseguenza di un atto di conferimento) al di fuori dell'amministrazione di appartenenza ...; il che ovviamente significa ... assunzione della titolarità di un organo monocratico o di componente di organo collegiale"*.

Quindi, *"la formula linguistica utilizzata dal legislatore ricomprende certamente anche il concetto di 'carica', in quanto l'assunzione di una carica comporta l'esercizio di una funzione ed anche essa presuppone un atto di conferimento (per nomina o per elezione) della funzione ovvero, altrimenti detto, della titolarità dell'organo (anche di rilevanza costituzionale), che comporti instaurazione del rapporto organico"*.

E proprio con riguardo al profilo testuale, il Consiglio di Stato ha gioco facile a rilevare che l'art. 3 della legge n. 312 del 1971 disponeva l'attribuzione di emolumenti *"agli effetti e nei limiti stabiliti dall'art. 202"* del T.U. n. 3 del 1957. E l'art. 1, comma 458, della legge n. 147 del 2013, abrogando l'art. 202, ha fatto venir meno *"la disposizione che garantiva in contenuto lo stesso art. 3, determinando così quanto spettante in base all'art. 202 dello stesso T.U."*. Si è così determinata una *"abrogazione consequenziale dello stesso art. 3 per incompatibilità"*.

Per l'Adunanza Plenaria, dunque, in merito all'estensione soggettiva di tale norma, l'art. 1, comma 458, della legge n. 147 del 2013, deve trovare applicazione anche nei confronti dei professori universitari eletti componenti c.d. laici del C.S.M. che alla cessazione dell'incarico siano rientrati nei ruoli dell'università di provenienza.

Con riguardo al secondo quesito (l'efficacia temporale della sopravvenuta disposizione normativa, e cioè se essa sia applicabile ai ratei da corrispondere ai professori universitari a partire dal 1° febbraio 2014, anche se la data di cessazione dell'incarico sia stata antecedente all'entrata in vigore della nuova normativa), il Consiglio di Stato rileva che *"L'efficacia temporale della nuova disposizione è stabilita dal comma 459 della legge di stabilità 2014 per il quale: 'Le amministrazioni interessate adeguano i trattamenti giuridici ed economici, a partire dalla prima mensilità successiva alla data di entrata in vigore della presente legge, in attuazione di quanto disposto dal comma 458, secondo periodo, del presente articolo e dall'articolo 8, comma 5, della legge 19 ottobre 1999, n. 370, come modificato dall'articolo 5, comma 10-ter, del decreto-legge 6 luglio 2012, n. 95, conv., con modif., dalla legge 7 agosto 2012, n. 135'"*.

Per il Consiglio di Stato *"La norma è chiara e non dà adito a dubbi interpretativi: le amministrazioni sono tenute ad applicare immediatamente la nuova disposizione (*id est. *a partire dalla prima mensilità successiva alla sua entrata in vigore) e, di conseguenza, a rivedere il trattamento giuridico ed economico in godimento dei dipendenti già beneficiari del previgente regime, ormai superato dalla nuova disciplina"*.

Al tempo stesso, per l'Adunanza Plenaria, bisogna verificare se tale scelta del legislatore si ponga in contrasto con la Costituzione e se si debba cercare di vagliare la praticabilità di un'interpretazione costituzionalmente conforme.

La scelta del legislatore di disporre l'immediata revisione del trattamento giuridico ed economico in godimento dei dipendenti cessati dall'incarico di consigliere del C.S.M. viene a porsi come *"norma connotata da retroattività c.d. impropria"*.

Secondo l'insegnamento delle Sezioni Unite della Cassazione (Cass. civ., Sez. Un., 29 gennaio 2021, n. 2142), *"una norma è retroattiva: a) se introduce, sulla base di una nuova qualificazione di fatti e rapporti già assoggettati all'imperio di una legge precedente, una disciplina degli effetti già esauriti alla vigenza della legge precedente ovvero b) se introduce una nuova disciplina degli effetti di un rapporto sorto in precedenza senza distinguere tra effetti che si siano verificati anteriormente o posteriormente alla sua entrata in vigore; non è retroattiva, invece, se disciplina status, situazioni soggettive e rapporti che, pur costituendo* lato sensu *gli effetti di un pregresso fatto generatore (e, per questo, previsti e considerati nel quadro di una diversa normazione), siano ontologicamente e funzionalmente (e, quindi, indipendentemente dal loro collegamento con il fatto generatore) distinti e, per questo, suscettibili di una nuova regolamentazione mediante l'esercizio di poteri e facoltà non consumati sotto la vecchia disciplina"*.

Invece per la giurisprudenza amministrativa (Cons. Stato, sez. VI, 15 febbraio 2022, n. 1093, che si pronuncia proprio sulla portata retroattiva del comma 459 in esame; sez. III, 1° dicembre 2021, n. 8026; sez. VI, 14 maggio 2021, n. 3809; sez. V, 4 dicembre 2020, n. 7695; sez. VI, 2 ottobre 2019, n. 6620), *"le prime due sono ipotesi di retroattività c.d. propria, l'ultima di retroattività c.d. impropria, in quanto la successiva disposizione, pur disponendo per il futuro, incide sullo stato dei rapporti giuridici che sono sorti in ragione di fatti generatori anteriori alla sua entrata in vigore"*.

Il comma 458 dell'art. 1 della legge del 2013 viene dunque ad essere connotato da "retroattività impropria" giacché: *"a) considera un fatto generatore di un rapporto giuridico – la cessazione dall'incarico di consigliere c.d. laico del C.S.M. – che si è verificato anteriormente alla sua entrata in vigore; b) quel rapporto giuridico era disciplinato da una previgente disciplina alla quale le parti sono state sottoposte per un certo periodo; c) introduce una nuova disciplina cui le parti sono sottoposte a partire dalla sua entrata in vigore"*. Va pertanto rilevata l'esistenza di *"una cesura tra due diverse discipline"*, corrispondente al momento di entrata in vigore della nuova norma, sicché *"uno stesso rapporto, per il tempo della sua durata, è regolato prima in un modo e poi in altro"*.

Questo fenomeno giuridico (la nuova regola del rapporto), in via generale ammissibile, è parimenti ammissibile laddove introduca un peggioramento del trattamento economico del dipendente pubblico, incidendo negativamente sui diritti in godimento? È necessario dunque accertare l'eventuale contrasto della nuova disciplina con il principio del legittimo affidamento del dipendente pubblico.

A questo proposito, il Consiglio di Stato ricorda che *"Il principio del legittimo affidamento nella certezza delle situazioni giuridiche costituisce un limite alla scelta del legislatore ordinario di introdurre discipline che modificano rapporti giuridici in corso di svolgimento"*. E, nell'ottica dei rapporti amministrativi, tale principio *"tutela l'aspettativa della parte privata a poter conservare – per tutto il periodo di spettanza e nell'originaria entità – l'utilità legittimamente acquisita in forza di un atto della pubblica amministrazione; così inteso vale per ogni norma retroattiva, nelle due accezioni, propria e impropria, prima esposte (e con specifico riguardo alle leggi di interpretazione autentica)"*.

Il legittimo affidamento opera dunque quale limite all'adozione di norme retroattive e trova fondamento nell'art. 3 Cost. e nel divieto di introdurre ingiustificate disparità di trattamento (oltre che nei principi connaturati allo Stato di diritto, quale l'indispensabile coerenza dell'ordinamento giuridico e la certezza del diritto: Corte cost. nn. 46 e 210 del 2021; n. 12 del 2018; n. 191 del 2014). Ma la stessa Corte costituzionale ha chiarito che il principio del legittimo affidamento non pone un "*limite assoluto, né inderogabile*", giacché "*nel nostro sistema costituzionale non è interdetto al legislatore di emanare disposizioni le quali modifichino sfavorevolmente la disciplina dei rapporti di durata, anche se il loro oggetto sia costituito da diritti soggettivi perfetti ... Dette disposizioni però, al pari di qualsiasi precetto legislativo, non possono trasmodare in un regolamento irrazionale e arbitrariamente incidere sulle situazioni sostanziali poste in essere da leggi precedenti, frustrando così anche l'affidamento del cittadino nella sicurezza giuridica, che costituisce elemento fondamentale e indispensabile dello Stato di diritto*" (così Corte cost. n. 349 del 1985, n. 349, n. 302 del 2010, nn. 206 e 236 del 2009).

La disposizione che introduce una disciplina peggiorativa deve dunque essere sottoposta ad uno scrutinio di ragionevolezza quale "*verifica del corretto bilanciamento tra le opposte esigenze*": da un lato, l'aspettativa del privato a conservare quel che ha acquisito, dall'altro lato, l'esigenza che giustifica l'intervento in senso peggiorativo del preesistente assetto di interessi deciso dal legislatore (c.d. "causa normativa adeguata") consistente in un interesse pubblico sopravvenuto o in una esigenza – o in un principio, o diritto o bene – di rilievo costituzionale (Corte cost. n. 203 del 2016; n. 34 del 2015; n. 92 del 2013).

La nuova disciplina del trattamento economico del dipendente pubblico alla cessazione dell'incarico risponde ad un'esigenza di contenimento della spesa pubblica e le ragioni di contenimento della spesa pubblica possono giustificare la modifica della disciplina dei rapporti in corso di svolgimento.

Il Consiglio di Stato rileva inoltre che, attraverso la nuova disciplina, "*sono eliminate ragioni di differenziazione dei trattamenti economici all'interno della stessa amministrazione: prevedendo che alla cessazione dell'incarico sia corrisposto al dipendente 'un trattamento pari a quello attribuito al collega di pari anzianità' il legislatore riconosce che il tempo della durata dell'incarico c.d. esterno valga ai fini dell'anzianità di servizio ... come la continuativa attività lavorativa che per lo stesso periodo sia svolta all'interno dell'amministrazione, dando così alle due carriere ... pari dignità quanto alla maturazione del trattamento economico*". E la misura è proporzionata giacché l'interessato è privato di un *surplus* di retribuzione riferita ad un incarico ormai passato, non supporta alcun "onere individuale eccessivo", di modo che si può ben dire raggiunto il giusto bilanciamento (*fair balance*) tra interesse generale e diritti fondamentali della persona.

Pertanto l'Adunanza Plenaria afferma che la nuova disciplina si applica ai ratei da corrispondersi a partire dal 1° febbraio 2014, anche se il conferimento dell'incarico di componente c.d. laico del C.S.M. sia avvenuto antecedentemente alla data di entrata in vigore della legge n. 147 del 2003 e senza che ciò comporti lesione del legittimo affidamento maturato dal consigliere.

I due esempi appena esaminati, oltre a confermare "plasticamente", la ricchezza del fenomeno interpretativo, hanno già messo sul tavolo numerose delle problematiche che ruotano attorno alla teoria dell'interpretazione giuridica: dalla portata dell'art. 12 delle preleggi al peso della "volontà del legislatore"; dalle questioni che ruotano attorno alla portata (e alle tipologie) dell'abrogazione a quelle relative alla tipologia (generale o speciale) delle norme da interpretare ed ai rapporti esistenti fra le stesse; dalle questioni legate all'efficacia nel tempo delle disposizioni legislative (e dunque all'affidamento del cittadino) a quelle connesse ai vincoli che la Costituzione pone al legislatore nel modificare discipline destinate a durare nel tempo. Viene così a trovare conferma l'iniziale affermazione relativa alla centralità dell'interprete nell'esperienza giuridica e alla complessità del fenomeno interpretativo [3].

2. *Le "dottrine" dell'interpretazione giuridica*

Allargando lo sguardo sulle dottrine sull'interpretazione giuridica, è facile rilevare che nell'impostazione prevalente nel panorama giuridico italiano, il fenomeno interpretativo viene ad essere ricostruito soprattutto nella dialettica "disposizione-norma".

La *"disposizione"* ("proposizione linguistica contenuta nell'atto normativo e dotata di una propria autonomia anche solo formale ed estrinseca") rappresenta la proposizione formulata nell'atto legislativo (e dunque è l'oggetto dell'interpretazione), mentre la *"norma"* è la disposizione interpretata (il prodotto dell'interpretazione).

---

[3] F. Cerrone, *In margine ad un frammento di storia e teoria delle fonti: le norme sulle norme in tema di interpretazione*, in *Rivista Aic*, 2019, 32, evidenzia che l'interpretazione "è area non ristretta al solo ambito giuridico", giacché "dopo Schleiermacher, Dilthey, Husserl, Heidegger, Betti, Gadamer, Ricoeur, Habermas e Blumenberg, ritenere che i problemi interpretativi specifici del giurista possano essere affrontati prescindendo da una seria ponderazione dei percorsi complessivi dell'ermeneutica è insostenibile".

Ed il significato di ciascuna disposizione "deve essere tratto dalla formula testuale in relazione con l'ordinamento normativo complessivo, e cioè con tutte le altre norme, prodotte dalle più diverse fonti, che, ad un momento dato, lo costituiscono" [4]. La singola disposizione viene ad essere "soltanto una delle componenti della norma, che dall'atto trae, bensì, origine e fondamento, ma solo in parte il significato ad essa attribuibile nella sua connessione con le altre vigenti e alla stregua dei princìpi che conferiscono coerenza e dignità di sistema al diritto oggettivo" [5].

Nella distinzione fra "disposizione" e "norma", Vezio Crisafulli individua il distacco fra la "disposizione" come posta dal legislatore (e che Crisafulli definisce "disposizione-norma") e la norma come vive nell'ordinamento (la "norma-vivente") definita anche "norma-ordinamento" giacché su di essa ("direttamente o indirettamente") "si riflette, determinando il significato attuale, l'intero sistema normativo, nella sua astratta oggettività, ed anche, in certa misura, nella effettualità del suo concreto realizzarsi" [6].

E, in ragione della dimensione temporale dell'ordinamento, "essenziale è la univocità della norma ad un momento dato, e non anche il permanere invariato del significato originario della rispettiva disposizione" [7]. L'interpretazione viene così ad essere "mezzo per ricercare nelle disposizioni le norme ivi contenute" [8].

Se l'atto normativo si concretizza in disposizioni (o enunciati o significanti) che esprimono un significato, l'interpretazione viene a configurarsi come il processo intellettivo mediante il quale, partendo dalle formule linguistiche contenute negli atti normativi, si giunge alla determinazione del contenuto normativo delle stesse: "dai significanti (gli enunciati) ai significati" [9].

Gli studi che si sono soffermati sulle peculiarità dell'interpretazione giuridica possono essere suddivisi collocando da un lato quanti configurano il processo interpretativo come recezione passiva di un dato preesistente e, dall'altro lato, quanti (Betti *in primis*) ritengono l'interpreta-

---

[4] V. Crisafulli, *Disposizione (e norma)*, in *Enc. dir.*, vol. XIII, Milano, 1964, 195 ss.

[5] V. Crisafulli, *op. ult. cit.*, 198.

[6] V. Crisafulli, *op. ult. cit.*, 199.

[7] V. Crisafulli, *op. loc. ult. cit.*

[8] G. Zagrebelsky, *op. ult. cit.*, 68.

[9] G. Zagrebelsky, *op. loc. ult. cit.*

zione un "procedimento ricognitivo diretto a identificare e riprodurre negli apprezzamenti dell'interprete le valutazioni comparative degli interessi in conflitto che sono già contenute nelle norme giuridiche"[10].

Secondo il primo orientamento – espressione del positivismo giuridico – l'interpretazione si concretizza in una meccanica applicazione al caso concreto di quanto disposto dal legislatore sicché ogni riflessione sull'interpretazione giuridica è indirizzata ad individuare le regole volte ad assicurare l'esatta applicazione – da parte dell'interprete – della volontà del legislatore.

Il secondo orientamento riconosce invece – sia pure con graduazioni anche molto diverse – una inevitabile creatività nell'opera dell'interprete, creatività discendente innanzitutto dalla considerazione che è l'interpretazione che fa vivere le leggi nella realtà storica. Ma sulla "estensione" (e sui limiti) da riconoscere a tale "creatività", le posizioni tendono a differenziarsi anche notevolmente.

Ed infatti molteplici – e fra loro eterogenee – sono le riflessioni critiche delle concezioni logico-formali del diritto.

Nei decenni a cavallo fra i secoli XIX e XX si registrano dottrine (dall'*école scientifique* al c.d. "diritto libero" alla c.d. "giurisprudenza degli interessi") che contestano i principi del positivismo giuridico.

L'*école scientifique* vede come principale esponente François Gény[11]

---

[10] E. Betti, *Interpretazione della legge e sua efficienza evolutiva*, in *IUS*, 1959, 544, che aggiunge: "Purtroppo tra i giuristi ha ancora credito, sia per inerzia mentale sia per il pregiudizio di una pretesa differenza di metodo tra considerazione giuridica e considerazione filosofica, la vecchia concezione ingenuamente oggettivistica". Anche F. Cerrone, *op. loc. ult. cit.*, evidenzia che bisogna sempre ricordare l'orientamento pratico ed il "carattere costitutivo" dell'interpretazione giuridica (e che indirizzano "la valutazione del giurista verso la soluzione di questioni che investono l'azione umana, questioni che derivano dall'indirizzo normativo che all'azione stessa è dato da un fine regolativo" che finiscono per imprimere "una configurazione complessa all'interpretazione giuridica").

[11] F. Geny, *Méthode d'interprétation et sources en droit privé positif*, Parigi, 1899 (con prefazione di Raymond Saleilles); Id., *Science et technique en droit privé positif: nouvelle contribution à la critique de la méthode juridique, French Edition*, 4 tomi pubblicati tra il 1914 ed il 1924; Id., *Méthode d'interprétation et sources en droit privé positif*, 1919, seconda edizione in due volumi. Per una completa analisi del pensiero di Gény, v. P. Grossi (a cura di), *Francois Gény e la cultura giuridica del Novecento*, Milano, 1991, di cui si veda in particolare l'introduzione di P. Grossi, *Pagina introduttiva (Ripensare Gény)*, 1 ss., che sottolinea (p. 3) che Geny "è un personaggio scomodo, e il suo messaggio rappresenta la turbativa di un ordine giuridico sedi-

(1861-1959) che, in contrapposizione alla dottrina (dominante nel secolo XIX) degli esegeti del *Code civile*, esclude che il diritto possa esaurirsi nella legge ed assegna all'interprete una funzione attiva nel colmare le lacune della legge, inevitabili in quanto conseguenti all'impossibilità per il legislatore di disciplinare il sempre crescente numero dei rapporti umani (Geny critica "il feticismo della legge scritta e codificata").

Le sue maggiori opere sono: *Méthode d'interprétation et sources en droit privé positif, essai critique* (1899; II ed., 1919, 2 voll.), e *Science et technique en droit privé positif* (4 voll., 1913-24). Nella prima opera (già nel 1899), opponendosi al pensiero degli esegeti del *Code civile*, Gény esclude che l'ordine giuridico possa esaurirsi nella legge. In tale opera rivolge innanzitutto un'aspra critica al metodo d'interpretazione (prevalente nel XIX secolo) della *École dell'Exégèse* (basata sulla interpretazione testuale del *Code civile* e che muoveva dal dogma della completezza dell'ordinamento giuridico), sostenendo invece la necessità di lasciare ampio spazio – nella interpretazione giuridica – alla "libera ricerca scientifica" (la *libre recherche scientifique*, che è il complesso processo di individuazione del diritto).

Il punto di partenza della dottrina di Gény è rappresentato dalla critica al metodo esegetico (allora dominante) e dall'affermazione della necessità di una "libera ricerca scientifica" per assicurare l'individuazione del diritto positivo. Nei testi legislativi distingue due elementi: la norma implicita alla formula (il dato, il *donné*) ed i principî (nonché le costruzioni e i sistemi) sviluppati dalla dottrina (il *construit*, che è il prodotto dell'interpretazione). Ed alle fonti formali ("autoritarie", ossia la legge scritta) Gény affiancava le direttive per l'interpretazione quali "fonti non autoritarie", comprendenti innanzitutto la "tradizione" (*coutume*) e la *libre recherche scientifique*, quale "libertà per l'interprete di ricercare la soluzione più ap-

---

mentato da due secoli, l'incrinatura di inveterate certezze e la perdita della *tranquillitas* che da quell'ordine discendeva con semplicità. Gény ha preso di petto, nel '99 così come oggi, il teorico e l'operatore giurista, lo ha scosso dalla sua sonnolenza, gli ha caricato addosso una pesante croce di oneri e di responsabilità, lo ha perciò provocato e infastidito togliendolo dal cantuccio d'ombra in cui si era volentieri rannicchiato, ma gli ha ridato anche il senso del proprio ruolo e la consapevolezza della propria naturale libertà, della libertà della propria azione intellettuale"; e più avanti (p. 4) evidenzia che Gény va studiato "nello spartiacque fra i due secoli, nel divenire della scienza giuridica da lui segnato a tal punto da caratterizzare col crinale della propria riflessione un prima e un dopo quali territorii storici diversamente contraddistinti". Nella letteratura italiana v. F. Battaglia, *L'interpretazione giuridica nella moderna letteratura francese*, in *Riv. int. fil. dir.*, 1929, IX, II, 18 ss.; G. Marini, *L'*Italian Style *fra centro e periferia ovvero Gramsci, Gorla e la posta in gioco nel diritto privato*, in *Riv. it. sc. giur.*, 2016, 108 ss.

propriata", quale *"fonte sussidiaria, suppletiva"*, cui ricorrere "nel caso in cui il diritto positivo difetti". La *libre recherche scientifique* – che mira ad armonizzare i "principi di giustizia, suggeriti dalla coscienza e verificati dalla scienza, alle esigenze della vita sociale" – viene così a porsi come metodologia interpretativa alternativa al tradizionale metodo esegetico (basato invece sulla "pretesa sufficienza dell'ordinamento legale"). Per Gény era errata la fiducia nella legge scritta, quale fonte capace di disciplinare ogni aspetto dell'esistenza umana, dovendosi invece *"riconoscere le inevitabili lacune del sistema"* per fornire all'interprete la facoltà di ricercare con i propri mezzi la *"soluzione di diritto"*. E la ricerca della soluzione andava svolta innanzitutto nel testo legale, poi facendo ricorso alla "tradizione" (o consuetudine, la *coutume*) ed infine subentrava la *"libera ricerca scientifica"*, da condurre da parte dell'interprete in maniera (appunto "scientifica", cioè) non arbitraria, ma attiva, fondata oggettivamente sulla natura delle cose. Geny veniva così ad assegnare grande fiducia al ruolo del giudice nell'interpretazione della legge, giudice chiamato a fare ricorso (nell'opera interpretativa) anche a fattori economici e sociali.

La critica di Geny al metodo esegetico e al positivismo giuridico ebbe una notevole influenza a livello europeo e ancora oggi le critiche rivolte all'interpretazione letterale e le riflessioni sulla incapacità della legge di disciplinare l'intero ambito dei rapporti umani continuano ad esercitare grande fascino.

Nell'opera *Science et technique en droit privé positif* (*Scienza e tecnica del diritto privato positivo,* pubblicata in quattro volumi dal 1914 al 1924), François Gény approfondisce il dualismo tra *donné* e *construit,* che risolve in quello di *science* e *technique*. In tale opera – in cui Geny si interroga sulla fonte da cui hanno origine principi e regole, ossia "il diritto in sé stesso" (*le droit en soi*) e che riapre la strada al diritto naturale – la distinzione tra *"scienza"* e *"tecnica"* (la prima ha per oggetto lo studio dei dati delle fonti reali; la seconda si occupa della messa in opera di quei dati attraverso un'elaborazione intellettuale) viene ad essere il principio euristico del rinnovamento nella metodologia giuridica (in cui la *libre recherche* costituisce "il punto di partenza dell'indagine").

Il c.d. *"diritto libero"* o "movimento per il diritto libero" (*Freie Rechtsfindung*) [12] è stata una corrente di pensiero giuridico-culturale sviluppa-

[12] Sul *diritto libero*, v. L. Lombardi, *Saggio sul diritto giurisprudenziale*, Milano, 1967, 201 ss.

tasi in Germania a cavallo della fine del XIX secolo e gli inizi del secolo successivo. Tale movimento – denominato anche del *giusliberismo* (ed in cui alcuni ricomprendono anche altri indirizzi, quali la giurisprudenza sociologica e la giurisprudenza degli interessi) – annovera tra i suoi maggiori esponenti Hermann Kantorowicz, che con il volume *Der Kampf um die Rechtswissenschaft* (pubblicato con lo pseudonimo di *Gnaeus Flavius*, 1906; trad. it., *La lotta per la scienza del diritto*, 1908) affermò la necessità del "diritto libero".

Secondo il *"diritto libero"* (che rinnega i dogmi ottocenteschi dello statualismo giuridico, della completezza dell'ordinamento e del principio della supremazia della legge sulle altre fonti del diritto), in ogni ordinamento giuridico esistono, accanto alle norme di fonte legislativa, anche norme extralegali, che l'interprete può applicare ogni volta che il testo legislativo si riveli non rispondente alle concrete esigenze del caso. Il giurista ha dunque il dovere di *"ricercare liberamente il diritto"* e di considerare fonte di quest'ultimo anche fatti (ad es. i rapporti sociali) che le teorie giuspositiviste considerano non normativi. Il "diritto libero" – che si origina spontaneamente dall'attività dei consociati e dalle decisioni dei giudici, collocandosi accanto al "diritto dello Stato" – ha il compito di colmare le inevitabili lacune del diritto positivo, quando esso si riveli inidoneo a fornire risposte per la risoluzione di specifiche controversie.

Il "diritto libero", affidando all'interprete un potere creativo, si colloca così in netta antitesi con le posizioni tipiche del giuspositivismo. Nel periodo successivo alla seconda guerra mondiale, il diritto libero è stato criticato (in particolare da Calamandrei) in quanto ritenuto utile strumento dei regimi dittatoriali nazista e stalinista, in ragione dell'annullamento delle garanzie tipiche del principio di legalità (soprattutto in materia penale) e di tassatività.

Una importante difesa del *diritto libero*, si deve, nella dottrina italiana, a Luigi Lombardi che ha sottolincato come per "libero" s'intende "l'insieme dei criteri d'integrazione ai quali il giurista, nell'applicare il diritto positivo e in particolare la legge, è costretto a far ricorso dall'incompletezza, o lacunosità, del diritto positivo stesso". "Libero" significa, appunto "libero rispetto al diritto positivo; non positivizzato; metapositivo", ma non significa necessariamente arbitrario.

Il concetto di "diritto libero" si sviluppa quale reazione, ai primi del Novecento, al precedente "secolo di legalismo-logicismo" che aveva portato ad una "separatezza del diritto e della scienza giuridica, ridotti rispettivamente a sola legge dello Stato ed a sola elaborazione logica, rigorosamente avalutativa, della legge stessa" (Lombardi). Il diritto libero contesta il dogma della completezza della legge e per questa ragione Lombardi ritiene errato tenere separato il *Freirecht* da Gény (sempre considerato dai riformatori tedeschi come uno dei padri del giusliberismo e del resto a Gény risale il termine di "libera" ricerca del diritto, ripreso da Ehrlich e Kantorowicz).

Va però rilevato che il "*movimento del diritto libero*" viene identificato in particolare nel pensiero di Sternberg, di Radbruch e di Kantorowicz [13]. È a Kantorowicz (che con lo pseudonimo Gnaeus Flavius, pubblica il saggio *Der Kampf um die Rechtswissenschaft*, 1906) che si deve il "manifesto" della *Freirechtsbewegung*.

Non vollero far parte del movimento, anzi se ne distanziarono esplicitamente, i rappresentanti della *Interessenjurisprudenz* (v. *infra*), che pur sono da ritenere membri della dottrina giusliberista, i cui confini sono ben più vasti di quelli del movimento.

Il giusliberismo è stato criticato dalla scienza e dalla prassi ufficiale e

---

[13] Ma vanno ricordati anche altri, fra cui, E. Ehrlich, *Freie Rechtsfindung und freie Rechtswissenschaft*, Berlin, 1903; Id., *Die juristische Logik*, in *Archiv für die civilistische Praxis*, 115 (1917), 125-439; E. Fuchs, *Gesammelte Schriften über Freirecht und Rechtsreform*, a cura di A.S. Foulkes, rist., Aalen, 1970; F. Gény, *Methode et sources en droit prive positif*, LGDJ Ed., 1899, 1919; Id., *Science et technique en droit prive positif*, Nabu Press ed., 1915-1924; P. Heck, *Das Problem der Rechtsgewinnung*, Bad Homburg, 1912, rist. 1932; Id., *Gesetzesauslegung und Interessenjurisprudenz*, J.C.B. Mohr, 1914; Id., *Begriffsbildung und lnteressenjurisprudenz*, J.C.B. Mohr, 1932; H. Jsay, *Rechtsnorm und Entscheidung*, Berlin, 1929; H.U. Kantorowicz, *Rechtswissenschaft und Soziologie*, C.F. Müller, rist. 1962; H. Reichel, *Gesetz und Richterspruch*, Orell Füssli, 1915; M. Rumelin, *Rechtspolitik und Doktrin in der bürgerlichen Rechtspflege*, J.C.B. Mohr, 1926; Id., *Erlebte Wandlungen in Wissenschaft und Lehre*, Tubingen J.C.B. Mohr, 1930; M. Rumpf, *Gesetz und Richter*, Forgotten Books, 1906; E. Stampe, *Die Freirechtsbewegung. Gründe und Grenzen ihrer Berechtigung*, Vahlen, 1911; Id., *Unsere Rechts- und Begriffsbildung*, Abel, 1911; T. Sternberg, *Allgemeine Rechtslehre. I. Theil. Die Methode*, G.J. Göschen, 1904; Id., *Einführung in die Rechtswissenschaft. I Theil. Methoden- und Quellenlehre*, Berlin, 1912; K.G. Wurzel, *Das juristische Denken*, Perles, 1904; H. Wüstendörfer, *Die deutsche Rechtsprechung am Wendepunkt ...*, in *Archiv*, cit., 1913, 219-380; L. Lombardi Vallauri, *Saggio sul diritto giurisprudenziale*, Milano, 1967; Id., *Corso di filosofia del diritto*, Padova, 1981; Id., *Giurisprudenza*, in *Enc. giur.*, Roma, 1990; G. Orru, *I criteri extralegali di integrazione del diritto positivo nella dottrina tedesca contemporanea*, in *Jus*, 1977, 298-427; Id., *Richterrecht. Il problema della libertà e autorità giudiziale nella dottrina tedesca contemporanea*, Milano, 1983.

spesso confuso ed incompreso, in quanto accusato di autorizzare il giudice a decidere *contra legem*, o di rivendicare maggior potere decisionale ai giudici con restrizione dello spazio assegnato alla legge. In realtà il *diritto libero* non intendeva sostituire lo Stato di diritto fondato sulla legge con un *Richterstaat* fondato sul potere dei giudici, né affermò la preferibilità del diritto libero al diritto positivo (e dunque il mancato rispetto della legge), ma rivendicava l'ampio margine di libertà sempre spettante al giurista ("*anche dalla legge più puntigliosa nel volersi completa*") e dunque la conseguente necessità del ricorso (integrativo e suppletivo) al diritto libero.

Il punto centrale della dottrina del diritto libero è la contrapposizione al positivismo legalista-logicista, con riguardo all'assegnazione alla scienza giuridica della ricerca della soluzione in termini giuridici positivi dei problemi della vita: la giurisprudenza è "sempre anche" libera; il diritto contiene "sempre anche" il diritto libero (Lombardi). E la "irriducibile libertà della giurisprudenza" si riscontra nelle tre tappe principali in cui si sviluppa l'attività del giudice: individuazione (o riconoscimento) della norma positiva vigente; interpretazione della norma vigente; elaborazione "logica" della norma vigente una volta interpretata. In ciascuno di questi passaggi l'interprete dispone di una insopprimibile libertà: le operazioni di riconoscimento non sono tali da dare lo stesso risultato per tutti gli operatori; i metodi interpretativi sono numerosi, in concorrenza tra loro e danno esiti differenti; nel terzo passaggio, le operazioni "logiche" sono numerose (analogia, argomento a contrario, ricorso ai principi generali, presunzioni, finzioni, costruzione dogmatica, ecc.) e nessuna di esse conduce necessariamente ad un unico risultato.

Il diritto libero afferma dunque che il "diritto positivo vigente" per la risoluzione di un dato problema non si presenta come un'unica (preesistente) soluzione, ma si concretizza in un ampio ventaglio di soluzioni possibili: "è un'area, dai confini non rigorosamente delimitati, entro cui deve cadere la decisione. Di fronte al diritto positivo la giurisprudenza è libera nel senso, (de)limitato ma tutt'altro che insignificante, che è libera di decidere per la soluzione positiva che preferisce" (Lombardi).

Se il diritto positivo contiene "sempre anche" il diritto libero, la complementarità tra diritto positivo e diritto libero impone di ritenere che non è pensabile il diritto positivo indipendentemente dal diritto libero. Il processo giuridico viene dunque ad essere una concatenazione di atti di politica del diritto e l'ordinamento giuridico è un "sistema aperto positivo-libero". I contenuti normativi del diritto libero sono chiamati ad entrare nel processo giuridico (e dunque nell'ordinamento) e perciò devono essere lavorati dalla tecnica giuridica in vista del poter compiere l'opera propria del diritto. E le norme di diritto libero che hanno successo diventano diritto positivo sotto forma di diritto giurisprudenziale (*Juristenrecht*) o diritto giurisdizionale (*Richterrecht*) o comunque diritto effettivo. Ed alla critica dei molteplici contenuti del diritto libero, si replica la molteplicità dei significati anche della norma positiva.

Questo esito conduce a rilevare che la scienza giuridica viene ad essere al tempo stesso ("inseparabilmente") scienza e politica del diritto positivo, giacché – con la metagiurisprudenza giusliberista – viene a mutare la "fisionomia interiore e ufficiale del giurista". Il diritto libero viene ad avere la funzione di "appello vocazionale rivolto al giurista": "Il giurista di formazione giusliberista non sarà solo il più coscientemente rigoroso, quindi pubblicamente controllabile e controllato, tra i giuristi di diritto positivo; sarà anche quello più preparato a partecipare in prima persona alla discussione de iure condendo e, ulteriormente, a operare con senso giuridico anche al di fuori dell'ordinamento statale, in quell'inquietante crisi del classicismo giuridico, in quella sorta di 'nuovo alto medioevo' del diritto che sembra starsi aprendo, al crepuscolo degli Stati nazionali, sulle soglie del nuovo millennio" (Lombardi).

La c.d. *"giurisprudenza degli interessi"* (*Interessenjurisprudenz*) [14] nasce con Rudolf von Jhering (181-1892), che sosteneva che la *scienza del diritto* (la *"giurisprudenza"*) deve ricercare gli scopi (gli "interessi") che costituiscono il principio fondatore del diritto. Un importante esponente della *"giurisprudenza degli interessi"* sarà Philipp Heck (1858-1943), che affermerà che in tutti gli ordinamenti giuridici sono presenti lacune che solo l'attività di individuazione degli interessi, da parte dei giudici, può colmare. Per la giurisprudenza degli interessi, ogni caso giuridico deve essere valutato nella sua peculiarità e pertanto la decisione da assumere

[14] La "giurisprudenza degli interessi" si è affermata in Germania alla fine del XIX secolo, sulla base delle concezioni di R. von Jhering e di Max von Rümelin, *Der Zufall im Recht* (1896), *Die Grundzüge des Privatrechts* (1922); Ph. Heck, *Gesetzesauslegung und Interessenjurisprudenz*, Tubingen, 1914; Id., *Begriffsbildung und Interessenjurisprudenz*, Tubingen, 1932; H.U. Kantorowicz (Gnaeus Flavius), *La lotta per la scienza del diritto*, Bologna, 1988 (Heidelberg, 1906); Id., *The Definition of Law*, Cambridge, 1958, trad. it., *La definizione del diritto*, Torino, 1962; J. Edelmann, *Die Entwicklung der Interessenjurisprudenz*, Bad Homburg, 1967.

in ogni controversia deve basarsi sulla ponderazione dei diversi interessi tra le parti [15].

Rudolf von Jhering dichiara di studiare l'aspetto teleologico e funzionale del dritto cercando il significato del diritto nell'interesse del singolo e negli scopi della comunità sociale [16]. Secondo Jhering, l'analisi teleologica deve precedere quella logica, giacché è la funzione del diritto a dettare le regole per la descrizione della sua struttura.

Inizialmente Jhering diede vita alla *"giurisprudenza dei concetti"* (teoria della scienza giuridica che porta ad una formalizzazione del diritto e ad uno sganciamento del fenomeno giuridico dalle strutture politiche e sociali), basata su una dogmatica costruttiva e su un formalismo giuridico in cui l'interpretazione ha il significato di attività indirizzata a mettere in luce qualcosa di preesistente. Successivamente però Jhering elabora una forte critica contro il costruttivismo e nello scritto *"Nel cielo dei concetti giuridici"* (*Im juristischen Begriffshimmel*) evidenzia le maggiori aberrazioni che egli attribuisce alla contemporanea dottrina giuridica: la costruzione dei concetti giuridici astraendoli completamente dalla vita reale; assoluta insensibilità nei confronti degli interessi – sociali e individuali – che influiscono sullo sviluppo dei concetti giuridici e degli scopi della legge; esame dei concetti giuridici (e delle norme) indipendentemente dagli effetti reali degli stessi; falsa assimilazione dei concetti e dei metodi della giurisprudenza alla matematica.

L'abbandono del concettualismo deriva in Jhering dall'individuazione del "criterio di utilità" [17] nella struttura della scienza giuridica e dunque con una concezione pragmatica del diritto in cui il concetto di "scopo" serve ad individuare il significato dì un istituto giuridico [18]. Ed è per questa strada che Jhering opera un profondo rinnovamento della scienza giuridica con *il metodo teleologico o prammatico-costruttivo.*

---

[15] In dottrina v. A.M. Hespanha, *Introduzione alla storia del diritto europeo*, Bologna, 2003; A. Falzea, *Introduzione alle scienze giuridiche. Il concetto del diritto*, Milano, 2008.

[16] R. Von Jhering, «*Nel cielo dei concetti giuridici*», in *Serio e faceto nella giurisprudenza*, trad. di F. Vassalli, Firenze, 1954; F. Viola, *R. Von Jhering e la conoscenza del diritto*, in *Interpretazione e applicazione del diritto tra scienza e politica*, Palermo, 1974, 25 ss.

[17] R. Von Jhering, *op. ult. cit.*, 310: "non chiedere mai più nel nostro cielo quale sia il perché delle cose. Qui questo non se lo domanda nessuno".

[18] F. Viola, *op. ult. cit.*, 33-34.

Il mutamento concerne innanzitutto la diversa considerazione dei contenuti del diritto, che non sono più i "*concetti giuridici*" (o "*corpi giuridici*"), ma gli "interessi" e gli "scopi pratici". Ed anche il metodo di studio del diritto – afferma Jhering – deve essere indirizzato ad una considerazione *funzionale* del diritto stesso. L'elaborazione scientifica deve quindi incentrarsi sulla "legge di finalità", che è la legge fondamentale della vita del diritto. L'interesse è il contenuto e lo scopo del diritto: "Non esiste alcuna norma giuridica che non debba la sua origine ad uno scopo, cioè ad un motivo pratico" [19]. La norma è un prodotto della volontà. Ma "non v'è volontà ... senza scopo" [20]. E Jhering applica alla società e allo Stato questo teleologismo naturalistico.

L'interesse è lo scopo *soggettivo*, che diviene *oggettivo* solo in quanto coincide con lo scopo *comune*, per cui ognuno, pur agendo per il proprio vantaggio, persegue al contempo lo scopo *generale*. E nella categoria degli scopi comuni i più importanti sono gli scopi *organizzati*, cioè "scopi per il cui perseguimento esiste un apparato fondato sull'unione salda e istituzionalizzata di chi persegue il medesimo scopo" [21]. E "L'organizzazione dello scopo raggiunge il suo punto culminante nello Stato" [22], quale organizzazione fondata sull'utilizzazione del diritto, cioè del sistema della coercizione, che si affianca al meccanismo della ricompensa con cui si governa la vita economica [23].

Nel positivismo giuridico di Jhering il diritto non è solo una costruzione artificiale ai fini dell'uso e dell'esercizio del potere, ma è un apparato funzionale alla necessità di conservazione della società e di realizzazione degli scopi sociali. L'impulso pratico dello scopo mette in movimento la *forza*, che è energia sociale per la realizzazione degli scopi comuni [24] ed è quindi creatrice del diritto [25]. Mediante il diritto la forza si autoregola e si pone dei criteri di guida e d'azione (le norme) ed è l'elemento propulsivo ed esistenziale della dimensione giuridica [26].

---

[19] R. von Jhering, *Lo scopo nel diritto*, Torino, 2014, 6.

[20] R. von Jhering, *op. ult. cit.*, 18.

[21] R. von Jhering, *op. ult. cit.*, 43.

[22] R. von Jhering, *op. ult. cit.*, 45.

[23] F. Viola, *op. ult. cit.*, 45.

[24] R. Von Jhering, *La lotta per il diritto*, Bari, 1960.

[25] F. Viola, *op. ult. cit.*, 44.

[26] F. Viola, *op. ult. cit.*, 184-185: il diritto è misura e prodotto della forza e deve

Lo Stato è la forma definitiva dell'utilizzazione della forza per scopi umani, l'organizzazione sociale del potere coercitivo. Lo scopo fondamentale dello Stato è la formazione e la tutela del diritto, cioè lo scopo giuridico [27]. Ecco allora che si pone il problema dell'*applicazione* del diritto. Quello della giustizia viene ad essere un vincolo giuridico per il giudice ed un vincolo morale per il legislatore [28]. Il problema dell'applicazione del diritto si configura così come un problema di giustizia formale. La finalità pratica della giustizia è il raggiungimento dell'eguaglianza formale, cioè l'uniforme applicazione della norma a tutti i casi ad essa riconducibili: "l'autorità cui è affidata l'amministrazione della giustizia ..., cioè l'autorità giudiziaria, deve fondarsi esclusivamente sul diritto. Il giudice deve essere ... null'altro che la legge divenuta viva e parlante persona" [29].

In queste affermazioni di Jhering, in cui continua a prevalere l'aspetto meccanicistico e formalistico dell'interpretazione giudiziale, si scorgono i fondamenti teorici su cui faranno leva tutti i fautori di una concezione più libera dell'attività interpretativa. Ma per Jhering l'opera del giudice si deve rigorosamente iscrivere nell'ambito della legge, perché, in uno stato di diritto, così come il legislatore non deve sostituirsi al giudice, a quest'ultimo non è permesso surrogare l'opera del legislatore. L'amministrazione della giustizia, se iscritta nell'ambito della legge, non si risolve peraltro in una operazione esclusivamente meccanica perché è opera della ragione e del libero e imparziale giudizio (e di qui l'attenzione di Jhering sulle caratteristiche psicologiche e morali del giudi-

---

essere considerato come "politica della forza". Lo scopo fondamentale di autoconservazione della società viene raggiunto mediante il diritto, ma quando esso si dimostra inadeguato a ciò per cui è apprestato, la forza lo travolge, fa violenza alla sua stessa regolamentazione.

[27] R. Von Jhering, *Lo scopo nel diritto*, cit., 223-224: "L'amministrazione del diritto è la funzione vitale dello stato ... Lo stato è l'organizzazione della coercizione sociale". Jhering individua il soggetto giuridico dello scopo nella società e nello stato, ma non supera la fiducia della sua epoca nella legge, anzi riafferma decisamente il monopolio dello Stato nella produzione del diritto. Quindi anche l'interprete non può attingere i criteri di valutazione della legge al di fuori di essa, in fonti extralegislative come la "natura delle cose", i principi etico-giuridici o il diritto naturale. Il metodo teleologico si accorda quindi perfettamente con il positivismo sociologico e giuridico.

[28] R. Von Jhering, *op. ult. cit.*, 263.

[29] R. Von Jhering, *op. ult. cit.*, 276-277.

ce)[30]. E di fronte all'inadeguatezza della legge o alla lacunosità della stessa, Jhering esclude che il rimedio possa venire da una trasformazione della funzione del giudice, giacché i difetti della legge devono essere sanati dallo stesso potere legislativo[31].

E la *"giurisprudenza degli interessi"* proseguirà lungo il filone pragmatico del pensiero di Jhering. E se questi non ha esteso la "teoria dello scopo" alla sua dottrina dell'interpretazione, ha comunque introdotto il metodo teleologico, che in seguito ha trovato feconda applicazione proprio nelle dottrine dell'interpretazione[32]. Ed infatti è stato rilevato che i risultati più fruttuosi della concezione elaborata da Jhering si sono prodotti proprio nel campo dell'interpretazione con la teoria genetica degli interessi di Heck[33].

Le dottrine sopra richiamate hanno finito per spingere la dottrina giuspositivistica ad attenuare alcune proprie rigidità e a rendere più "raffinati" alcuni passaggi argomentativi[34].

Alla base della menzionata divaricazione (fra quanti ritengono l'interpretazione un'attività volta ad individuare un dato preesistente e quanti affermano una natura creativa dell'interpretazione) si rinviene una differente concezione dello stesso fenomeno giuridico: da un lato l'idea che il diritto sia innanzitutto un "sistema di regole" imposte, in via autoritaria, dal legislatore e, dall'altro lato, l'idea che il diritto, quale "esperienza giuridica", sia un fenomeno intimamente connesso con la realtà sociale, nella quale il diritto svolge la funzione di strumento di convivenza civile.

Nella prima concezione l'interprete – giudice, pubblico funzionario,

---

[30] R. Von Jhering, *op. ult. cit.*, 283.

[31] R. Von Jhering, *op. ult. cit.*, 298.

[32] J. Edelmann, *Die Entwicklung der Interessenjurisprudenz*, Berlin, 1967, 67.

[33] J. Esser, *Grundsatz und Norm*, Tübingen, 1964, 222, definisce Jhering "il primo giurista degli interessi ('erster Interessenjurist')"; F. Viola, *op. ult. cit.*, 45, che sottolinea come Jhering ci offre così un lucidissimo precorrimento dei problemi che incontrerà l'interpretazione giuridica nella versione positivistica del diritto come scienza della pratica.

[34] Secondo F. Cerrone, *op. ult. cit.*, 22, è in quei decenni che "dilagò la cultura giuridica positivista e statualista, con le conseguenze che già sappiamo: una concezione rigorosamente dichiarativa dell'interpretazione, ripercussione di una altrettanto rigorosa concezione della separazione dei poteri; un metodo giuridico meramente deduttivo, la diffusione del dogma della completezza dell'ordinamento giuridico ... Perciò la volontà del legislatore fu considerata il fondamentale criterio di orientamento per l'interpretazione, la sua norma di riconoscimento".

avvocato, notaio, studioso, cittadino comune – non dispone di alcuna valutazione discrezionale ed ha l'onere di individuare "l'esatto contenuto" – o l'esatto significato – della disposizione scritta dal legislatore.

Nella seconda concezione il ruolo dell'interprete diventa centrale.

Le diverse ricostruzioni dottrinali che mirano a restringere la libertà dell'interprete – e quindi anche, ma non solo, del giudice – riducono il problema interpretativo ad un procedimento di ricostruzione della volontà imperativa del legislatore.

Secondo questa impostazione il testo legislativo contiene "coagulato" il "comando" posto dal legislatore e l'interpretazione viene ad essere un procedimento avente "aritmetica precisione" [35]. In questa concezione potestativa del diritto, ruolo fondamentale nell'esperienza giuridica viene ad essere quello giocato dal legislatore e dalla norma giuridica come da questi posta. E l'accento posto sul legislatore (e sulla disposizione legislativa come da questi approvata) determina una cesura netta fra produzione e applicazione del diritto: "fra un comando che si conchiude e si esaurisce in un testo e la vita che continua e diviene malgrado il testo e ben spesso oltre e contro il testo: è la strada che conduce a un formalismo talora esasperato nella sua astrattezza" [36]. Il retaggio illuministico conduce a far scindere nettamente il momento di "posizione della norma" dal momento interpretativo-applicativo che viene così a rivestire il ruolo di una semplice "applicazione" di quanto già deciso in precedenza.

La contrapposta impostazione riconosce invece alla dimensione ermeneutica la qualità di "componente interna, essenziale, della positività della norma" [37]. All'interpretazione giuridica (e a quella giudiziale in particolare) deve riconoscersi la qualità di fattore di creazione del diritto sia perché l'attività interpretativa contiene in sé una ineliminabile componente creativa, sia perché il diritto non può ritenersi monopolio del solo legislatore.

La constatazione di una creatività dell'interpretazione, se conduce a riconoscere che la configurazione dell'attività del giudice all'interno del classico sillogismo giudiziale è da ritenersi definitivamente superata, al tempo stesso induce ad affermare che l'insopprimibile – componente di – creatività dell'interpretazione giuridica (e dunque anche di quella giu-

---

[35] Così criticamente P. Grossi, *Mitologie giuridiche della modernità*, Milano, 2005, 55.

[36] A. Kaufmann, *Ermeneutica e filosofia del diritto* (1996), in Id., *Filosofia del diritto ed ermeneutica*, a cura di G. Marino, Milano, 2003, 5 ss.

[37] P. Grossi, *op. ult. cit.*, 72.

diziale) non significa affatto "assoluta libertà" dell'interprete (ed in particolare del giudice) ed invece impone la necessità di prendere atto della complessità – e della ricchezza – del fenomeno interpretativo.

3. *Il principio della certezza del diritto e l'autonomia interpretativa del giudice*

Le dottrine giuspositivistiche sono solite fare riferimento al principio della certezza del diritto che, quale principio di garanzia di eguale trattamento di tutti i consociati, si porrebbe quale principio di giustificazione della negazione di ogni margine di discrezionalità all'attività dell'interprete (e del giudice in particolare), sicché l'interpretazione dovrebbe venire a svolgere la funzione di mera applicazione della disposizione legislativa.

Con riguardo a tale ordine di riflessione, rinviando a quanto sarà esposto più avanti, si può intanto replicare che l'esigenza di una garanzia di certezza, quale esigenza ineliminabile per la ordinata convivenza sociale, non può essere pretermessa, ma va parimenti aggiunto che l'analisi del fenomeno giuridico dimostra che "l'interpretazione-applicazione" non può essere intesa come una "appendice esterna ed estranea" a un diritto da ritenersi "già tutto formato e definito nella norma".

L'interpretazione costituisce infatti una "parte integrante" del fenomeno giuridico: "l'interpretazione-applicazione è la stessa norma che si proietta nella vita e diventa vita, storia di una società nel tempo e nello spazio" [38].

Come insegna Emilio Betti, è l'interpretazione a far vivere la legge nella realtà storica, giacché la legge "è solo un testo autoritario, una sorta di materiale inerte capace di diventare diritto (cioè esperienza giuridica, cioè vita quotidiana giuridicamente vissuta) unicamente in grazia della interpretazione-applicazione". Queste considerazioni dimostrano come il momento interpretativo non possa essere ricostruito come "una circostanza estrinseca" contrapposta alla norma, ma piuttosto una circostanza "intrinseca alla norma e sua condizione di vitalità" [39].

---

[38] P. Grossi, *Pagina introduttiva*, in *Società, diritto, stato. Un recupero per il diritto*, Milano, 2006, 321.

[39] P. Grossi, *op. loc. ult. cit.*

Riconosciuta la funzione normativa dell'interpretazione giuridica e chiarito che tale funzione normativa si differenzia da quella esercitata dal (e spettante al) legislatore, il tema del "vincolo alla legge" viene ad assumere una diversa connotazione.

Nella ricostruzione positivistica, il principio della certezza del diritto e la subordinazione del giudice alla legge marciano insieme [40].

Ma ben altra dimensione assume la relativa riflessione se si afferma che il diritto non è solo quello posto dal legislatore e se si riconosce che il vincolo del giudice alla legge (oltre ad essere configurato come rispetto delle valutazioni degli interessi operate dal legislatore) è, a sua volta, un "problema" avente molteplici valenze [41].

Tale problematica ha innanzitutto una valenza politica.

Il principio della certezza del diritto inizia ad affermarsi con la nascita dello Stato moderno, quando progressivamente il monarca conquista il ruolo di detentore (tendenzialmente esclusivo) del potere di produzione di norme autoritarie. Il giusnaturalismo cattolico era funzionale alla definizione di limiti al potere statale ed il giuspositivismo illuministico trova nel giusnaturalismo cattolico il proprio referente dialettico. Quello della certezza del diritto consegue storicamente all'affermazione del principio della superiorità ed indiscutibilità della legge (quale atto, prima, del principe e, poi, del parlamento) che si pone quale fonte tendenzialmente unica e che mira a prendere il posto del complesso sistema di fonti dell'epoca medievale [42].

---

[40] Per il dibattito più recente v. M. Luciani, *Interpretazione conforme a costituzione*, in *Enc. dir.*, *Annali*, vol. IX, Milano, 2016, *passim*; S. Civitarese Matteucci, *Miseria del positivismo giuridico? Giuspositivismo e scienza del diritto pubblico*, in *Dir. pubbl.*, 2006, 685 ss.; per una sintesi delle diverse posizioni v. M. Dogliani, *Interpretazione*, in *Dizionario di diritto pubblico*, a cura di S. Cassese, Milano, 2006, 3179 ss.; per una critica delle teorie positivistiche A. Baldassarre, *Miseria del positivismo giuridico*, cit., 201 ss.; A. Ridolfi, *Interpretazione costituzionale, positivismo giuridico ed opinione dissenziente*, cit., 471 ss.

[41] G. Fassò, *Il giudice e l'adeguamento del diritto alla realtà storico-sociale*, in *Riv. trim. dir. proc. civ.*, 1972, 897 ss.

[42] P. Grossi, *Mitologie*, cit., 32-33. E così "La legge diventa una pura forma ... un atto cui non sarà mai un determinato contenuto a conferire il crisma della legalità, ma sempre e soltanto la provenienza dell'unico soggetto sovrano". "E nasce quella ipoteca pesante della civiltà giuridica moderna che è la mistica della legge, la mistica della legge in quanto legge, una eredità dell'assolutismo regio che la Rivoluzione di fine Settecento accoglierà senza battere ciglio; intensificandola e irrigidendola ... sotto l'ammantamento di simulacri democratici".

Con riguardo alle critiche che il razionalismo illuministico muove nei confronti dell'apparato giuridico preesistente (ed in particolare con riguardo alle modalità interpretative utilizzate dalla giurisprudenza)[43], va ricordato l'accento messo sulle disfunzioni nell'amministrazione della giustizia e, fra queste, sul particolarismo delle fonti del diritto (con una grande messe – e dunque confusione – di testi legali e di *auctoritates* dei dottori) e sui modi di decidere le cause da parte dei tribunali.

A queste disfunzioni si risponde, nel Regno di Napoli, con l'adozione del "Dispaccio" del 23 settembre 1774 in cui si disponeva che le decisioni dei giudici non avrebbero più dovuto fondarsi sulla *"nuda autorità dei dottori ... ma sulle leggi espresse del regno e comuni"* (giacché i dottori *"àn purtroppo nelle loro opinioni e alterato e reso incerto e arbitrario il diritto"*).

Questo dispaccio imponeva al giudice di illustrare nella motivazione della sentenza le argomentazioni poste a base della propria decisione (*"in qualunque decisione ... si spieghi la ragione di decidere"*)[44] al fine di eliminare la prassi di non motivare le sentenze, che venivano ad essere fondate sull'*argumentum ab auctoritate* in ragione dell'abitudine di "citare le dottrine dei dottori in modo acritico e senza ragionamenti"[45].

È stato magistralmente evidenziato che il dispaccio napoletano del 1774 non si limitava a vietare la citazione dell'autorità dei dottori ma in-

---

[43] F. Cerrone, *op. ult. cit.*, 3 ss., ricorda che nel XVII secolo, di fronte al c.d. *casus legis* (caso regolato da un provvedimento del sovrano, o dalle consuetudini, o dagli statuti, o dai testi romani del *Corpus iuris*) "non c'era luogo per l'*interpretatio*". Invece, in assenza del "caso regolato dalla legge" (il *casus legis*), "si apriva il campo dell'*interpretatio* dei dottori e dei tribunali", che, a sua volta, "si componeva di ragioni e di autorità": le prime (*rationes*) accostabili agli odierni "princìpi generali del diritto positivo (o del *ius commune*)" erano "princìpi generali storicamente determinati" (G. Gorla, *I precedenti storici*, cit., 448); le seconde (*auctoritates*) erano "depositi di *rationes*" che potevano essere aggiornate con nuove *rationes*. "Le *auctoritates* erano pertanto *interpretationes* già affermate, giurisprudenza (dottorale o giudiziale), si diceva, e per esser tali dovevano decidere precisamente il caso, essere in *puncto*". Pertanto, se l'*interpretatio* assegnava un ruolo "creativo" all'interprete, "non si trattava di una *creatio ex nihilo*, poiché l'interprete doveva farsi guidare da *rationes* e da *auctoritates*; però, laddove poteva darsi *interpretatio*, egli era abilitato a risolvere questioni non regolate dal *casus legis*, da una disposizione legale".

[44] Per F. Cerrone, *op. ult. cit.*, 8, questa esigenza di argomentazione appropriata delle decisioni giudiziali costituisce "un orientamento di fondo dell'esperienza giuridica, non solo moderna, che è ancora oggi centrale per la sua qualificazione come esperienza pratica".

[45] G. Gorla, *Il cosiddetto "dottrinarismo giuridico"*, cit., 763.

tendeva eliminare anche l'*interpretatio* dei tribunali[46]. Quando non vi fosse *"legge espressa per il caso"* (cioè il *casus legis*) e *"si abbia a ricorrere alla interpretazione o estensione della legge; vuole il Re che questo si faccia nei giudizi in maniera che le due premesse dell'argomento siano sempre fondate sulle leggi espresse e letterali. E quando il caso sia tutto nuovo, o talmente dubbio che non si possa decidere né colla legge, né coll'argomento della legge, allora vuole il Re che si riferisca alla Maestà sua per attendere il Sovrano oracolo"*[47].

---

[46] Se fino al secolo XV i giudici (spesso di non elevata qualificazione giuridica) si limitavano a recepire (anche acriticamente) *rationes* e *auctoritates* elaborate dai dottori, a partire dal secolo XVI l'affermazione dei c.d. "grandi tribunali" (composti da giudici altamente qualificati, G. Gorla, *Lo stile delle sentenze – Ricerca storico-comparativa*, in *Quaderni Foro it.*, 1967, 357 s.) determinò che le stesse *auctoritates* vennero a comporsi di precedenti giudiziali. In dottrina v. G. Gorla, *Il cosiddetto "dottrinarismo giuridico" della giurisprudenza napoletana nel 1700*, in Id., *Diritto comparato e diritto comune europeo*, cit., 757 ss.; Id., *I "Grandi Tribunali" italiani*, cit., 632 ss.; G. Gorla, *Le raccolte di giurisprudenza e le tecniche di interpretazione delle sentenze*, in Id., *Diritto comparato e diritto comune europeo*, cit., 317 ss.), con riguardo al c.d. "potere di interinazione", cioè di "registrare ... le leggi e altri provvedimenti del Re, che non potevano entrare in vigore senza tale registrazione ... Il Senato, cioè, esaminava se tali leggi o provvedimenti erano 'conformi al pubblico bene' e a certi principi di giustizia o del diritto comune: se non li riteneva tali, il Senato aveva il potere di fare rispettosa rimostranza al Re, prima di applicarli. Soltanto dopo tre intimazioni motivate del Re, il Senato doveva registrare" (cc. 634 s.), ma talvolta ne furono necessarie sei, benché di rado "il Principe si ostinava 'a cagione dello scandalo che ne nasceva'" (*ibidem*). Id., *"Iura naturalia sunt immutabilia"*, cit., 662 ss. In questo periodo si registra la tendenza dei prìncipi a riservarsi l'*interpretatio* per le materie investite dalle loro leggi (costituzioni, editti, ordini) e per i casi nuovi o dubbi, permanendo l'*interpretatio* ai grandi Tribunali per gli statuti comunali e per il diritto romano e comune (G. Gorla, *I precedenti storici*, cit., 453).

[47] Su Bernardo Tanucci v. R. Ajello, *Arcana iuris: diritto e politica nel settecento italiano*, Napoli, 1976; A. Giuliani-N. Picardi, *La responsabilità del giudice*, Milano, 1995, 89 ss. Il dispaccio di Tanucci ("di schietta impronta illuminista") affermava la spettanza al titolare della funzione legislativa "non solo di fare le leggi ma anche di interpretarle, poiché l'interpretazione ed applicazione delle leggi che non si potesse decidere sulla base di un testo espresso di legge ... doveva essere sottratta ai giudici, seguendo una concezione rigida, montesquieuiana, della divisione dei poteri", così F. Cerrone, *op. ult. cit.*, 9, che evidenzia che "dietro il divieto di *interpretatio* dei tribunali si celava anche un aspro giudizio negativo, una sfiducia del re e del suo *entourage* nei confronti dei tribunali napoletani", sfiducia motivata dal timore che i giudici 'usino della incerta autorità dei dottori per giudicare arbitrariamente e parzialmente' (G. Gorla, *op. ult. cit.*, 766). E Cerrone aggiunge che "il dispositivo conge-

La legislazione rivoluzionaria francese, per escludere ogni forma di *interpretatio* dei giudici, istituisce:

– il *référé législatif* (art. 12 del decreto del 16 agosto 1790): i giudici dovevano rivolgersi al legislatore *"toutes le fois qu'ils croiront nécessaire d'interpréter une loi"* e siffatta necessità "di *interprétation* sorgeva quando mancasse sul caso *un texte exprés o précis de la loi* ... o quando il testo della legge fosse oscuro. Era il concetto del *casus omissus* o *novus* e del *casus dubius*" [48];
– ed il *Tribunal de Cassation* (decreto del 27 novembre-1° dicembre 1790), avente il potere di cassare le sentenze contenenti *"une contravention expresse au texte de la loi"* [49].

L'istituto del *référé législatif*, oltre a rappresentare "il *péndant* più conseguente" al ruolo del *Tribunal de cassation* [50], era un dispositivo che "non poteva funzionare e non funzionò" [51].

Ed anche il *Tribunal de cassation* cominciò a motivare le sue sentenze (ammettendosi dunque la necessità di una *interpretation*) e l'art. 4 del *code civil* del 1804, stabilendo che *"Le juge qui refusera de juger sous prétexte du silence, de l'obscurité ou de l'insuffisance de la loi, pourra etre*

---

gnato dal dispaccio non poteva funzionare (G. Gorla, *I precedenti storici dell'art. 12*, cit., 458): immaginare che l'*interpretatio* dei tribunali potesse essere soppiantata dal rinvio al *casus legis* (cioè al caso espressamente deciso dalla legge) e, in sua assenza, al *référé* allo stesso re, significava travolgere con un solo tratto la tradizione dell'*interpretatio* per affidare la relativa funzione alle cancellerie governative, investendole, con un'ingente massa di casi, di un ruolo che non erano certo pronte a svolgere. Il dispaccio cadde nel 1791".

[48] G. Gorla, *op. ult. cit.*, 460.

[49] F. Cerrone, *op. ult. cit.*, 9, ricorda che "Gorla mostra come questa *contravention* dovesse intendersi come contrasto con il caso deciso precisamente dalla legge, cioè – nell'alveo della tradizione del diritto comune – quando il giudice avesse deciso *contra casum legis* ... Se il caso era precisamente definito dalla legge, ed applicabile perciò alla *quaestio sub iudice*, la sentenza che non provvedesse a tale (meccanica) applicazione avrebbe dovuto essere cassata".

[50] F. Cerrone, *op. ult. cit.*, 10, "fuori dall'ambito del *casus legis*, del caso precisamente deciso dalla legge, nel senso consolidato della tradizione del diritto comune, si apriva il campo della *interpretatio*, campo che, come già con il dispaccio di Ferdinando IV, si intendeva sottrarre al giudice e riservare al potere legislativo, che doveva perciò esprimersi tutte le volte che ci si fosse trovati davanti ad un *casus omissus*, o *dubius* o *novus*".

[51] F. Cerrone, *op. ult. cit.*, 10.

poursuivi comme coupable de déni de justice", imporrà al giudice di "interpretare" [52].

E con la codificazione – in un momento storico e culturale in profondo mutamento – si afferma l'idea che nel *Codice* il giudice possa – e debba – individuare, sia pure mediante l'applicazione dei criteri interpretativi fissati dallo stesso codice (interpretazione letterale e analogica) una regola per ogni caso. Ed il *Code civile* infatti, si limiterà a vietare gli *arrets de règlement* (art. 5): *"Il est défendu aux juges de prononcer par voie de disposition générale et réglementaire sur les causes qui leur sont soumises"* [53].

La ricostruzione dei percorsi storici che portano all'instaurazione (prima) del *Tribunal de cassation* e dell'istituto del *référé legislatif*, e successivamente al divieto di *denié de justice* ed infine al principio della completezza dell'ordinamento giuridico (giacché, se il giudice deve risolvere in ogni caso il caso posto alla sua attenzione, "è necessario che sia vero questo presupposto: che l'ordinamento giuridico offra per ogni caso una norma da applicare") [54] dimostra la valenza politico-istituzionale di tali scelte svelando le sottostanti opzioni culturali (e dunque valoriali).

Ed è per questa strada che l'idea della completezza dell'ordinamento giuridico viene a porsi come completamento del principio secondo cui sul giudice ricade il mero compito di individuare quanto già contenuto nella legge.

Anche il ricorso all'analogia e ai princìpi generali viene ad essere configurato come il risultato di una "autointegrazione dell'ordinamento giuridico, inteso rigidamente come (solo) ordinamento legislativo" [55].

Nella prima parte del XIX secolo si registra dunque una tensione fra potere legislativo – che, mediante il Codice tende a restringere gli ambiti

---

[52] F. Cerrone, *op. ult. cit.*, 10, che sottolinea come il *code civil* non dettasse regole sull'interpretazione della legge ("non contenesse cioè alcuna norma strumentale in materia di interpretazione – scelta che sarà confermata, un secolo dopo, dal BGB – come invece faranno ... i diretti antecedenti dei codici italiani del 1865 e del 1942, cioè quello austriaco del 1811 e quello albertino del 1838").

[53] F. Cerrone, *op. ult. cit.*, 10; sul *Code civil* v. F. Marinelli, *La cultura del Code civil*, Padova, 2002.

[54] D. Donati, *Il problema delle lacune dell'ordinamento giuridico*, Milano, 1910, 2 (citato da F. Cerrone, *op. ult. cit.*, 19-20, nt. 44).

[55] F. Cerrone, *op. ult. cit.*, 20.

del potere giudiziario relegandolo ad una attività di mera esplicazione delle decisioni e delle scelte effettuate dal legislatore medesimo – e potere giudiziario che, richiamandosi alla tradizione del diritto comune, cerca di riaffermare la creatività del momento interpretativo.

Di fronte a questo conflitto politico-costituzionale (fra legislatore e potere giudiziario), le idee del giuspositivismo (pur prevalendo, grazie agli esiti dell'illuminismo e della Rivoluzione francese) sono comunque chiamate a doversi misurare con i retaggi della tradizione plurisecolare dello *ius commune*.

Il "trionfo" del positivismo giuridico si realizzerà sul finire del secolo XIX, grazie anche alla "alleanza fra legislazione e scienza del diritto" la quale ("come ogni alleanza") è stipulata "per difendersi da un avversario e per scongiurare una prospettiva". E se "l'avversario" era il giudice (impegnato, negli anni successivi all'unificazione, "in un conflitto politico-costituzionale con il legislatore codicistico") la "prospettiva da combattere" era quella di una "giurisdizione senza legislazione" [56].

E così è stato ricordato [57] che i giudici, eredi della tradizione del diritto comune, rivendicarono "veri poteri legislativi" anche con riguardo alla determinazione degli effetti della legge nel tempo (abrogativi e retroattivi). In quel contesto, il principio della statualità del diritto risultò "una formula di comodo", anche "senza essere profondamente sentito dalla giurisprudenza" [58]. E così le regole poste dalle preleggi furono considerate spesso dai giudici come non vincolanti ma meramente direttive, e dall'altro la lettera chiara della legge dovette cedere il passo a considerazioni imperniate su criteri di ragione e di giustizia [59].

La dottrina italiana si schiera a fianco del legislatore ottenendo un frutto che sarebbe maturato negli anni successivi e rappresentato dalla conquista di un ruolo guida ("che non era certamente riuscita a conseguire nel passato") nella formazione delle nuove generazioni di giuristi [60]. Infatti, per il tramite dell'insegnamento universitario, la formazio-

---

[56] F. Cerrone, *op. ult. cit.*, 22-23.

[57] F. Cerrone, *op. ult. cit.*, 23.

[58] F. Cerrone, *op. loc. ult. cit.*

[59] Così A. Giuliani, *op. ult. cit.*, 417. In senso opposto, F. Roselli, *Giudici e limiti al potere del legislatore, vigente lo statuto albertino*, in *Riv. trim. dir. proc. civ.*, 1986, 477 ss.; Id., *Il controllo della cassazione civile sull'uso delle clausole generali*, Napoli, 1983, 27 ss.

[60] F. Cerrone, *op. loc. ult. cit.*

ne delle nuove leve della magistratura avvenne disconnettendo la preparazione dei nuovi interpreti dalla tradizione dell'*interpretatio* ed abituandoli, almeno sul piano concettuale, al dogma della volontà legislativa e della funzione dichiarativa dell'interprete. Ed in questa maniera, il principio della *lex clara* ed il principio della prevalenza della "lettera del precetto" acquistarono centralità (ed una valenza di indiscutibilità) nelle dichiarazioni enunciate nelle sentenze, facendo così via via scomparire il ricorso alla valutazione del momento logico e ad una valutazione della tenuta logica dell'interpretazione [61].

Quello della certezza del diritto viene pertanto utilizzato come principio connesso (o conseguente) alla contrazione del diritto nella legge.

E così giusnaturalismo e positivismo giuridico, pur distinguendosi dal punto di vista della differente ragione della validità del diritto ("natura dell'uomo" o "volontà del legislatore"), finiscono per equivalersi ("dal punto di vista teorico-giuridico e metodologico") con riguardo soprattutto al "modo di intendere il processo d'individuazione del diritto", giacché entrambi ritengono il diritto "qualcosa di oggettivo, di rigido, di fissato a priori" che realizza un sistema chiuso ed in cui le singole decisioni giuridiche discendono in via deduttiva da norme sovraordinate, prescindendo dall'esperienza [62].

Il principio della certezza del diritto, essendo espressione di un "naturale immobilismo" [63], dimostra così la propria inadeguatezza a rappresentare la realtà, nonché il suo ruolo di "mito" necessario all'illuminismo politico-giuridico. Questi infatti "ha bisogno di un assoluto a cui aggrapparsi" in ragione della "carenza di assoluto" prodottasi in conseguenza del rifiuto, da parte delle nuove ideologie (politiche, economiche e giuridiche), delle giustificazioni provenienti dalle metafisiche religiose.

Le ideologie del secolo XVIII si pongono volutamente quale "momento di rottura" con il passato, ma le nuove conquiste politico-giuridiche,

---

[61] F. Cerrone, *op. loc. ult. cit.*

[62] A. Kaufmann, *Ermeneutica e filosofia del diritto* (1996), in *Filosofia del diritto ed ermeneutica*, cit., 5-6, e Kaufmann aggiunge: "Nel diritto naturale codesta conclusione per sussunzione ha luogo venendo, dapprima, a partire da principi etico-giuridici assoluti, a norme giuridiche positive e, poi, da queste, alle singole decisioni giuridiche concrete; nel positivismo giuridico va allo stesso modo: si deducono dalle leggi, mediante un semplice sillogismo (*modus barbara*) le decisioni giuridiche concrete, col solo ausilio delle direttive del legislatore".

[63] P. Grossi, *Mitologie*, cit., 59.

rifiutato l'assoluto delle teorie metafisiche, "domandavano a loro volta di poggiare non sulle sabbie mobili della storia ma più in là, più a fondo" [64]. Bisogna pertanto mostrare di avere piena consapevolezza di trovarsi di fronte ad un prodotto storico (il principio della certezza del diritto) "assolutizzato" e "profondamente deformato" rispetto al "volto originario" [65].

Su un piano prettamente filosofico si pone l'opera di Flavio *Lopez de Oñate* che muove dall'esigenza della certezza della norma, esigenza "ineliminabile per la convivenza sociale", in quanto "il diritto con la sua norma introduce la certezza nella vita sociale, garantendo la qualifica di comportamenti possibili" [66]. Il dato specifico dell'esperienza giuridica è che "la fiducia sia attuata mediante la norma" e questo costituisce anche "l'elemento peculiare attraverso il quale l'esperienza giuridica attua il suo magistero". La certezza del diritto viene così a tradursi "in certezza dell'azione ed in possibilità dell'azione".

Questa ricostruzione teorica si fonda sulla fiducia in un legislatore "virtuoso", lontano dagli eccessi della iperproduzione legislativa, capace di approvare norme chiare, stabili, coerenti e non lacunose, giacché *"l'oscurità della norma, la sua lacunosità ..., la sua mancanza di semplicità, la sua instabilità, la molteplicità delle disposizioni in cui essa può articolarsi, la pluralità delle leggi, la difficoltà e la lunghezza dei giudizi sono un modo di manifestazione ... di fatto dell'incertezza del diritto"*.

Appare così evidente come la "certezza del diritto" auspicata dall'Autore non costituisca espressione del mero vincolo del giudice alla legge, ma rappresenti lo scopo dello stesso ordinamento giuridico e che impone dunque specifici compiti allo stesso legislatore, all'interprete e allo studioso del fenomeno giuridico.

Il "naturale nemico" è l'arbitrio cd il diritto compie una lotta "energica ed incessante" contro ogni forma di arbitrio sia del giudice che del legislatore (cioè, "di chi applica il diritto e ... di chi fa il diritto").

---

[64] P. Grossi, *op. ult. cit.*, 45-46.

[65] P. Grossi, *op. ult. cit.*, 96-97. E Grossi spiega: "Le istanze 'mitizzatici' segnano e stravolgono tutta una cultura giuridica, nella quale si esalta la perdita di storicità di principi istituti figure, originati tutti ovviamente da scelte storiche, suscitati da carnali interessi di classe, ma collocati nella sicura nonché protettiva sfera rappresentata dal mito. Il paesaggio storico depone confusione disordine terrestrità complessità per ridursi ad un disegno semplice nitido lineare".

[66] F. Lopez de Oñate, *La certezza del diritto (1943)*, Milano, 1968, 49.

Per Lopez de Oñate il compito della scienza del diritto è quello della *"ricostruzione sistematica per l'interpretazione"* [67].

La lotta contro l'arbitrio conduce a porre limiti anche al legislatore al quale comunque l'Autore riconosce il ruolo di detentore del monopolio della produzione del diritto nell'ordinamento giuridico. E, pur escludendo che il giudice possa essere ridotto ad un mero "congegno meccanico", la visione del fenomeno interpretativo come "atto logico di conoscenza" è chiaramente sintomatica dell'impostazione da cui l'Autore muove.

Il pensiero di Lopez de Oñate è teso all'affermazione del principio della certezza del diritto come principio etico di limitazione dell'arbitrio, principio che è funzionale alla fondazione della pace nella società e che costituisce lo scopo dell'esperienza giuridica. Ed è questo fine ad imporre limiti anche al legislatore il quale "non può fare quello che vuole, o meglio non può farlo storicamente, cioè facendo sì che rimanga come norma reale e valida la norma, che egli abbia emanato secondo un arbitrio incondizionato". Lopez de Oñate specifica che "quando invece il legislatore pretende all'onnipotenza, parimenti non vi è dubbio che falsa la sua propria missione e tradisce il dovere precisamente etico che è legato al suo compito giuridico. E vi è sempre un altro limite, questo di carattere logico, che è costituito dalla validità, nel senso del fenomenologismo, delle strutture giuridiche che il legislatore considera e che gli si impongono" [68].

Le riflessioni sulla certezza del diritto dimostrano dunque il significato storicamente determinato che il relativo principio ha avuto nella collocazione a livello filosofico della relativa riflessione, se risponde ad un'esigenza etica di limitazione dell'arbitrio, perde il contatto con la storicità dell'esperienza giuridica intrisa, per sua natura, di limiti e contraddizioni che, a loro volta, sono il riflesso dei limiti e delle contraddizioni della concreta società che quel diritto produce [69].

Con riguardo alla ricerca della "certezza del diritto" (ed alla prevedibilità delle decisioni giudiziali), Alessandro Giuliani invita a porre

---

[67] F. Lopez de Oñate, *op. ult. cit.*, 126-127, che aggiunge: "solo quando la scienza, dimentica del suo fine preciso, ha tentato di trasformare l'interpretazione in creazione ..., solo allora il sistema giuridico positivo ha con risoluto atteggiamento condannato la scienza, condannando l'interpretazione".

[68] F. Lopez de Oñate, *op. ult. cit.*, 124-125.

[69] P. Grossi, *op. ult. cit.*, 52: "Il diritto ... prima di essere potere, norma, sistema di categorie formali, è esperienza, è cioè una dimensione della vita sociale".

l'attenzione, prima che sul giudice, sul legislatore e ricorda come storicamente la figura del legislatore "razionale" (*id est*, il legislatore del positivismo codicistico) sia subentrata alla figura del legislatore "ragionevole", ritenuto invece "peculiare della tradizione italiana" [70].

Gli studi di Alessandro Giuliani sull'interpretazione giuridica, sul ruolo dei giudici e sulla "educazione giuridica", rivestono un ruolo centrale nella riflessione dottrinale italiana della seconda metà del secolo scorso.

E si deve a Giuliani anche la constatazione [71] dell'esistenza nella giurisprudenza italiana, di un solco – specie a partire dagli anni sessanta e settanta del XX secolo – fra le dichiarazioni riscontrabili sul piano concettuale, tutte di adesione al dogma della volontà del legislatore (quale "fondamentale norma di riconoscimento" elevata a "principio di logica invariabile") [72], e le concrete argomentazioni rinvenibili nelle motivazioni giudiziarie, nei "ragionamenti effettivi" [73] dei giudici, caratterizzati invece da una elevata creatività giurisprudenziale.

A questo esito hanno contribuito – secondo Giuliani – il pluralismo delle fonti del diritto (affermato e garantito dalla Costituzione repubblicana che inoltre ha "aperto" il sistema delle fonti anche alle fonti sovranazionali) e l'inflazione legislativa la quale, a sua volta, è ("per la

---

[70] A. Giuliani, *Il modello di legislatore ragionevole (Riflessioni sulla Filosofia italiana della legislazione)*, in *Legislazione. Profili giuridici e politici*, a cura di M. Basciu, Milano, 1992, 15. Più avanti Giuliani aggiunge: "Non vi è avversione preconcetta da parte del legislatore ragionevole nei confronti della legislazione come tale, ma di una sua particolare versione: la riduzione del diritto alla legge non è soltanto contro l'ordine delle istituzioni, ma anche contro l'ordine della conoscenza pratica". Al riguardo v. A. De Nitto, *Diritto dei giudici e diritto dei legislatori*, cit., 29 ss.; fra le opere dell'Autore v. A. Giuliani, *La nuova retorica e la logica del linguaggio normativo*, in *Riv. int. fil. dir.*, 1970, 376 ss.; Id., *Presentazione*, in Ch. Perelman, *Logica giuridica nuova retorica* (1976), Milano, 1979, I ss.; A. Giuliani-N. Picardi (a cura di), *L'educazione giuridica*, V, *Modelli di legislatore e scienza della legislazione*, Napoli, 1987-1988; Id., *La responsabilità del giudice*, cit.; A. Giuliani, *Giustizia e ordine economico*, Milano, 1997; Id., *Le disposizioni sulla legge in generale. Articoli da 1 a 15*, in *Trattato di diritto privato*, diretto da P. Rescigno, Torino, 1999, 398 ss.; Id., *Logica del diritto (teoria dell'argomentazione)*, in *Enc. dir.*, vol. XXV, Milano, 1975; Id., *Dal positivismo benthamiano al realismo giuridico*, in F. Rossi-Landi (a cura di), *Il pensiero americano contemporaneo*, Milano, 1958, 119 ss.; Id., *Retorica, diritto e filosofia nell'Umanesimo. La "Rethorica" di Giorgio Trapezunzio*, in *Philosophica*, vol. III, 1994, 5, 9 ss.

[71] Come esattamente rilevato da F. Cerrone, *op. ult. cit.*, 28 s.

[72] A. Giuliani, *Le disposizioni sulla legge in generale*, cit., 420.

[73] A. Giuliani, *op. loc. ult. cit.*

natura delle cose") destinata ad aumentare i poteri del giudice[74]. Ma questo esito discende innanzitutto (ad avviso di Giuliani) dalla prevalenza nella giurisprudenza italiana di "un occulto antiformalismo" che giustifica "il passaggio dal testo all'equità ed ai principi del diritto"[75]. Ma siffatto antiformalismo è appunto "occulto" perché non si rinviene nella giurisprudenza una esplicita negazione (o contestazione) del dogma della volontà del legislatore[76], ma piuttosto il ricorso "ad espedienti formalistici e finzionistici, da cui non traspare la reale motivazione della decisione".

L'esito di questa prassi è l'elaborazione di soluzioni che possono ("talora") apparire "giuste" ma non "giustificate"[77].

Si riscontra dunque in Italia una paradossale tendenza nei rapporti fra legislazione e giurisdizione, giacché ad una dichiarata "fedeltà" – da parte del potere giudiziario – ai tradizionali criteri giuspositivistici (lettera e volontà del legislatore) ed al contemporaneo dichiarato rigetto di dottrine che apertamente sostengono (o propongono) un ruolo "evolutivo" dell'interpretazione (assegnando al giudice un compito di valutazione comparativa degli interessi), si contrappone di fatto l'utilizzo da parte dei giudici di un sempre maggiore "ruolo creativo", ammantato però "sotto la copertura della volontà implicita del legislatore".

Giuliani riscontra un frequente utilizzo del richiamo alla "volontà del legislatore" in contrapposizione alla "volontà della legge" che consente di perseguire un procedimento argomentativo che "permette di conseguire una soluzione equa e ragionevole, ma diversa da quella risultante dalla lettera della legge"[78].

---

[74] A. Giuliani, *op. ult. cit.*, 421. Legislazione e giurisdizione si influenzano vicendevolmente. E così, ad esempio, l'aumento del numero delle leggi (unitamente alla cattiva redazione delle stesse) accresce la libertà interpretativa del giudice: la patologia della legislazione si ripercuote inevitabilmente nel momento giurisdizionale.

[75] A. Giuliani, *op. ult. cit.*, 426.

[76] F. Cerrone, *op. ult. cit.*, 29, evidenzia che si tratta dunque di casi in cui "la giurisprudenza ha eluso la prescrizione del comma 1 dell'art. 12 facendo ricorso ... a tecniche e procedimenti finzionistici che sono rivelatori ... '*di un occulto antiformalismo ... giustificando il passaggio dal testo all'equità ed ai principi del diritto*'".

[77] A. Giuliani, *op. ult. cit.*, 422: "Talora le soluzioni, che possono apparire scandalose dal punto di vista delle regole legislative, paiono ricollegarsi ad affermazioni apodittiche o al '*sic volo*' del giudice".

[78] A. Giuliani, *op. ult. cit.*, 420.

Nel commentare questa riflessione[79], è stato evidenziato "il destino che ha subito, in queste prassi interpretative, l'utilizzazione dei lavori preparatori: da strumento per la ricerca della 'vera' volontà ... del legislatore, a mezzo per eludere quella volontà, consegnata alle parole del legislatore e però contestata con argomenti apparentemente formali e logici ma in realtà espressione di una equità puramente intuitiva, soggettiva. Un'equità che è perciò stata affidata all'individualistico apprezzamento del giudice, un'equità che è rimasta sottotraccia, che non è stata apertamente dichiarata, che è stata anzi ripudiata sia dalla dottrina che dalle sentenze dei giudici ma che si è insinuata nelle soluzioni accolte via via dalla giurisprudenza, in un contesto culturale che ha favorito questi esiti, restando in prevalenza estraneo alla prassi di un '*confronto fra dottrina e giurisprudenza*' che avrebbe potuto favorire '*una indagine pubblica, sociale, giustificativa*'" [80].

Ovviamente bisogna tenere ben distinti i casi in cui il procedimento interpretativo si avvale di valutazioni equitative ricorrendo a procedimenti finzionistici e maschera tali valutazioni con il ricorso a schemi formali di ragionamento, dai casi in cui, invece, il richiamo all'equità, come norma fondamentale di riconoscimento, è apertamente esposta e trattata nel ragionamento interpretativo.

In questa seconda modalità, l'equità "non è frutto soggettivo ed intuitivo del giudice né è contrapposta al diritto positivo", ma si collega a "precise coordinate", a princìpi che non possono essere "il frutto di concettualistiche ipostasi dogmatiche" ma derivanti dall'aperto confronto di argomenti, intesi pertanto come *regulae iuris*, cioè come *"luoghi specifici dell'argomentazione giuridica"*.

Giuliani individua nella tradizione del *mos italicus* il modello storico cui collegare la prospettiva di un nuovo utilizzo delle *regulae iuris*, ma, in questo ordine di idee, afferma che "una equità senza principi (nel senso delle regulae iuris) – che non viva in un rapporto dialettico con il diritto stretto – interessa l'utopia e non l'esperienza giuridica" [81].

Si prospetta così l'esercizio, da parte del giudice, di una "equità soggettiva, intuitiva", guidata da un antiformalismo occulto e che finisce per essere "sottratta ad ogni forma di controllo logico", riflesso dell'o-

---

[79] F. Cerrone, *op. ult. cit.*, 30.

[80] A. Giuliani, *op. ult. cit.*, 414.

[81] A. Giuliani, *op. ult. cit.*, 441 s.

rientamento soggettivo del giudice e quindi caratterizzata anche da "bruschi mutamenti giurisprudenziali".

L'esperienza giurisprudenziale italiana sembra quindi far rilevare che l'assolutizzazione ("culturale") del ruolo del legislatore, assolutizzazione che ha condotto ad esaltare la volontà legislativa "come unica norma di riconoscimento", è sconfinata nel suo opposto, giacché ha finito (e finisce) "paradossalmente" per favorire una "equità" che sconfina nell'arbitrarietà dell'orientamento soggettivo del giudice. Tali orientamenti soggettivi infatti, proprio perché sviluppatisi in assenza di "una ricerca collettiva, sociale, pubblica", si realizza all'interno di una dialettica che vede come unici soggetti solo la dottrina e giurisprudenza, se non la sola giurisprudenza [82].

Le "tecniche" ed i "procedimenti finzionistici" rinvenibili nelle motivazioni giurisprudenziali – e rivelatori di tale "occulto antiformalismo" – sono numerosi ed eterogenei [83] e riuniti da Giuliani in due "macro-insiemi": quello della "eccezione delle conseguenze assurde" e quello dell'appello alla "volontà del legislatore attuale" (che "prende il posto del legislatore storico").

Il primo insieme ("l'eccezione delle conseguenze assurde") è espressione di "una concezione argomentativa della logica giuridica" in cui il richiamo all'equità ("la norma di riconoscimento per eccellenza") apre la strada all'uso dei "principi del diritto" (quali "luoghi dell'argomentazione giuridica") con il risultato finale per cui l'operazione interpretativa "non si identifica con l'interpretazione di un testo scritto" [84].

La concezione argomentativa della logica giuridica (basata sulla valutazione delle conseguenze assurde di una determinata interpretazione) presuppone l'esistenza di una "dialettica collaborativa" fra legislatore e giudice ("una loro divisione del lavoro, orientata alla selezione dei significati irragionevoli") [85] e non significa, di per sé, soggettivismo del singolo giudice.

Nell'esperienza giurisprudenziale italiana però la c.d. dimostrazione apagogica (cioè la *reductio ad absurdum*) non viene esplicitata in uno specifico itinerario argomentativo, ma appunto "occultata" all'interno di

---

[82] A. Giuliani, *op. ult. cit.*, 432.

[83] F. Cerrone, *op. ult. cit.*, 29.

[84] A. Giuliani, *op. loc. ult. cit.*

[85] F. Cerrone, *op. loc. ult. cit.*

differenti percorsi argomentativi sviluppati "in termini di logica formale" ma che in realtà "nascondono talora, dietro affermazioni apodittiche, gli orientamenti soggettivi del giudice" [86]. E questa prassi ha impedito l'attivazione di quei meccanismi (o "cautele": confronto fra dottrina e giurisprudenza, collegialità della decisione, opinione dissenziente, ecc.) che consentono alle concezioni argomentative della logica giuridica di non "scadere" in un "soggettivismo" [87].

Emergono così l'importanza dello studio della motivazione della sentenza e dunque lo studio delle tecniche argomentative [88].

A questo proposito la *nouvelle rhétorique*, muovendo dalla considerazione che l'argomentazione giuridica è costitutiva del ragionamento giudiziale, ha operato una forte critica delle correnti sia formalistiche che di quelle antiformalistiche [89].

Nella teoria dell'argomentazione ruolo centrale è giocato dalla fiducia nella ragione pratica: "Una tale ragione diffida di ciò che appare giusto ad un solo individuo: essa suppone una divisione della conoscenza, che si traduce nella diffidenza per la onniscienza non solo del legislatore, ma anche per quella del giudice" [90].

In questa "divisione della conoscenza" si pone il problema dei "controlli logici" cui deve essere sottoposto il potere del giudice, problema che si rivela di non facile soluzione proprio perché si muove dalla premessa della impossibilità di individuazione di limiti rigorosi [91].

Ed il compito della logica giuridica è quello di "offrire gli strumenti per il dialogo corretto e perenne tra legislatore e giudice". In tale "dialogo", la relativizzazione dei testi consente al giudice di addivenire a deci-

---

[86] F. Cerrone, *op. loc. ult. cit.*, che cita A. Giuliani (*op. ult. cit.*, 427) e che aggiunge: "Purtroppo, non pare che l'uso di affermazioni apodittiche, date per scontate e ovvie ma tutt'altro che tali, si sia arginato da parte della giurisprudenza. Come già notato, nella migliore delle ipotesi questi orientamenti nascondono l'intenzione del giudice di provvedere ad una giustizia sostanziale, oltre il dettato normativo".

[87] A. Giuliani, *op. loc. ult. cit.*

[88] Vedi già A.A. Cervati, *Tipi di sentenze e tipi di motivazioni nel giudizio incidentale di costituzionalità delle leggi*, in *Strumenti e tecniche di giudizio della Corte costituzionale*, Milano, 1988, 125 ss.

[89] A. Giuliani, *Logica giuridica (teoria dell'argomentazione)*, cit., 375 ss.

[90] A. Giuliani, *Presentazione*, in Ch. Perelman, *Logica giuridica nuova retorica*, cit., XX ss.; v. anche G. Tarello, *La nouvelle rhétorique et le droit*, in *Rev. int. de philosophie*, 1977, 294 ss.

[91] A. Giuliani, *Logica giuridica (teoria dell'argomentazione)*, cit., 375 ss.

sioni "eque" o "ragionevoli", ma il giudice non può sostituire la sua volontà e quella del legislatore: l'obbligo di subordinazione del giudice alla legge costituisce sempre un limite – quantunque elastico – alla libertà interpretativa del giudice medesimo.

La risposta è dunque in un "equilibrio" fra legislazione e giurisdizione, il venir meno del quale si pone contro le istanze della ragione pratica [92].

Il riconoscimento della funzione normativa dell'interpretazione pone la necessità dell'individuazione di nuovi equilibri nel rapporto fra potere giudiziario e potere legislativo con inevitabili implicazioni anche sul piano politico-costituzionale.

La figura del giudice si allontana da quella del pubblico funzionario (rispondente al modello del giudice *bouche de la loi*) e si avvicina invece al modello di giudice tipico del sistema di *common law*. Conseguenzialmente bisogna porre particolare attenzione anche ai profili relativi alla formazione del giudice e, più in generale, all'educazione giuridica.

L'individuazione del – ricercato – punto di equilibrio avviene mediante un "dialogo perenne tra legislatore e giudice", dovendosi escludere sia l'attribuzione alla magistratura di un ruolo di supplenza del legislatore sia la visione di un ordinamento giuridico in cui il potere giudiziario sia in lotta con il potere legislativo.

La nuova retorica, muovendo da premesse di una razionalità critica, sociale e pubblica (contrapposta a quella formale e burocratica del giudice *bouche de la loi*), risponde ad esigenze discendenti direttamente dalla Carta costituzionale.

Il "vero problema" è rappresentato proprio dalla individuazione di adeguati punti di equilibrio in cui nessuno dei due poteri soffra di invasione da parte dell'altro.

La rivalutazione del ruolo del giudice non può giungere a fare sostituire al legislatore politico il giudice al quale "compete un tipo di politica costitutivamente diverso da quello proprio del potere legislativo ed esecutivo".

È il pluralismo insito nell'esperienza giuridica a richiedere risposte di tipo diverso alle singole questioni concrete: i problemi organizzativi e di

---

[92] A. Giuliani, *Presentazione*, cit., XV ss., la "intersoggettività delle valutazioni" rappresenta lo strumento mediante il quale è possibile superare il "soggettivismo di ciò che appare giusto ad un solo individuo"; Id., *Logica giuridica (teoria dell'argomentazione)*, cit., 375 ss.; Ch. Perelman-L. Olbrechts-Tyteca, *Trattato dell'argomentazione. La nuova retorica* (1958), Torino, 2001.

giustizia distributiva esigono l'applicazione di una "volontà politica, decisionale", la quale non può essere affidata al giudice (*"per questi problemi la procedura legislativa offre – attraverso la critica e il dibattito – accettabili limiti di razionalità"*).

L'ambito di competenza del giudice è invece rappresentato dalla "sfera in cui il diritto ci appare come manifestazione di razionalità pratica, dialettica, pubblica: e pertanto il dominio della ragionevolezza, dell'opinione, della persuasione". Questi settori "sono più connessi con la verità pratica che con l'utilità" [93].

La decisione giudiziale deve dunque caratterizzarsi per il suo carattere pubblico, dialettico ed intersoggettivo.

La critica di Perelman alle correnti sia formalistiche – dalla scuola esegetica alla dottrina pura del diritto – che antiformalistiche muove infatti dalla constatazione che né le une né le altre assegnano all'argomentazione il ruolo di elemento costitutivo del ragionamento giudiziale. Ed è in ragione di questa premessa che si reggono i principi della "giustificazione della decisione" (secondo cui "una decisione non è irragionevole se può essere basata su regole o su precedenti"), della "collegialità della decisione" (che assicura il carattere "sociale e dialettico" della decisione, in quanto basata su un effettivo contraddittorio) e dell'utilità dell'opinione dissenziente (che svela la complessità del processo di formazione delle decisioni giudiziali e conferisce dinamicità interna alla giurisprudenza) [94].

La logica "controversiale" di Giuliani è "logica argomentativa" e pertanto presuppone una "consapevolezza profonda della complessità dell'esperienza giuridica e delle valutazioni che essa implica". In Giuliani "il circolo ermeneutico che parte (dai) e riporta ai testi si arricchisce, durante il suo percorso, di tutti gli elementi necessari ad un apprezzamento logico, sistematico, teleologico ed evolutivo. Compiuto il circolo – anzi, più correttamente, mentre esso si compie – la valutazione giuridica richiede all'interprete di misurarsi con la ricerca sulla concreta, controversa calibratura dei fatti, ricerca così delicata e cruciale per l'esperienza giuridica, senza la quale essa perde le sue peculiari caratteristiche di esperienza pratica, orientata alla regolazione dell'azione umana. Il nesso fra fatto e dirit-

---

[93] A. Giuliani, *Presentazione*, cit., XXVIII-XXIX.

[94] Al riguardo v. G. Gorla, *Le opinioni non "segrete" dei giudici dissenzienti nella tradizione dell'Italia preunitaria*, in *Foro it.*, 1982, V, 97 ss.; A. De Nitto, *In tema di opinioni dissenzienti nell'esperienza delle corti italiane* (1992), in Id., *Diritto dei giudici e diritto dei legislatori*, cit., 50 ss.

to nell'attività interpretativa 'riporta al centro' il ruolo sociale dei giuristi, la necessaria loro sensibilità per i valori e per le esigenze sociali"[95]. E Cerrone sottolinea l'esigenza di un "crescente approfondimento del senso storico, come senso della continuità nel succedersi delle generazioni e spirito di tolleranza nella civile convivenza", funzionale all'acquisizione di una consapevolezza (imprescindibile per il giurista) conseguente a "quell'apertura mentale e ampiezza d'orizzonte che si richiede nella civile convivenza per giudicare con serena equanimità degli atteggiamenti altrui"[96].

Il richiamo all'opinione dissenziente collega la riflessione di Alessandro Giuliani con quella di Costantino Mortati che, con riguardo specifico alla giustizia costituzionale, ha insistito molto sull'introduzione di tale istituto nelle sentenze costituzionali proprio allo scopo di assicurare alla giurisprudenza costituzionale un continuo contatto con la coscienza sociale[97]. Anche a questo proposito, magistrali si rivelano le parole di

---

[95] F. Cerrone, *op. ult. cit.*, 56.

[96] F. Cerrone, *op. ult. cit.*, 56, E Cerrone (ricordando E. Betti, *Teoria generale della interpretazione*, II, cit., 962) sottolinea l'attenzione di Betti per la filosofia di Friedrich Nietzsche (E. Betti, *Per una interpretazione idealistica dell'etica di Federico Nietzsche* (1943-44), in Id., *Diritto metodo ermeneutica*, cit., 261 ss.), evidenziando che Betti, a proposito della "visione della continuità storica" in cui l'interprete è inserito e che "deve imparare ad apprezzare" richiama *La gaia scienza*, 337 (trad. it., Torino, 1967-1979, con introduzione di G. Vattimo, 191 s.): *"il senso storico è ancora qualcosa di così povero e freddo, e molti sono assaliti da esso come da brividi gelati e per esso diventano ancor più poveri e freddi. Ad altri appare come il segno della vecchiaia, che pian piano si avvicina e il nostro pianeta non è per loro che un triste inferno* ...[ma] *chi sa sentire la storia degli uomini nella sua totalità come* la sua propria storia", può avvertire la storia come sentimento dell'umanità, *"sentimento divino"* (e Cerrone segnala anche l'interesse di Betti per Vico: v. E. Betti, *I principî di scienza nuova di G.B. Vico e la teoria della interpretazione storica*, in Id., *Diritto metodo ermeneutica*, cit., 459 ss.). Al riguardo v. F. Cerrone, *Intorno al Vico di Giuseppe Capograssi*, in *Rivista AIC*, n. 3, 2018 (e dottrina ivi citata); Sulla logica argomentativa di Giuliani v. anche G. Repetto, *Per un'ermeneutica della rilevanza. La teoria dell'argomentazione di Alessandro Giuliani e il suo contributo allo studio della giurisprudenza della Corte europea dei diritti dell'uomo*, in *Alessandro Giuliani: l'esperienza giuridica fra logica ed etica*, a cura di F. Cerrone e G. Repetto, Milano, 2012, 553 ss.; A. De Nitto, *Ancora su scienza e tecnica nella giurisprudenza*, *ivi*, 141 ss.; A.A. Cervati, *Giuliani e lo studio comparativo del diritto costituzionale*, *ivi*, 687 ss.

[97] C. Mortati, *Le opinioni dissenzienti dei giudici costituzionali ed internazionali*, Milano, 1964. Al riguardo A.A. Cervati, *Le garanzie costituzionali nel pensiero di Costantino Mortati*, in *Il pensiero giuridico di Costantino Mortati*, a cura di M. Galizia e P. Grossi, Milano, 1990, 417 ss. (in part. 464 ss.). Sull'opportunità dell'introduzione dell'opinione dissenziente quanto meno a livello di giustizia costituzionale v. già A.A.

Mortati: "la coscienza collettiva rimane meglio soddisfatta, anche sul medesimo piano della certezza piuttosto che da una claudicante e solo apparente unanimità di consensi e da una motivazione di conseguenza reticente e sommaria, da una chiara, precisa indicazione dell'articolarsi delle varie argomentazioni attraverso cui si è sviluppato il procedimento logico che ha portato ad una determinata soluzione e, quindi, da una espressa formulazione delle medesime divergenze che accompagnano la soluzione accolta" [98].

Per Mortati, la decisione del giudice costituisce non solo la "fase conclusiva" di una particolare vertenza, ma un "momento di un altro e più vasto processo", che trova ulteriore svolgimento sia nelle riflessioni della dottrina che nella successiva prassi giurisprudenziale, venendo così ad essere "fonte di quel continuo rinnovamento interpretativo nel quale il diritto trova lo strumento più idoneo di vitalità" [99]. Nella riflessione di

---

Cervati, *Tipi di sentenze e tipi di motivazioni ..*, cit., 125 ss.; Id., *Incostituzionalità delle leggi ed efficacia delle sentenze delle Corti costituzionali austriaca, tedesca ed italiana*, in *Effetti temporali delle sentenze della Corte costituzionale anche con riferimento alle esperienze straniere (Atti del seminario di studi tenuto al Palazzo della Consulta il 23 e 24 novembre 1988)*, Milano, 1989, 313 ss.; F. Politi, *Gli effetti nel tempo delle sentenze di accoglimento della Corte costituzionale*, Padova, 1997; Id., *Sentenze di accoglimento e indirizzo politico nel pensiero di Costantino Mortati*, in *Forme di Stato e Forme di Governo: Nuovi Studi sul Pensiero di Costantino Mortati*, a cura di M. Galizia, Milano, 2007, 827 ss.; *contra* G. Zagrebelsky, *Principi e voti. La Corte costituzionale e la politica*, Torino, 2005, 71, secondo cui "la possibilità (negativa) è che l'opinione dissenziente sia strumento di scontro tra personalità che mettono sé stessi davanti alla 'cosa', cioè la giurisprudenza che avrebbe da essere costruita coralmente ... Senza contare l'evenienza – che qui non si vuole nemmeno prendere in considerazione – che il dissenso dichiarato possa diventare strumento intenzionale di indebolimento della decisione della maggioranza – quali che siano gli argomenti utilizzati – presso un'opinione pubblica di per sé incapace di orientarsi nei meandri dell'argomentazione giuridica e facile oggetto di manipolazione politica". Diversa l'opinione di A. Vespaziani, *Il costituzionalismo statunitense all'inizio del nuovo secolo*, in *Quad. cost.*, 2005, 605 ss., secondo cui le opinioni concorrenti e dissenzienti non indeboliscono il giudicato costituzionale, ma piuttosto "ne rafforzano la legittimità nei confronti dell'opinione pubblico-giuridica, immunizzando l'istituzione della giurisdizione costituzionale dalle critiche vigorose e robuste che la dottrina muove alla sua giurisprudenza"; A. Anzon, *La motivazione dei giudizi di ragionevolezza e la "dissenting opinion"*, in AA.VV., *Il principio di ragionevolezza nella giurisprudenza della Corte costituzionale*, Milano, 1994, 257 ss.; Id., *Per l'introduzione dell'opinione dissenziente*, in *Pol. dir.*, 1992, 329 ss.

[98] C. Mortati, *Le opinioni dissenzienti dei giudici costituzionali ed internazionali*, Milano, 1964, X.

[99] C. Mortati, *Considerazioni sul problema dell'introduzione del "dissent" nelle pro-*

Costantino Mortati è il riconoscimento del carattere creativo dell'attività interpretativa a condurre la dottrina a doversi interrogare sul ruolo politico dei giudici e ad affermare con forza la necessità di preservare i giudici "da ogni pericolo di interferenza da parte degli altri poteri" con la conseguente esigenza di individuazione di garanzie idonee ad assicurare l'indipendenza dei giudici [100].

L'ampliamento dei poteri del giudice impone di aumentare i "controlli logici" dell'attività dello stesso, che deve essere configurata "dialetticamente", secondo le tecniche proprie dell'*adversary system* e dunque con una concreta e reale affermazione del principio del contraddittorio, che non può essere ridotto ad una "vuota formula", bensì quale "strumento di ricerca della verità".

In questa direzione opera anche l'affermazione di una "teoria aperta" dell'interpretazione della Costituzione e il recupero di una concezione "aperta" del diritto come *"esperienza di vita della comunità"* e come elaborazione di soluzioni non imposte dall'alto, ma individuata dalla comunità stessa, nelle sue diverse articolazioni e strutture di potere [101].

---

nunce della Corte Costituzionale, in *La giustizia costituzionale*, a cura di G. Maranini, Firenze, 1966.

[100] Così A.A. Cervati, *Le garanzie costituzionali nel pensiero di Costantino Mortati*, cit., 467, che ricorda come Mortati abbia criticato la scelta del costituente di non ancorare a "garanzie sicure" il principio della giurisdizione unica, né l'indipendenza dei giudici delle giurisdizioni speciali. Questo profilo di riflessione conduce ad interrogarsi sui temi legati all'estrazione sociale e alla formazione del giudice, su cui A.A. Cervati, *In tema di dimensione costituzionale della convivenza*, cit., 319 ss.

[101] P. Häberle, *Die offene Gesellschaft der Verfassungsinterpreten*, in *Juristenzeitung*, 1975; Id., *Stato costituzionale*, Roma, 2005; Id., *I diritti fondamentali nello Stato costituzionale*, a cura di P. Ridola, Roma, 1992; Id., *Per una dottrina della Costituzione come scienza della cultura*, a cura di J. Luther, Roma, 2001; Id., *Cultura dei diritti e diritti della cultura nello spazio costituzionale europeo. Saggi*, a cura di S. Pirozzi, Milano, 2003. Sul pensiero di Peter Häberle v. A.A. Cervati, *Il diritto costituzionale tra metodo comparativo e scienza della cultura (Il pensiero di Peter Haeberle e l'esigenza di modificare il metodo di studio del diritto costituzionale)*, in P. Häberle, *Lo Stato costituzionale*, cit.; P. Ridola, *Introduzione* a P. Häberle, *I diritti fondamentali nello stato costituzionale*, cit., 11 ss.; A.A. Cervati, *In tema di interpretazione della Costituzione, nuove tecniche argomentative e "bilanciamento" tra valori costituzionali (a proposito di alcune riflessioni della dottrina tedesca e austriaca)*, in *Il principio di ragionevolezza nella giurisprudenza della Corte costituzionale. Riferimenti comparatistici. Atti del seminario svoltosi in Roma, Palazzo della Consulta, nei giorni 13 e 14 ottobre 1992*, Milano, 1994, 55 ss.; F. Politi, *Stato costituzionale e Kulturstaat nel pensiero di Peter Häberle*, in *Dir. pubbl. comp. eur.*, 2002, II, 463 ss.

L'attività interpretativa (e non solo quella del giudice) si colloca all'interno di un *"processo storico di sviluppo"* in cui ogni soggetto è un "interprete e ciascun 'operatore' collabora in quest'opera facendo valere le proprie convinzioni e i propri orientamenti" [102]. E tali orientamenti, quando condivisi ed accettati, contribuiscono a concorrere alla formazione del diritto vigente.

In questa prospettiva le valutazioni del singolo interprete vanno studiate ed analizzate – non quali singoli, isolati fenomeni, bensì – quali espressioni di un più ampio ambito valoriale all'interno del quale vanno individuati gli strumenti volti a permetterne la "controllabilità" [103].

Tullio Ascarelli [104] affermava che "la tecnica dell'interpretazione è ... il risultato di una concezione costituzionale".

È stato evidenziato [105] che nel pensiero di tale autore al ruolo del legislatore e a quello dell'interprete è rinvenibile anche il ruolo di una "*'dogmatica concettuale'* che implica *'l'esistenza di un sistema'*". Infatti al ruolo del legislatore ("cui spetta porre le norme – in ossequio ad una *'primaria esigenza di certezza della soluzione e perciò di pace sociale e di rispetto per la libertà dell'uomo'*") ed a quello dell'interprete ("cui spetta di ricavarne il senso e quindi di contribuire allo sviluppo del diritto"), "si aggiunge quello di una *'dogmatica concettuale'* che implica *'l'esistenza di un sistema'*". E tale sistema si presenta "capace di rinnovarsi proprio tramite l'interpretazione" e capace di assicurare "la continuità tra l'interpretazione, e cioè la norma posta in via di interpretazione, e la norma preordinata ...: è cioè necessario assicurare l'osservanza di un tale criterio di continuità, capace di garantire dall'arbitrio e dal mero sentimento equitativo, *'il cui giudice definitivo sarà, né potrebbe essere diversamente, la generale convinzione che finirà o non finirà per accogliere una interpretazione, ora esposta dottrinalmente, ora sorta dall'iniziativa della pratica contrattuale, ora dettata dalla giurisprudenza, e che, accolta, sarà considerata diritto vigente'*" [106].

Per Ascarelli, l'interpretazione giuridica deve elaborare il significato

---

[102] T. Ascarelli, *Prefazione*, cit., XXIII.

[103] F. Cerrone, *In margine ad un frammento di storia ...*, cit., 33.

[104] T. Ascarelli, *op. ult. cit.*, XXIII ss.

[105] F. Cerrone, *In margine ad un frammento di storia ...*, cit., 33.

[106] T. Ascarelli, *Interpretazione del diritto e studio del diritto comparato*, in *Riv. dir. comm. dir. gen. obbl.*, 1954, I, 151 ss.

della disposizione legislativa in modo che esso possa servire alla valutazione del caso ed a questo fine necessaria "una continua rielaborazione interpretativa dei precetti", rielaborazione che deve tener conto "sia delle necessità di adeguazione alle particolarità che provengono dal caso, sia delle esigenze di armonia e continuità fra le soluzioni interpretative stesse e le disposizioni del legislatore" [107].

Per Cerrone invece [108] i "limiti dell'interpretazione" sono da individuare nei confronti di ogni interprete, in quanto discendenti "dalla condizione situé dell'interprete, e quindi anche del giudice, dai condizionamenti che le sue interpretazioni subiscono (o dovrebbero subire) per effetto dell'essere inserito in un tessuto ... di opinione pubblica giuridica, più ampio" [109].

Si apre così la riflessione sulla nozione di "opinione pubblica".

---

[107] T. Ascarelli, *Interpretazione del diritto e studio del diritto comparato*, cit., 153; Id., *Norma giuridica e realtà sociale* (1955), in Id., *Problemi giuridici*, Milano, 1959, I, 69 ss., è più esplicita la tesi della creatività dell'interpretazione, che non risiederebbe *"nella decisione del caso concreto in congruenza con una massima di decisione, ma proprio nella formulazione della norma"* (p. 84). Polemico con la tesi ascarelliana della continuità è E. Betti, *Interpretazione della legge e sua efficienza evolutiva*, cit., 530 ss. Sulla riflessione di Ascarelli in materia di interpretazione, anche nel confronto con Betti, v. C. Pinelli, *Il confronto sull'interpretazione fra Emilio Betti e Vezio Crisafulli e il contributo di Tullio Ascarelli*, in *Il diritto fra interpretazione e storia. Liber amicorum in onore di Angel Antonio Cervati*, a cura di A. Cerri, P. Häberle, I.M. Jarvad, P. Ridola, D. Schefold, vol. IV, Roma, 2010, 67 ss.

[108] F. Cerrone, *op. ult. cit.*, 33, dubita del ruolo decisivo dei concetti ("certo necessari ma insidiosi per la chiara percezione della costitutiva mobilità dell'esperienza giuridica; ma in ogni caso il riferimento ad un contesto come limite per l'attività interpretativa mi sembra essenziale onde far sì che essa possa superare il sospetto di arbitrarietà che altrimenti è destinato ad investirla"); per G. Capograssi, *Il problema della scienza del diritto*, cit., 73, "non si sa più se l'esperienza giuridica sia quella che è nella realtà o sia l'immagine che la scienza ne ha delineato ... con questa sua immagine la scienza che si propone di comprendere il suo dato, l'esperienza, riesce quasi a nascondere il suo dato: costituisce un pericolo per la visione limpida del dato".

[109] F. Cerrone, *op. ult. cit.*, 34, che aggiunge "e per conseguenza, queste condizioni dell'interpretazione, ove ritenute sussistenti, dovrebbero rendere non così irresistibili gli argomenti di chi ha sostenuto che riconoscere un ruolo creativo al giudice significa 'sostituire a un processo nomopoietico democratico un processo aristocratico'. La consapevolezza che gli ordinamenti politici non possono esaurire la propria dotazione costitutiva attraverso i canali della legittimazione politica è antica e ancora presente nell'epoca contemporanea: l'elemento ... aristocratico che è insito nell'esperienza giuridica può essere temperato solo dalla effettiva presenza e capacità di influire nella società di un'opinione pubblica diffusa e competente anche per il diritto".

A questo proposito i "dubbi" in materia "derivano dalla carenza profonda di un tessuto comune" (il contesto "*pubblico, sociale, giustificativo*" richiamato da Giuliani) in cui "giudici, professionisti del diritto, studiosi, pubblici amministratori, privati, possano convergere per far valere propri punti di vista, con l'aspettativa di essere ascoltati" (e che non sembra molto distante dalla prospettiva della "società aperta degli interpreti della Costituzione" delineata da Peter Häberle, da cui però Cerrone prende le distanze) [110].

Oggi, il "dramma dell'interpretazione" discende dalla contraddizione che si registra fra l'esigenza di una "adeguata opinione pubblica" e, dall'altro lato, "l'insufficienza di un tessuto sociale capace di costituirla". E se alla dottrina è rimproverata una "condizione gregaria e subalterna", forse può aggiungersi che la constatazione della "insufficienza di un tessuto sociale" deve parimenti condurre a ritenere che le ragioni di un tale "dramma" finiscono per essere ancora più profonde (in quanto da rinvenire appunto nelle contraddizioni e nei limiti dello stesso "tessuto sociale").

Nella dottrina italiana [111] – sulla scia anche delle sollecitazioni di Peter Häberle – si è sviluppata una riflessione sull'esistenza (o sulla "auspicabilità") di una "comunità" o di una "società di interpreti" [112] non conflittuale o comunque capace di superare i momenti conflittuali [113].

E così se alcuni [114] hanno espresso dubbi nella "fiducia in un'unica e coesa società aperta degli interpreti", per altri [115] lo Stato costituzionale,

---

[110] F. Cerrone, *op. ult. cit.*, 34.

[111] Molto critico nei confronti delle contemporanee dottrina e giurisprudenza italiane è F. Cerrone, *op. ult. cit.*, 51, che riscontra "l'estraneità dell'esperienza giuridica italiana ad una tradizione e ad una prassi sufficientemente evolute sul piano di una ricerca sociale, giustificativa, pluralista, delle soluzioni giuridiche". Per l'Autore, "sembra ancora troppo rischioso, in un contesto culturale come quello che caratterizza l'esperienza giuridica italiana, ammettere che una logica giuridica intesa come logica del probabile implichi riconoscimento di 'più significati probabili di un testo in riferimento ad un caso giudiziale'" (così anche C. Pinelli, *op. ult. cit.*, 1677).

[112] P. Häberle, *Die offene Gesellschaft der Verfassungsinterpreten*, in *Juristenzeitung*, 1975, 297 ss.;

[113] F. Cerrone, *op. ult. cit.*, 38.

[114] F. Modugno, *Interpretazione per valori e interpretazione costituzionale*, cit., 41 ss.

[115] C. Ruperto, *Un Paese nel cuore. Luoghi, persone e idee care a un presidente della Corte costituzionale*, Soveria Mannelli, 2004, 109.

per definizione, dà spazio a "interessi contrapposti, talora alternativi". Per i primi, la società è "divisa da presupposti assiologici diversi" e non "coesa intorno ad un'unica visione legittimante" e pertanto la visione della "società aperta degli interpreti della costituzione" appare illusoria [116]. Per i secondi lo Stato costituzionale costruisce "ipotesi di convivenza fondate sui contenuti, sulle capacità di mediazione, di reciproco ascolto, o anche di competizione, con equilibri strutturalmente instabili, ma perciò stesso più vicini alla realtà degli interessi implicati, necessariamente e vitalmente mutevoli" [117]. E, commentando queste parole, è stato rilevato che "Il giurista contemporaneo opera in una società aperta e, nello stesso tempo, lacerata da conflitti sociali: egli esercita la sua capacità di influenzare gli orientamenti dell'opinione pubblica sulla base della propria cultura e della propria visione del mondo ed è consapevole di svolgere un compito sociale tutt'altro che trascurabile" [118].

Come anticipato, critico verso la visione haeberliana della società aperta degli interpreti della Costituzione è Francesco Cerrone che invita piuttosto ad "investire" sia nell'educazione dei giovani giuristi sia, più in generale, nei "processi della formazione (intesa come paideía) culturale, su una visione dell'esperienza giuridica – intesa nel suo complesso e non solo per quanto concerne la sola materia costituzionale – immersa in un contesto comunicativo e sociale capace di generare discussione, adeguati e coerenti itinerari argomentativi, orientato verso una ricerca comune di interpretazioni – non di interpretazioni comuni". Secondo questa impostazione, è necessario che il giurista "si predisponga con un'indole propensa alla discussione più aperta invece che al ripiegamento all'interno di contesti concettuali chiusi ad ogni fermento che non provenga dal proprio milieu dogmatico, e decisiva è pertanto la sua formazione culturale che non dovrebbe ridursi ad una nuda apprensione di nozioni e definizioni" [119].

È necessario dunque insistere sulla necessità di una formazione "aperta" e multidisciplinare del giurista (con specifica attenzione alle

---

[116] F. Modugno, *Interpretazione per valori e interpretazione costituzionale*, cit., 41 ss., che aggiunge: *"è proprio la posizione privilegiata della Corte a rendere asimmetrica e perciò meno aperta la presunta 'società degli interpreti della costituzione"*.

[117] C. Ruperto, *Un Paese nel cuore. Luoghi, persone e idee care a un presidente della Corte costituzionale*, cit., 109.

[118] A.A. Cervati, *Diritto costituzionale e impegno etico dei giuristi*, cit., 53.

[119] F. Cerrone, *op. ult. cit.*, 38.

dinamiche storiche, al linguaggio, alla letteratura e alla comparazione) giacché "Nelle società contemporanee, le potenzialità persuasive del linguaggio giuridico risultano rafforzate dai mezzi di comunicazione: occorre rafforzare l'impegno critico e lo studio del linguaggio, al di là dell'analisi dei dogmi e delle formule solenni accolte dalla giurisprudenza e dalla dottrina dominante. Lo studio del linguaggio giuridico risponde a prospettive valutative di grande rilievo etico e sociale e a modi diversi di sentire i valori in gioco: il linguaggio giuridico, che non è mai casuale e fuori dalla storia, chiarisce il senso dell'uso di clausole argomentative, di immagini, figure retoriche, che trovano una consonanza nei sentimenti, aspirazioni, concezioni etiche del tempo. Lo studio del discorso giuridico rende più responsabili delle proprie scelte, non solo linguistiche, oltre ad aprire nuove riflessioni per uno studio comparativo del diritto pubblico" [120]. Ed è da ricordare che "sul terreno dell'interpretazione costituzionale, il richiamo alla tradizione comune si presenta con una complessità che non può essere semplificata da approcci unilaterali, che muovano dalla contrapposizione fra un passato sclerotizzato nella tradizione e le virtualità innovative dispiegate dalla imposizione del diritto" [121].

A questo proposito, particolarmente significativa si rivela la riflessione di quanti sottolineano che l'esperienza giuridica più recente evidenzia ("in modo acuto") "le conseguenze della esilità di contesti sociali capaci di provvedere alla elaborazione di giustificazioni, di argomenti per il diritto" [122]. Il "contesto comunicativo" forse è inevitabilmente condannato ad essere attraversato da "fratture" e contrapposizioni ("argomenti controversi") giacché il "contesto comunicativo, di una sfera pubblica giuridica" non può non presupporre la contemporanea esistenza, da un lato, di "orientamenti condivisi" (frutto anche di elaborazioni provenienti "dalla stessa legislazione, dalla giurisprudenza, dalla discussione scientifica, dal più ampio ambito degli interessi coinvolti") [123], ma anche, dall'altro lato, di una dimensione "conflittuale" giacché è "proprio sulla controversia, sul conflitto fra distinti orientamenti logici ed assiologici,

[120] A.A. Cervati, *Diritto costituzionale e impegno etico dei giuristi*, cit., 57.

[121] P. Ridola, *I diritti di cittadinanza, il pluralismo ed il "tempo" dell'ordine costituzionale europeo*, in *Diritto romano attuale*, 2003, f. 9, 111-112.

[122] F. Cerrone, *op. ult. cit.*, 48.

[123] F. Cerrone, *op. ult. cit.*, 48-49 (e dottrina ivi citata).

che fanno da sfondo al concreto contrapporsi di interessi che innerva ogni dimensione sociale" che viene a costruirsi un "contesto comune" [124].

Ed è nel "contesto comunicativo della sfera pubblica" – e nella pluralità delle componenti della sfera pubblica – che bisogna individuare le "risposte adeguate alle questioni giuridiche" [125].

La dottrina italiana, se ha "familiarizzato con l'utilizzazione di principi metagiuridici come la eguaglianza e la ragionevolezza" [126], non è ancora riuscita ad affrancarsi definitivamente dal retaggio della giurisprudenza italiana che risulta invece "impigliata nella contraddizione fra fedeltà al metodo giuspositivo e prassi giudiziaria che la contraddice" [127]. Il problema allora è "quello della carenza [128] di una razionalità storica – forse anche di una moralità – depositata nel costume culturale del giurista italiano, che si sia mostrata capace di individuare le norme di riconoscimento nella collaborazione di dottrina e giurisprudenza e nel rap-

---

[124] F. Cerrone, *op. ult. cit.*, 49.

[125] F. Cerrone, *op. loc. ult. cit.*, che sottolinea: "Se però il contesto sociale e comunicativo è debole, carente, l'interprete fatalmente si troverà di fronte a difficoltà rilevanti per l'apprezzamento di tali questioni". Per Cerrone "Resta così aperto il problema di quali possano essere, in un contesto così sensibile al cambiamento ed alle sollecitazioni che provengono anche dall'esterno dell'ordinamento giuridico nazionale, le norme di riconoscimento del diritto per l'interprete. La tesi di Giuliani, che esse debbano ormai ravvisarsi in una versione aggiornata dell'equità, metafora base dell'esperienza giuridica e delle attività interpretative che le competono, intesa sia nel suo collegamento con una importante tradizione storica che con il diritto positivo (tramite il suo vincolo ai princìpi) può destare perplessità. L'equità che ha in mente Giuliani ... non ha nulla della tralatizia concezione soggettiva che lascia all'intuito del giudice uno spazio interpretativo che sconfina nell'arbitrio: la nozione di equità non è fissa, concettualmente rigida, ma il suo significato varia, invece, sia come conseguenza del mutare delle concezioni del diritto positivo che delle variazioni 'nel livello di razionalità e di moralità di una certa epoca'" (cfr. A. Giuliani, *Le disposizioni sulla legge in generale*, cit., 441).

[126] A. Giuliani, *op. loc. ult. cit.*

[127] Per A. Giuliani, *op. ult. cit.*, 414, "la nostra giurisprudenza si trova ad affrontare problemi analoghi a quelli di un judge-made law, ma senza il retroterra culturale, in cui le tecniche di quei giuristi trovano il loro sostegno".

[128] E per F. Cerrone, *op. ult. cit.*, 49, tale "carenza" determina conseguenze negative sia sul terreno istituzionale che su quello della dogmatica delle fonti "alimentando confusione e crisi incessante della credibilità sia della politica che della magistratura", mentre l'attività interpretativa del giurista deve collocarsi "in una dimensione intersoggettiva e relazionale capace di sfuggire alla semplice risalente opposizione fra 'oggettivo' e soggettivo'" (così C. Pinelli, *op. ult. cit.*, 1676).

porto stretto con le dinamiche sociali, economiche, politiche" [129].

Ma queste riflessioni confermano che l'interprete – e dunque la giurisprudenza – è chiamato sempre a compiere scelte di valore solo ammantate nei decenni scorsi dal richiamo ai principi del giuspositivismo e dietro ai quali i giudici hanno occultato i propri orientamenti. Si conferma così l'inevitabile creatività del momento interpretativo e dunque anche l'insopprimibile tasso di discrezionalità che finisce sempre per risiedere nelle mani del giudice [130].

---

[129] F. Cerrone, *op. ult. cit.*, 50, che sottolinea la "necessità di irrobustire un tessuto sociale fatto di discussione, di argomenti, di confronto fra opinioni, poiché è questo stesso tessuto che dovrebbe costituire il limite per la soggettività dell'interpretazione, un limite che ... può essere inteso come elemento di valore costitutivo dell'esperienza giuridica. E si deve essere consapevoli che si tratta di un tessuto discontinuo, fatto di apporti diversi, tutti importanti, a partire dai luoghi della formazione dei giuristi, passando per le istituzioni giudiziarie, per quelle politiche e per quelle della p.a., infine per una sfera pubblica ampia, costituita da tutti gli interessi coinvolti dalle questioni giuridiche e capaci di parola, che facciano capo ad individui o a formazioni sociali".

[130] Il riconoscimento della inevitabile pluralità di impostazioni e di possibili soluzioni spinge, da un lato, a sottolineare la necessità di approfondite ed adeguate motivazioni (e, in questa prospettiva, assume rilevanza anche l'attenzione ai precedenti giudiziari da cui bisogna discostarsi solo previa esplicita argomentazione sulle ragioni che conducono a modificare gli indirizzi precedenti) e, dall'altro lato, a riflettere anche sulla formazione culturale del giudice (e del giurista in generale), A. Cervati, *Per uno studio comparativo del diritto costituzionale*, cit., 55 ss.

Capitolo Secondo

Le "norme sulle norme" e le regole dell'interpretazione

SOMMARIO: 1. L'art. 12 delle preleggi. Il dibattito sulle regole dell'interpretazione. – 2. Legislazione, attività interpretativa e ruolo del giurista. Una prospettiva storica. – 2.1. Un ulteriore esempio: la sentenza delle Sezioni Unite della Cassazione n. 24414 del 2021 sul crocifisso nella scuola pubblica. – 3. L'attività del giudice fra sillogismo giudiziale, sussunzione e qualificazione giuridica del fatto.

1. *L'art. 12 delle preleggi. Il dibattito sulle regole dell'interpretazione*

L'art. 12 delle *"Disposizioni sulla legge in generale"* (c.d. *"preleggi"* o *"Disposizioni preliminari al codice civile"*) pone, a livello normativo, le regole che devono – o dovrebbero – guidare l'interprete nella attività di interpretazione [1].

Tale disposizione – non a caso ricompresa in un "Capo" intitolato *"Dell'applicazione della legge in generale"* – afferma che *"Nell'applicare la legge non si può ad essa attribuire altro senso che quello fatto palese dal significato proprio delle parole secondo la connessione di esse e dalla intenzione del legislatore"*.

Il comma 2 di tale disposizione aggiunge che *"Se una controversia*

---

[1] Favorevoli alla prescrittività dell'art. 12 sono A. Vignudelli, *Interpretazione e Costituzione. Miti, mode e luoghi comuni del pensiero giuridico*, Torino, 2011, 20 ss.; M. Luciani, *Interpretazione conforme a Costituzione*, in *Enc. dir.*, *Annali*, vol. IX, Milano, 2016, 391 ss.; in senso contrario (sia pure con differenti prospettive): F. Modugno, *Scritti sull'interpretazione costituzionale*, Napoli, 2008; Id., *Interpretazione giuridica*, 1, *L'oggetto*, Padova, 2015; G. Zagrebelsky, *Il sistema costituzionale delle fonti del diritto*, cit., 69; Id., *Il diritto mite*, cit.; Id., *La legge e la sua giustizia*, Bologna, 2008.

non può essere decisa con una precisa disposizione, si ha riguardo alle disposizioni che regolano casi simili o materie analoghe; se il caso rimane ancora dubbio, si decide secondo i principi generali dell'ordinamento giuridico dello Stato" [2].

Il successivo art. 14 aggiunge che *"Le leggi penali e quelle che fanno eccezione a regole generali o ad altre leggi non si applicano oltre i casi e i tempi in esse considerati"*.

Queste disposizioni, che mirano a regolare nel nostro ordinamento l'attività di interpretazione, sono state oggetto di numerose riflessioni dottrinali [3].

E così ci si è interrogati sulla portata di tali disposizioni e sul loro significato politico-istituzionale e sulla "capacità" delle medesime di vincolare l'interprete.

Nella dottrina costituzionalistica è ampiamente diffusa l'opinione che disconosce alle preleggi "forza costituzionale" [4], anche se inizialmente non sono mancate opinioni (anche autorevoli) contrarie [5] e che sostenevano l'applicabilità delle preleggi anche alle disposizioni costituzionali [6].

---

[2] Sull'analogia, v. N. Bobbio, *L'analogia nella logica del diritto*, Milano, 1938. Ch. Perelman, *Logica giuridica nuova retorica* (1976), trad. it. di G. Crifò, Milano, 1979, 30; A. Giuliani, *Le disposizioni sulla legge in generale*, cit., 431; Id., *Il modello di legislatore ragionevole (riflessioni sulla Filosofia italiana della legislazione)*, in M. Basciu (a cura di), *Legislazione. Profili giuridici e politici*, Atti del XVII Congresso nazionale della Società italiana di filosofia giuridica e politica, Napoli, 29-31 maggio 1989, Milano, 1992, 14.

[3] Da ultimo si deve a F. Cerrone, *op. ult. cit.*, una approfondita e brillante ricostruzione del percorso storico – e delle coeve riflessioni della dottrina – che ha portato all'approvazione dell'art. 12 delle preleggi e al grado di vincolatività riconosciuto (o non riconosciuto) a tale disposizione legislativa (v. *infra*).

[4] F. Cerrone, *op. ult. cit.*, 47, che cita V. Crisafulli, *Fonti del diritto*, in *Enc. dir.*, vol. XVIII, Milano, 1968, 937.

[5] C. Mortati, *Valore giuridico delle disposizioni generali sulle fonti del diritto nel nuovo codice civile*, in Id., *Raccolta di scritti*, II, Milano, 1972, 705; V. Crisafulli, *La Costituzione e le sue disposizioni di principio*, cit., 16; G. Zagrebelsky, *Sulla consuetudine costituzionale nella teoria delle fonti del diritto*, Torino, 1970, 121 ss.

[6] F. Pierandrei, *L'interpretazione della Costituzione*, cit., 155; Id., *Corte costituzionale*, in *Enc. dir.*, vol. X, Milano, 1962, 943; A. Pace, *Interpretazione costituzionale e interpretazione per valori*, in G. Azzariti (a cura di), *Interpretazione costituzionale*, Torino, 2007, 95 s., ritiene che l'art. 12 preleggi può essere utilizzato per l'interpretazione costituzionale purché non contraddica *"la normatività e la superiorità della Costituzione"*; *contra* F. Modugno, *Interpretazione per valori*, cit., 36; G. Zagrebelsky, *op.*

Gli artt. 12 e 14 delle preleggi pongono "regole strumentali" [7] in quanto "regole relative ad altre regole" e, mediante tali disposizioni, l'interpretazione viene ad essere "regolata dal diritto".

Per l'approccio di stretto diritto positivo tali regole sono finalizzate alla individuazione del significato "esatto" delle disposizioni da interpretare. Ma per gli orientamenti antiformalistici *"non esiste una interpretazione oggettivamente vera"* dal momento che il diritto 'oggettivo' è il risultato verso cui si deve tendere e che deve determinarsi attraverso l'interpretazione, giacché *"il risultato dell'interpretazione non può essere paragonato con nulla fuori di sé"* [8].

Il c.d. "dubbio interpretativo" è espressione dell'incertezza conseguente alle "pressioni" (del più vario genere) cui l'interpretazione degli atti normativi è sempre soggetta. Pertanto si deve ribadire che "l'aspirazione alla certezza assoluta nell'interpretazione" è condannata al fallimento [9].

Con riguardo specifico al tema delle "norme sulle norme" (o norme di secondo grado, o strumentali), in una magistrale ricostruzione della "storia" dell'art. 12 delle preleggi del 1942, sono state evidenziate le numerose problematiche che ruotano attorno alla portata di tale peculiare disposizione [10]. Ma vanno ricordate anche le ricerche, sul tema, di Gorla [11] e

---

ult. cit., 133; Id., *La legge e la sua giustizia*, cit., 264 ss.; C. Pinelli, *Il dibattito sull'interpretazione costituzionale fra teoria e giurisprudenza*, cit., 1666.

[7] G. Zagrebelsky, *Il sistema costituzionale delle fonti del diritto*, cit., 69.

[8] G. Zagrebelsky, *op. loc. ult. cit.*

[9] *Ibidem*: "I giuristi debbono dunque rassegnarsi: il loro oggetto sfugge continuamente di mano perché nessuno può fermare il diritto, sottraendolo alla forza trasformatrice del dubbio".

[10] F. Cerrone, *op. ult. cit.*, 3, si interroga sul significato odierno di "Riflettere sul ruolo delle norme sulle norme in tema di interpretazione in un contesto in cui princìpi costituzionali, integrazione sovranazionale, evoluzione dell'interpretazione adeguatrice sembrano suggerire all'interprete interrogativi di fondo intorno ai suoi compiti nelle società contemporanee", e in particolare si chiede se è "sufficiente una dotazione di norme sulle norme per rispondere a questi interrogativi? In che senso è decisiva una riflessione sulle norme di riconoscimento del diritto per affrontare la complessità dell'esperienza giuridica contemporanea? Le questioni sollevate possono aiutarci ad affrontare il tema cruciale del rapporto fra legislazione e giurisdizione e perciò ad esprimere un'opinione sull'attivismo giudiziale in ambito interpretativo, e sulla competenza giudiziaria a creare diritto?".

[11] G. Gorla, *I precedenti storici dell'art. 12 Disp. prel. cod. civ.* (1969), in Id., *Diritto comparato e diritto comune europeo*, Milano, 1981, 445; Id., *La giurisprudenza, ibi-*

di Giuliani [12] e – più in generale – le più significative posizioni dottrinali del XX secolo.

L'art. 12 delle preleggi è stato sempre oggetto di ampie discussioni circa la sua idoneità a produrre effetti giuridici ed a vincolare l'interprete. Inoltre ci si è interrogati con riguardo alla "gradazione che da esso si ricava: dall'interpretazione della lettera della legge, a quella della volontà del legislatore; e poi, al ricorso all'analogia ed ai principi generali; e ancora, alla sua controversa applicabilità anche ai precetti costituzionali" [13].

Le disposizioni delle preleggi in tema di interpretazione hanno subìto la trasformazione da epifenomeno di un significativo "episodio dei rapporti o contrasti fra giudici e legislatori" a quello di "canoni sul modo di interpretare la legge" [14].

In questa prospettiva, le "norme sull'interpretazione" hanno avuto, nella storia giuridica del nostro Paese, una "storia" che si è intrecciata, da un lato, con le concrete vicende storiche (sociali, istituzionali, culturali, ecc.) registratesi negli ultimi secoli (e dunque con le dinamiche dei ruoli effettivamente rivestiti nell'esperienza giuridica da parte del legi-

---

dem, 263 ss.; Id., *I "grandi tribunali" italiani fra i secoli XVI e XIX: un capitolo incompiuto della storia politico-giuridica d'Italia*, in *Quaderni del Foro it.*, 1969, 629 ss.; Id., *"Iura naturalia sunt immutabilia". I limiti al potere del "principe" nella dottrina e nella giurisprudenza forense fra i secoli XVI e XVIII*, in *Diritto e potere nella storia europea, Atti in onore di B. Paradisi*, Firenze, 1982, 629 ss. Secondo F. Cerrone (*op. ult. cit.*, 3), l'opera di Gorla (quantunque "notissima") non è "adeguatamente valorizzata", soprattutto nella parte di ricostruzione dell'itinerario "complesso che ha condotto alla formulazione, in alcuni ordinamenti europei di civil law (ma non in tutti), dei precetti in tema di interpretazione", nonché l'inserimento di questi precetti "in contesti che erano in profondo mutamento non solo rispetto alle originarie intenzioni di coloro che quelle regole avevano formulato, redigendo i titoli preliminari ai codici europei, ma anche rispetto alle acquisizioni che si erano consolidate nel corso del secolo XIX negli ordinamenti giuridici dell'Europa continentale". Cerrone evidenzia che "In fondo il secolo XIX fu, allo stesso modo, il tempo in cui maturarono sia le dottrine giuspositive sia la loro contestazione antiformalista; sia la grande fioritura concettuale che la reazione antidogmatica. E fu anche un tempo in cui il rapporto fra legislatori e giudici, fra potere politico e magistratura, subì trasformazioni decisive, che ebbero grande influenza sul terreno dell'interpretazione".

[12] A. Giuliani, *Le disposizioni sulla legge in generale. Gli articoli da 1 a 15*, in *Trattato di diritto privato*, diretto da P. Rescigno, 1, *Premesse e disposizioni preliminari*, Torino, 1999, 432.

[13] F. Cerrone, *op. ult. cit.*, 2.

[14] Così G. Gorla, *op. loc. ult. cit.*, citato da F. Cerrone, *op. ult. cit.*, 17.

slatore e del potere giudiziario) e, dall'altro lato, con le evoluzioni delle teorie sull'interpretazione giuridica [15].

La storia di tali disposizioni dimostra innanzitutto che la funzione delle stesse intendeva essere – non quella di introduzione dei criteri interpretativi da seguire da parte di qualunque interprete, bensì – quella di delimitazione del potere del giudice nella decisione delle liti. Ma, fin dalla loro introduzione, tali disposizioni furono – ed oggi sono – intese nel senso *"che in esse si ponga e si risolva il problema della (delle regole di) interpretazione della legge riguardante l'interprete in genere"* [16].

L'art. 12 delle preleggi è senz'altro indirizzato a limitare la libertà soggettiva dell'interprete [17].

Si deve dunque innanzitutto rilevare l'esistenza di limiti all'attività (e al soggettivismo) dell'interprete e proprio in questa direzione operano (ed intendono operare) le "regole sull'interpretazione", in quanto "rivolte a stabilire i parametri del ragionamento giuridico, sottraendoli alla soggettività di ciascun interprete".

Ma, nonostante l'esistenza di tale disposizione, bisogna parimenti prendere atto della perdurante operatività del "dubbio" che è sempre *"sollecitatore di nuove interpretazioni"* [18]. È stata peraltro evidenziata la

---

[15] F. Cerrone, *op. ult. cit.*, 17, che evidenzia che tale storia "è rilevante per coloro che si interroghino intorno ai contorni di questa collaborazione, specie sul compito decisivo dei giudici e su quello, più modesto, della dottrina".

[16] G. Gorla, *I precedenti storici*, cit., 470, citato da F. Cerrone, *op. ult. cit.*, 14.

[17] A questo proposito G. Zagrebelsky, *Il sistema costituzionale delle fonti del diritto*, cit., 70, evidenzia che il riconoscimento di una assoluta libertà soggettiva all'interprete impedirebbe all'ordinamento giuridico di avere "la possibilità di valere come tale (cioè come ordinamento), ma sarebbe la risultante di orientamenti interpretativi soggettivi, caso per caso, insuscettibili di essere ricondotti sistema".

[18] G. Zagrebelsky, *Il sistema costituzionale delle fonti del diritto*, cit., 70-71, che aggiunge: "La determinazione, una volta per tutte, di un significato certo e incontrovertibile delle regole giuridiche sarebbe sommamente inopportuna. Ogni ordinamento giuridico necessita infatti di un certo grado di adattabilità alle condizioni storiche emergenti, cioè ai fatti su cui deve incidere. Se non vi fosse la possibilità di provvedere a tale necessità, almeno parzialmente, per via di interpretazione, si renderebbe necessario, ogni volta, l'intervento del legislatore. Il che, di fronte alla mutevolezza delle situazioni sociali in momenti di rapida trasformazione, accollerebbe al legislatore stesso un compito cui non potrebbe dare soluzione, Inoltre, ogni ordinamento giuridico necessita di un certo grado di adattabilità ai casi individuali e concreti e a tale esigenza solo l'interpretazione può provvedere. Qui appare un aspetto paradossale della questione: si può avere l'impressione, considerando la molteplicità

"inopportunità" di una eventuale determinazione – "una volta per tutte" – di "un significato certo e incontrovertibile delle regole giuridiche". L'ordinamento giuridico (qualunque ordinamento giuridico) necessita infatti di "un certo grado di adattabilità alle condizioni storiche emergenti" (cioè "ai fatti su cui deve incidere"). In assenza di tale "adattabilità" (o elasticità) delle norme, per via di interpretazione, sarebbe necessario, ogni volta, l'intervento del legislatore, e comunque, la ricchezza dei casi della vita (soprattutto in ordinamenti sottoposti a grandi dinamiche) impone la necessita di un certo grado di adattabilità ai casi individuali e concreti cui "solo l'interpretazione può provvedere". In ordinamenti (che potremmo definire "statici") in cui la "pressione dei fatti" (cioè la novità del fatto) non si fa sentire (o si fa avvertire di meno), il problema dell'interpretazione apparirà meno acuto; viceversa, quando i fatti presenteranno "questioni nuove" anche le risorse interpretative saranno maggiormente sollecitate.

Emerge così un primo profilo paradossale: la molteplicità delle regole sull'interpretazione, unitamente all'assenza di una gerarchia tra esse, fa sì che la previsione di tali regole non riesca affatto a restringere le possibilità interpretative, ma al contrario "valga ad allargarle". Le regole sulla interpretazione giuridica vengono così a presentarsi, da un lato, come "una riserva di risorse argomentative in mano agli interpreti" e, dall'altro lato, come "regole ambigue", a conferma del fatto che "sfuggente da sempre è il tema stesso della interpretazione" [19].

In merito ai caratteri delle norme sull'interpretazione, riconosciuto che esse finiscono per avere la funzione di "riserva di risorse argomenta-

---

delle regole sull'interpretazione ... e la loro frequente utilizzabilità a fini diversi e talora opposti, nonché l'assenza di una gerarchia tra di loro, che la previsione di tali regole non valga affatto a restringere le possibilità interpretative ... ma proprio al contrario: valga ad allargarle ... Le regole sulla interpretazione del diritto sono come una riserva di risorse argomentative in mano agli interpreti. Tanto più la pressione dei fatti da regolare è forte, tanto più a tali risorse si attingerà. In ordinamenti statici, nel senso che la pressione del fatto (cioè della novità del fatto) non si fa sentire, il problema dell'interpretazione risulterà meno acuto e le risorse interpretative saranno meno sfruttate che in altri momenti. Per quanto la nostra esigenza di certezze possa risultare insoddisfatta, si può dire così: in momenti statici, le regole in questione limitano; i momenti dinamici, ampliano, Sono regole dunque ambigue, ma sfuggente da sempre è il tema stesso della interpretazione".

[19] G. Zagrebelsky, *Il sistema costituzionale delle fonti del diritto*, cit., 71 (in senso simile A.V. Dicey, v. *infra*).

tive in mano agli interpreti"[20], si deve parimenti prendere atto che tali regole si pongono come *"logicamente prioritarie rispetto a qualunque disposizione da interpretare, comprese le disposizioni stesse che contengono le regole sull'interpretazione"*[21]. Infatti anche queste ultime – in quanto disposizioni – devono a loro volta essere interpretate "e le regole della loro interpretazione non possono che essere tratte da principi che stanno prima e fuori di esse".

Bisogna quindi riconoscere l'esistenza di "un insieme di regole sull'interpretazione che precedono il diritto positivo e che hanno valore condizionante per tutti, compreso lo stesso legislatore"[22].

Le regole sull'interpretazione giuridica trovano le loro radici "fuori del diritto", *id est* "nel contesto sociale in cui il diritto opera". Quanto più il contesto sociale di riferimento è "omogeneo", tanto più "l'interpretazione del diritto sarà univoca e viceversa".

Questa constatazione spiega la nascita di orientamenti interpretativi differenziati, se non contrapposti (e dunque di "giurisprudenze alternative"), a loro volta basati su criteri interpretativi differenziati ("pur nel rispetto delle regole positive sull'interpretazione, a loro volta interpretate")[23]. Tali "giurisprudenze alternative" sono il frutto di tensioni valoriali – e dunque politiche –, che si riflettono appunto nel "mondo della giurisprudenza".

Nella dottrina italiana, sono stati individuati due principi generali in materia di interpretazione, quali "principi che toccano l'essenza stessa dell'interpretazione del diritto nel nostro sistema di relazioni sociali e nel nostro contesto costituzionale".

Il primo principio è quello secondo cui "l'interpretazione del diritto non si sottrae alle regole che valgono all'interno dell'istituzione linguistica in cui opera": il diritto formale, poiché si esprime mediante il linguaggio, non può prescindere dalle regole di quest'ultimo. Ed anche se quello giuridico è un linguaggio specialistico[24], "ingenuamente e inutil-

---

[20] G. Zagrebelsky, *op. loc. ult. cit.*

[21] G. Zagrebelsky, *op. loc. ult. cit.*

[22] G. Zagrebelsky, *op. loc. ult. cit.*

[23] G. Zagrebelsky, *op. loc. ult. cit.*

[24] G. Zagrebelsky, *op. ult. cit.*, 71-72: "per qualcuno è troppo specialistico, poiché crea una barriera alla sua comprensione, superabile solo da chi si è sottoposto a molte prove iniziatiche; per altri, invece, è troppo poco specialistico, poiché si ritiene che una maggiore precisione di linguaggio all'interno di regole linguistiche certe po-

mente" l'art. 12 delle preleggi "collega il linguaggio giuridico alla istituzione linguistica di cui fa parte" [25].

Il secondo principio afferma che l'interpretazione giuridica "è legata alla posizione istituzionale che assume l'interprete rispetto alla fonte, intesa nel senso di potere normativo". Secondo questo principio, nel nostro ordinamento giuridico, in cui la produzione normativa è assegnata al potere legislativo, si deve affermare una posizione subordinata (se non passiva) dell'interprete rispetto ai soggetti dotati di potere normativo. Questo principio è espresso nella parte seconda dell'art. 12 delle preleggi laddove al significato delle parole aggiunge il riferimento alla intenzione del legislatore.

Con riguardo a questo principio va sottolineata la "dimensione costituzionale" dello stesso come individuazione – o tentativo di individuazione – di una linea delimitazione del rapporto di potere fra legislatore e interprete (e dunque fra potere legislativo e potere giudiziario).

Entrambi i predetti "principi generali" finiscono però per non dare una risposta definitiva giacché l'affermazione secondo cui l'interprete è vincolato al significato "fatto palese dalle parole" pone a sua volta il problema di determinare "il significato delle parole"; e ancora, l'affermazione secondo cui l'interprete è assoggettato alla volontà-intenzione del legislatore, pone a sua volta il problema di determinare tale "volontà-intenzione" [26].

Già Emilio Betti, in merito alla portata delle disposizioni legislative destinate a disciplinare l'interpretazione (quali regole poste con la funzione di "eliminare o ridurre al minimo, o almeno di circoscrivere in più angusto margine, l'incertezza" e ridurre – se non eliminare – i "risultati divergenti secondo le visuali soggettive e l'interesse degli interpreti") [27],

---

trebbe favorire la riduzione dei problemi di interpretazione a problemi di *analisi del linguaggio* legislativo" (corsivo dell'Autore).

[25] G. Zagrebelsky, *op. ult. cit.*, 72.

[26] G. Zagrebelsky, *op. loc. ult. cit.*, che aggiunge: "Insomma, tutto questo ci dice solo che siamo nell'ambito dell'interpretazione del diritto e non della sua creazione, ma non ci aiuta granché ad operare sulla strada della interpretazione".

[27] E. Betti, *Interpretazione della legge e degli atti giuridici*, cit., 235; F. Cerrone, *op. ult. cit.*, 45, nt. 137, sottolinea "la peculiarità della posizione bettiana: da un lato egli riconosceva ... pieno valore giuridico, normativo e vincolante, alle regole sull'interpretazione, che non devono intendersi come semplici massime tratte dalla elaborazione dottrinale e giurisprudenziale in tema di ermeneutica giuridica. ... Dall'altro, Betti evitava però di irrigidire questo riconoscimento, perché se è vero che la certez-

sottolineava come "non sia da credere che questa materia possa essere regolata in modo esauriente da esplicite norme". Anzi, è "da respingere quale frutto di mentalità astrattistica ispirata al pregiudizio normativistico del positivismo giuridico il postulato di una 'norma' sulla produzione del diritto nonché le norme dirette a regolare il vigore, la sfera di applicazione, i limiti nello spazio e nel tempo, l'interpretazione della legge e, in generale, delle norme giuridiche sostanziali" [28].

E tale autorevole dottrina aggiungeva che "i compiti e i criteri dell'interpretazione per un diritto in vigore danno luogo ad una problematica così complessa che sarebbe un'illusione credere ch'essi possono essere abbracciati e contemplati in modo esauriente da una disciplina legale dell'attività interpretativa: disciplina, la quale ha bisogno, essa stessa, di essere interpretata con canoni ermeneutici che vanno oltre quelli da essa fissati" [29].

Commentando queste parole, è stata evidenziata l'insufficienza della sola logica per risolvere i problemi posti dalle regole sull'interpretazione giuridica, giacché la complessità di tale problematica discende non solo da questioni propriamente ermeneutiche, ma anche da "questioni istituzionali e sociali che riguardano i rapporti fra legislazione, giurisdizione, scienza giuridica, opinione pubblica". Ci troviamo infatti di fronte a "temi di fondo dell'ordine giuridico e del suo assetto culturale e sociale, temi intorno ai quali non si può pretendere di trovare soluzioni nette, precise, racchiudibili in formule, se non appunto a partire da una ... mentalità astrattistica" [30].

La disciplina legale dell'interpretazione, se, da un lato, pone le regole volte a guidare l'interpretazione, dall'altro lato fissa (o presuppone) i principi che regolano i rapporti fra legislazione e giurisdizione, in quanto riconosce la spettanza alla prima della "competenza a porre le norme

za del diritto è valore che l'ordine giuridico intende tutelare riconoscendo alla sola legislazione il ruolo nomopoietico, tuttavia il principio di separazione fra i poteri non può essere inteso in termini troppo rigidi. Il legislatore non dovrebbe cioè concepire tale principio sino a farlo coincidere con la rivendicazione di una pretesa di governare e coprire interamente, stabilendone la disciplina, l'area dell'attività interpretativa". Sul pensiero di Betti v. anche A.A. Cervati, *L'insegnamento di Emilio Betti e il diritto costituzionale*, in Id., *Per uno studio comparativo del diritto costituzionale*, cit., 75 ss.

[28] E. Betti, *op. ult. cit.*, 241 s.

[29] E. Betti, *op. ult. cit.*, 249.

[30] F. Cerrone, *op. ult. cit.*, 22.

costitutive dell'ordine giuridico" e alla seconda del compito di interpretare ed applicare i precetti normativi posti dal legislatore. Questa constatazione conduce a riconoscere che ricade sul giudice il dovere di "comprendere appieno" la portata normativa dei precetti ("dimensione dell'intelligenza del contenuto precettivo delle norme") giacché "il compito della legge ... non è quello di determinare un mero sapere, ma quello di determinare una condotta" [31].

Nell'art. 12 delle preleggi, il riferimento è al *"significato proprio delle parole"* e alla *"intenzione del legislatore"*. In dottrina, il richiamo alla "intenzione del legislatore" è spesso collegato alla *"ratio* della disposizione" (o alla *"ratio* della legge") [32].

"L'intenzione del legislatore" è stata ricostruita o quale "intenzione soggettiva" del legislatore storico che aveva dato vita a quella determinata disposizione oppure quale "intenzione oggettiva della legge" ("per quel che essa vale nel momento dell'interpretazione, a prescindere dalle o al di là delle intenzioni soggettive che hanno mosso il legislatore") [33].

Il riferimento alla "intenzione del legislatore" (contenuto nell'art. 12 delle preleggi) ha assunto "il ruolo decisivo di fondamentale norma di riconoscimento nell'ordinamento italiano" [34] in quanto inteso, dalla prevalente dottrina, come "impegno alla definizione di regole di applicazione automatica", impegno conseguente ad una "consapevole e ben precisa scelta di politica del diritto" definita "alleanza della scienza con la le-

---

[31] E. Betti, *op. ult. cit.*, 247.

[32] G. Zagrebelsky, *Il sistema costituzionale delle fonti del diritto*, cit., 72, sottolinea che la *ratio* della regola giuridica è un "elemento logico-politico" la cui considerazione è essenziale per intendere la portata della regola giuridica: "Il diritto è a tal punto legato al fine, e dunque a tal punto strumento per l'organizzazione sociale, che le regole di cui non esiste o non si riesce a scorgere una ratio, cioè un loro elemento logico-politico, e ... una ratio ragionevole, sono invalide in quanto puramente arbitrarie (il controllo che la Corte costituzionale svolge sulla 'ragionevolezza' delle leggi è appunto una manifestazione ciò che si dice)".

[33] Per G. Zagrebelsky, *op. ult. cit.*, 73: "La risoluzione del dubbio non può passare attraverso una scelta drastica a favore dell'una o dell'altra alternativa. ... L'interpretazione si svolge a partire dalla considerazione degli elementi soggettivi della ratio per spostarsi a quelli oggettivi. Gli uni sono il punto di partenza, gli altri di arrivo. Non vi è una vera alternativa, ma una concorrenza, nella quale tuttavia, in caso di contrasto tra aspetti soggettivi e aspetti oggettivi della ratio, sono questi ultimi a prevalere".

[34] F. Cerrone, *op. ult. cit.*, 22.

gislazione" [35]. L'espressione "*norma di riconoscimento*" – indicativa di un "valore espressivo di un rapporto fondamentale tra conoscenza e diritto" – si deve ad Alessandro Giuliani secondo cui la norma di riconoscimento "è il criterio fondamentale di orientamento prescelto per guidare l'attività interpretativa e legittimare la soluzione dei problemi giuridici" [36].

Va rilevato che il richiamo alla "intenzione del legislatore", se conferma un ruolo subordinato dell'interprete rispetto al legislatore (giacché il primo deve rispettare "l'intenzione" del secondo), al tempo stesso non riesce a circoscrivere la funzione dell'interprete ad un compito di mera applicazione della legge, essendo rimesso allo stesso interprete la determinazione di tale "intenzione".

E così, se il richiamo alle intenzioni "oggettive" del legislatore apre la strada a numerosi argomenti interpretativi (evoluzione storica, comparazione con altri ordinamenti, ecc.), anche il richiamo alla intenzione "storico-soggettiva" (che di per sé dovrebbe operare nel senso di limitare gli spazi di autonomia dell'interprete) finisce per essere caratterizzata da elevati gradi di indeterminatezza (basti pensare al richiamo ai lavori preparatori, ma anche alla necessità di collocare la disposizione in esame all'interno dell'intero ordinamento giuridico) [37].

E così è facile porre quesiti che indicano la difficoltà di individuazione della "intenzione del legislatore" (e, prima ancora, dello stesso "legislatore"): "Chi sono i veri autori delle leggi: il proponente, gli esperti che l'hanno coadiuvato, i parlamentari che hanno deliberato?". E non è difficile evidenziare che quanto possa avere poco (o nessun) significato la volontà di tali soggetti: i parlamentari che hanno approvato la legge possono averlo fatto per le motivazioni più diverse (per necessità politica, per il contenuto, ecc.) ed è allora evidente che è impossibile ricostruire "l'intenzione" dei parlamentari perché non vi è mai una unica "intenzione" (infatti anche le forze politiche che approvano un testo di legge sono

---

[35] A. Giuliani, *op. ult. cit.*, 418, nt. 3; v. anche Id., *Contributi ad una nuova teoria pura del diritto*, Milano, 1954, 95; Id., *La "nuova retorica" e la logica del linguaggio normativo*, in *Riv. int. fil. dir.*, 1970, 378. Sulle norme di riconoscimento v. anche le riflessioni di A.A. Cervati, *Percorsi di riconoscimento del diritto costituzionale*, in Id., *Per uno studio comparativo del diritto costituzionale*, cit., 109 ss.; e, con riguardo al pensiero di Giuliani, Id., *Alessandro Giuliani, il linguaggio giuridico, la storia e il diritto costituzionale ("l'eticità nella scienza giuridica")*, *ibidem*, 207 ss.

[36] A. Giuliani, *Le disposizioni sulla legge in generale*, cit., 381 s., nt. 5.

[37] G. Zagrebelsky, *Il sistema costituzionale delle fonti del diritto*, cit., 73.

mosse da intenzioni diverse, e addirittura talora opposte). Inoltre, quanto più ci si allontana nel tempo dal momento dell'approvazione della legge tanto più appare ingiustificato il richiamo ad una volontà oramai obsoleta.

Ma soprattutto occorre ribadire che le statuizioni legislative non costituiscono elementi in sé isolati, ma confluiscono necessariamente in un sistema (l'ordinamento giuridico) e pertanto anche l'interpretazione deve adeguarsi ai caratteri del suo oggetto: "l'interpretazione è sempre interpretazione del sistema nel quale le singole disposizioni vengono ad assumere un valore derivante anche dalla loro posizione sistematica, posizione che trascende l'intenzione iniziale di chi le ha poste" [38].

La necessità di una "interpretazione sistematica" (che si riscontra sempre) emerge chiaramente nella c.d. "interpretazione costituzionalmente conforme" (v. *infra*, cap. IV), in cui la disposizione legislativa non può di certo essere interpretata in base alla "intenzione storica" del legislatore (con prevalenza dunque della interpretazione oggettiva) [39]. Pertanto, anche con riguardo al rapporto tra elementi oggettivi e soggettivi dell'interpretazione, si deve constatare l'impossibilità di determinare un risultato *"fissato una volta per tutte"* [40].

Il comma 2 dell'art. 12 delle preleggi fa riferimento *"alle disposizioni che regolano casi simili o materie analoghe"* e – *"se il caso rimane ancora dubbio"* – al criterio secondo cui *"si decide secondo i principi generali dell'ordinamento giuridico dello Stato"*. Questi richiami confermano la natura sistematica dell'interpretazione giuridica che – oltre ad essere una "conseguenza logica necessaria del carattere del diritto come ordinamento" – viene così ad avere specifico fondamento positivo [41].

La formulazione del comma 2 dell'art. 12 delle preleggi fonda anche

---

[38] G. Zagrebelsky, *op. ult. cit.*, 74.

[39] G. Zagrebelsky, *op. ult. cit.*, 75: "È avvenuto allora frequentemente che disposizioni nate con un fine specifico, incompatibile con il quadro giuridico attuale, siano state interpretate per mezzo di una conversione dei fini che le ha rese idonee ad operare nel nuovo contesto. Si è anzi formata una regola nella giurisprudenza della Corte costituzionale, secondo la quale, prima di dichiarare incostituzionale una legge proveniente dal passato, sorretta in origine da una ratio incompatibile con la Costituzione, si cerca di vedere se sia possibile tale conversione della ratio, in modo da armonizzarla al nuovo contesto".

[40] G. Zagrebelsky, *op. loc. ult. cit.*

[41] G. Zagrebelsky, *op. ult. cit.*, 76.

la distinzione fra *analogia legis* (quale ricorso alla regolamentazione dei casi simili e delle materie analoghe) e *analogia iuris* (quale ricorso ai principi generali).

La dottrina ha da tempo evidenziato l'ampio spazio argomentativo a disposizione dell'interprete quando questi applichi i procedimenti analogici, in quanto allo stesso è rimessa la scelta di individuazione – e dunque anche di non individuazione – degli elementi di similitudine (o di difformità) rispetto alle fattispecie in esame, al fine appunto di giustificare o di escludere l'applicazione del criterio interpretativo di tipo analogico.

Emerge così, da un lato, la "labilità" di tali criteri di interpretazione in quanto suscettibili di essere utilizzati per giustificare differenti, se non addirittura contrapposte, soluzioni interpretative e, dall'altro lato, la constatazione – quale "aspetto comune di tutte le forme di analogia e la loro dipendenza da uno stesso principio presupposto" – del fatto che "l'ordinamento è (da considerare come) un insieme di regole omogenee, che non tollera rotture al suo interno, rispetto ai principi informatori generali, cosicché il procedimento analogico 'non fa che rendere esplicita la razionalità immanente al sistema'" [42].

L'analogia viene a fondarsi su un principio di "presunzione della coerenza dell'ordinamento giuridico" [43], ma va parimenti rilevato che l'unità dell'ordinamento giuridico non può ritenersi "un dato esistenziale ma il prodotto dell'azione di norme costituzionali cogenti".

La presunzione di coerenza dell'ordinamento giuridico poteva ritenersi sussistente negli ordinamenti passati in cui l'attività normativa era espressione di processi di integrazione a base politica e sociale omogenea. In tali epoche, *"l'unità dell'ordinamento era un dato esistenziale che poteva essere presunto e assunto come principio di interpretazione"* ed in questi casi *"l'interprete non creava nulla, ma scopriva la struttura reale dell'ordinamento"*. Oggi è agevole rilevare le incoerenze dell'ordinamento giuridico (che è *"sempre meno ordinamento"*), conseguenti al modo caotico di legiferare, a sua volta conseguenza *"dell'ampio spettro di interessi, orientamenti, ispirazioni ideali che confluiscono nel processo politico"*. Nel contemporaneo ordinamento italiano (ma non solo), "l'interprete

---

[42] G. Zagrebelsky, *op. loc. ult. cit.*, che cita N. Bobbio, *L'analogia nella logica del diritto*, Torino, 1938, 192.

[43] G. Zagrebelsky, *op. ult. cit.*, 76.

che si avventuri nella ricerca dei principi impliciti o nell'individuazione della disciplina di casi analoghi rischia di trovarsi di fronte a elementi contraddittori, che esprimono uno stato di equilibrio conflittuale tra le scelte politiche diverse o contraddittorie trasfuse nella legislazione. L'unità dell'ordinamento non è più un dato, come sembra presumere l'art. 12, ma un problema e l'interprete è chiamato allora sempre più non a riconoscere una soluzione ma a risolvere il problema in modo creativo, determinando cioè egli stesso un ordine di valori normativi che non risulta di per sé dall'ordinamento" [44].

Tocca dunque alla Costituzione (*rectius*, *"all'azione di norme costituzionali cogenti"*) svolgere la funzione di "unificare" l'ordinamento, con l'ulteriore conseguenza per cui "i principi dell'ordinamento contenuti nella Costituzione" svolgono la loro funzione – anche – interpretativa in ogni caso (e non soltanto nei casi di "dubbio"), giacché in ogni circostanza si rende necessario "adeguare ... il materiale normativo da interpretare ai valori costituzionali preminenti" [45].

La Costituzione, oltre ad assicurare l'unità dell'ordinamento ed a fornire il fondamento di valore su cui far poggiare l'interpretazione analogica, viene ad imporre anche un'ulteriore "regola sulla interpretazione": la c.d. "interpretazione adeguatrice" o "interpretazione costituzionalmente orientata" o "interpretazione costituzionalmente conforme". Questa regola è ritenuta discendente "direttamente" dalla struttura costituzionale dell'ordinamento ed in base ad essa l'interpretazione della legge deve avvenire in conformità a quanto previsto dalla Costituzione. Alla base di tale approccio interpretativo risiede il principio per cui la Costituzione "opera anch'essa come norma giuridica, e per di più con la massima efficacia", e pertanto anche nel momento della interpretazione (sia della Costituzione medesima che della legge), la Costituzione non può essere separata dal resto dell'ordinamento giuridico. L'interprete dunque, nella operazione di individuazione del contenuto della regola legislativa, deve porre quest'ultima all'interno di un "sistema" nel quale devono essere presenti anche le disposizioni costituzionali le quali devono – ovviamente – essere collocate in posizione dominante anche ai fini dell'interpretazione sistematica della legge. E l'interprete non può scindere i due livelli – quello costituzionale e quello legislativo – ricostruendoli

---

[44] G. Zagrebelsky, *op. ult. cit.*, 77.

[45] G. Zagrebelsky, *op. loc. ult. cit.*

separatamente ed eventualmente rilevare (solo successivamente a tale operazione) l'esistenza di un contrasto[46].

Il richiamo all'analogia (e all'interpretazione analogica) impone di misurarsi con il problema delle *lacune del diritto* quale assenza deficitaria, per determinati rapporti o situazioni, di una necessaria disciplina (o regola) giuridica.

L'espressione "lacuna" può essere utilizzata con diverse accezioni.

Ad esempio, può far riferimento alla acquisizione nella sfera del giuridicamente regolato di rapporti o situazioni in precedenza ritenute giuridicamente irrilevanti (c.d. "lacune esterne"). Di fronte a questi casi, se può porsi al legislatore la richiesta di adozione di una relativa disciplina, al tempo stesso può anche avvenire che sia richiesto al giudice di individuare la regola del singolo caso da decidere (regola che però tende a porsi quale disciplina di tutti i casi identici). Questa opzione riconosce al giudice una capacità di "integrazione" dell'ordinamento giuridico da realizzarsi mediante una "scelta autonoma, di equità"[47].

Invece nei casi in cui (c.d. "lacune interne") il *deficit* di disciplina concerne aspetti specifici di istituti o rapporti già oggetto di regolamentazione, ci si trova di fronte ad un fenomeno di "imperfezione legislativa" che, potendo determinare l'impossibilità di funzionamento dell'intera disciplina, richiede di essere colmata e l'art. 12 disp. prel. c.c. indica all'interprete la strada mediante la quale individuare la norma ("non innovativa", bensì) "più conforme alle linee essenziali del diritto già in vigore"[48].

L'art. 12, comma 2, delle preleggi pone (o presuppone) la regola della *"completezza dell'ordinamento giuridico"*, nel senso che "l'interprete deve agire *come se* lo fosse, andando alla ricerca di norme e principi impliciti, attraverso tutte le possibili forme di analogia". Infatti qualunque questione si ponga, all'interno dell'ordinamento, nella sfera del giuridica-

---

[46] G. Zagrebelsky, *op. loc. ult. cit.*; sull'interpretazione costituzionalmente conforme v., da ultimo, M. Luciani, *Interpretazione conforme a costituzione*, cit., 631 ss., e dottrina ivi citata (v. *infra*, cap. IV).

[47] G. Zagrebelsky, *op. ult. cit.*, 80, secondo cui "In questa direzione si esprime il famoso art. 1 del codice civile svizzero: 'in mancanza di una disposizione di legge applicabile, il giudice giudica in base al diritto consuetudinario e, in mancanza di una consuetudine, in base alle regole che egli stabilirebbe se fosse legislatore'. Nel nostro sistema, nessuna autorità sua del genere esiste, cosicché deve concludersi che l'ordinamento non ha capacità di espansione illimitata attraverso l'opera della giurisprudenza".

[48] G. Zagrebelsky, *op. ult. cit.*, 81.

mente rilevante non può non avere una disciplina giuridica ed il giudice, qualora sottoposta al suo giudizio, deve deciderla, "non potendo, allegando l'inesistenza di una norma di diritto, denegare giustizia" [49].

L'art. 12 delle preleggi indica, come ultimo strumento interpretativo, l'applicazione dei *"principi generali dell'ordinamento giuridico dello Stato"*.

La riflessione dottrinale relativa ai princìpi generali dell'ordinamento giuridico è sterminata [50] e nella dottrina italiana la prevalenza delle posizioni giuspositivistiche ha condotto ad accentuare l'identificazione dei "princìpi generali" con le norme che compongono l'ordinamento giuridico statale [51].

Questa impostazione ha dovuto "fare i conti" con l'avvento (prima) della Costituzione repubblicana [52] e (poi) degli ordinamenti sovranazionali, in particolare dell'Unione europea e della Convenzione Edu.

Pertanto non può non condividersi l'affermazione secondo cui "il tema del rapporto fra Costituzione, diritto europeo comunitario e convenzionale, ed interpretazione della legge è oggi il vero epicentro di un rapporto complesso fra legislatori ed istituzioni giudiziarie: i giudici

---

[49] G. Zagrebelsky, *op. ult. cit.*, 82.

[50] Per F. Cerrone, *op. ult. cit.*, 35, essa "è un frammento di una discussione più ampia e risalente, cioè quella sulle c.d. *regulae iuris*, prima, poi sui *principia iuris* o *leges legum*"; al riguardo v. A. Giuliani, *op. ult. cit.*, 382 ss.; N. Bobbio, *Princìpi generali del diritto*, in *Noviss. Dig. it.*, vol. XIII, Torino, 1966, 887 ss.; S. Bartole, *Principi generali del diritto a) Diritto costituzionale*, in *Enc. dir.*, vol. XXXV, Milano, 1986, 494 ss. (e dottrina ivi citata).

[51] V. Crisafulli, *La Costituzione e le sue disposizioni di principio*, Milano, 1952; F. Modugno, *Interpretazione per valori e interpretazione costituzionale*, in Id., *Scritti sull'interpretazione costituzionale*, Napoli, 2008, 36; G. Zagrebelsky, *La legge e la sua giustizia*, cit., 173 ss.; G. Azzariti, *Interpretazione e teoria dei valori: tornare alla Costituzione*, in A. Palazzo (a cura di), *L'interpretazione della legge alle soglie del XXI secolo*, cit., 231 ss.; M. Dogliani, *Diritto costituzionale e scrittura*, in Id., *La ricerca dell'ordine perduto Scritti scelti*, Bologna, 2015, 124 ss.; L. Mengoni, *Ermeneutica e dogmatica giuridica*, Milano, 1996, 98.

[52] F. Cerrone, *op. ult. cit.*, 36, "Una costituzione rigida, dotata di molte disposizioni di principio, di una articolazione nuova delle fonti del diritto rispetto a quella consegnata alle disposizioni preliminari – articolazione spesso imperniata su un criterio di competenza costituzionalmente riservata e non sulla gerarchia – di un giudice della legittimità costituzionale delle leggi e dei conflitti, era destinata a produrre questi effetti, che si resero particolarmente acuti specie a partire dagli anni sessanta, quando il conflitto politico ed ideologico e il diffondersi fra i giudici di concezioni antiformaliste e per un 'uso alternativo del diritto', determinarono una prima, vistosa contestazione dei canoni tradizionali del giuspositivismo".

comuni, la Corte costituzionale e le corti sovranazionali" [53].

Con riguardo all'avvento della Costituzione, debbono essere ricordati numerosi snodi cruciali della nostra recente storia costituzionale: dalla pronuncia della Cassazione del 1948 che, distinguendo le norme costituzionali in programmatiche e precettive, di fatto rinviava al solo legislatore – e nei tempi da questi prescelti – l'attuazione della Carta repubblicana alla primissima sentenza della Corte costituzionale – la n. 1 del 1956 – che, rigettando la distinzione fra norme programmatiche e norme precettive, apriva decisivi orizzonti alla giustizia costituzionale; dalla – quasi assoluta – disapplicazione della Costituzione nel periodo 1948-1956 da parte dei giudici comuni – che pur avrebbero potuto fare leva sul contenuto del comma 2 della VII disp. trans. e fin. Cost. – al "tiepido" atteggiamento dei giudici nel sollevare questioni di legittimità costituzionale nel periodo successivo all'entrata in funzione della Corte costituzionale; ma, con riguardo al rapporto fra potere legislativo e potere giudiziario, l'episodio più significativo appare la posizione assunta dall'Associazione nazionale magistrati, sul finire degli anni sessanta, e che prospettava – quale reazione all'inerzia del legislatore – un ruolo di "supplenza" del potere giudiziario nell'attuazione dei principi e delle norme costituzionali.

Si fa riferimento al XII Congresso dell'Associazione Nazionale Magistrati, tenutosi a Gardone dal 25 al 28 settembre 1965 (ed in cui Giuseppe Maranini svolge la relazione generale su "*Funzione giurisdizionale e indirizzo politico nella Costituzione*", mentre Paolo Barile e Luigi Bianchi D'Espinosa presentano la relazione su "*Giudizio di legittimità*") e la cui mozione conclusiva (sul tema "*magistratura ed indirizzo politico*"), approvata all'unanimità, affermava che "*spetta ... al giudice, in posizione di imparzialità ed indipendenza nei confronti di ogni organizzazione politica e di ogni centro di potere: 1) applicare direttamente le norme della Costituzione quando ciò sia tecnicamente possibile in relazione al fatto concreto controverso; 2) rinviare all'esame della Corte costituzionale. Anche d'ufficio, le leggi che non si prestino ad essere ricondotte, nel momento interpretativo, al dettato costituzionale; 3) interpretare tutte le leggi in conformità ai principi contenuti nella Costituzione, che rappresentano i nuovi principi fondamentali dell'ordinamento giuridico statuale*". Si afferma inoltre la 'decisa contrarietà' "*alla concezione che pretende di ridurre l'interpretazione ad una attività puramente formalistica, indifferente al contenuto ed al-*

---

[53] F. Cerrone, *op. ult. cit.*, 37.

l'incidenza della norma nella vita del paese. Il giudice, all'opposto, deve essere consapevole della portata politico-costituzionale della propria funzione di garanzia, così da assicurare, pur negli invalicabili confini della sua subordinazione alla legge, un'applicazione della norma alle finalità fondamentali volute dalla Costituzione" [54].

Questa impostazione che assegna alla Costituzione la funzione di guida dell'interprete (nell'interpretazione di qualunque norma di legge) è ovviamente espressione di una concezione dei princìpi ben diversa ("molto più aperta e dinamica") rispetto a quella fino ad allora prevalente [55].

L'art. 12 delle preleggi (nel prevedere, al comma 2, la possibilità dell'assenza di "una precisa disposizione" volta a consentire la decisione di una controversia) riconosce l'esistenza per l'interprete del c.d. "dubbio diagnostico" [56] e riconosce che "l'incertezza è l'ambiente in cui l'interprete è chiamato ad operare" [57], incertezza da superare solo con giudizi di valore [58]. L'interprete infatti – secondo l'insegnamento di Emilio Betti – non può non "rifarsi alle concezioni dominanti nella coscienza sociale dell'epoca in cui la norma fu posta, e così ritrovare la valutazione legislativa in essa immanente e latente; inoltre, deve tenere in conto le modificazioni di orientamenti normativi sopraggiunte nell'ambiente in cui la norma ha avuto vigore: solo così sarà in grado di intenderla e di applicarla secondo il suo spirito" [59].

---

[54] Al riguardo v. E. Bruti Liberati, *Magistratura e società nell'Italia repubblicana*, Bari-Roma, 2018, 122 ss.; S. Bartole, *Interpretazioni e trasformazioni della Costituzione repubblicana*, Bologna, 2004, 166, ritiene il Congresso di Gardone dell'ANM del 1965 un "punto di svolta"; F. Mannella, *Giudici comuni e applicazione della Costituzione*, Napoli, 2011; A. Pizzorno, *Il potere dei giudici. Stato democratico e controllo della virtù*, Bari-Roma, 1998.

[55] F. Cerrone, *op. ult. cit.*, 36.

[56] E. Betti, *Interpretazione della legge e degli atti giuridici*, cit., 307.

[57] F. Cerrone, *op. ult. cit.*, 49.

[58] F. Cerrone, *op. ult. cit.*, 52, ricorda che "i giudizi di valore a carattere primario competono agli organi dotati di legittimazione politica, cui spetta la funzione nomopoietica", mentre al giudice spettano "giudizi di valore a carattere secondario ... come quelli dell'interprete nell'esperienza giuridica".

[59] E. Betti, *op. ult. cit.*, 108 ss.; sul pensiero di Betti v. AA.VV., *Emilio Betti e la scienza giuridica del Novecento*, *Quaderni fiorentini per la storia del pensiero giuridico moderno*, Milano, 1978; V. Rizzo (a cura di), *Emilio Betti e l'interpretazione*, Napoli, 1991, 45 ss.; G. Crifò (a cura di), *Le idee fanno la loro strada La teoria generale del-*

I giudici – secondo Francesco Cerrone – "non creano diritto ma collaborano, attraverso il delicato compito della sua applicazione, alla formazione dell'esperienza giuridica" [60].

I princìpi giuridici sono da intendersi non come "concetti irrigiditi in astratte formulazioni", né quali "dogmi irrefutabili", bensì quali "fattori di emersione della realtà storica" [61] e "capaci di propagarsi nell'ordine giuridico, tramite la loro indole valutativa e assiologica" [62]. Ed in questa veste i principi giuridici partecipano "alla formazione dell'esperienza giuridica" giocando il ruolo ("espansivo") di "norme di riconoscimento" [63].

2. *Legislazione, attività interpretativa e ruolo del giurista. Una prospettiva storica*

Come visto, l'ampio panorama delle dottrine sull'interpretazione può essere suddiviso secondo una *summa divisio* fra:

a) quanti configurano il processo interpretativo come recezione passiva, da parte dell'interprete, di un dato pre-esistente fissato dal legislatore;

b) e quanti ritengono l'interpretazione un "procedimento ricognitivo" [64] necessario per far vivere le leggi nella realtà storica.

---

l'interpretazione cinquant'anni dopo, Roma, 2010; A.A. Cervati, *L'insegnamento di Emilio Betti e il diritto costituzionale*, cit., 74 ss.

[60] F. Cerrone, *op. ult. cit.*, 53.

[61] E. Betti, *op. ult. cit.*, 319; A.A. Cervati, *op. ult. cit.*, 100, sottolinea la qualità dei princìpi come *"orientamenti vitali, dialettici e valutativi"*.

[62] E. Betti, *op. ult. cit.*, 317.

[63] A. Giuliani, *Le disposizioni sulla legge in generale*, cit., 381; F. Cerrone, *op. ult. cit.*, 53, propone dunque una nuova elaborazione delle norme di riconoscimento che, a partire dalla valutazione dei princìpi giuridici come criteri per la definizione delle massime di decisione dei casi, si arricchisca di una varietà di canoni ermeneutici, intesi in una "prospettiva storica" senza "irrigidirne la portata conoscitiva", così da "mantenersi fedele ad una visione dinamica dei criteri di riconoscimento del diritto vivente nei loro sviluppi giurisprudenziali e sistematici" (A.A. Cervati, *op. ult. cit.*, 97).

[64] E. Betti, *Interpretazione della legge e sua efficienza evolutiva*, in *Ius*, 1959, 197 ss., oggi in Id., *Diritto Metodo Ermeneutica. Scritti scelti*, a cura di G. Crifò, Milano, 1991, 544, che aggiunge: "Purtroppo tra i giuristi ha ancora credito, sia per inerzia

Questa dicotomia, a sua volta, discende da contrapposte concezioni del fenomeno giuridico:

– quale sistema di regole autoritarie imposte da un'autorità sovraordinata (monarca assoluto, parlamento, ecc.);
– o, al contrario, quale fenomeno intrinseco alla realtà sociale (e al divenire della medesima) e riguardo alla quale il diritto svolge la funzione di strumento di convivenza civile.

Le diverse opzioni dottrinali che possono essere raccolte nel primo orientamento assegnano al problema interpretativo la funzione di procedimento di ricostruzione della volontà imperativa del legislatore (con conseguente riduzione degli spazi a disposizione dell'interprete). Secondo questa visione, il testo legislativo conterrebbe il "comando" posto dal legislatore ed all'interpretazione è conferita la funzione di procedimento destinato ad individuare il "significato esatto" del comando legislativo (come contenuto nella disposizione legislativa) e lo scopo di tale ricostruzione è – e deve essere – quello di assicurare la "certezza" del diritto [65].

Questa impostazione, propria del positivismo legalista ed ancora oggi ampiamente diffusa sia in dottrina che fra i giuristi pratici, si è affermata nell'Europa continentale unitamente allo sviluppo dello Stato moderno i cui teorici hanno progressivamente elaborato una concezione potestativa, in cui appunto l'ordinamento giuridico viene ad avere la configurazione di un insieme di norme poste dal legislatore in regime di monopolio [66]. Conseguenzialmente anche la giurisdizione, oltre a smarrire la ricchezza di contenuti propria della *iurisdictio* medievale, si riduce ad una – quantunque raffinata – attività logico-deduttiva finalizzata all'applicazione della disposizione legislativa al caso concreto, secondo lo schema del sillogismo giudiziale e con l'esclusione dal ragionamento giuridico di ogni valutazione extra-legislativa [67].

mentale sia per il pregiudizio di una pretesa differenza di metodo tra considerazione giuridica e considerazione filosofica, la vecchia concezione ingenuamente oggettivistica".

[65] Così criticamente P. Grossi, *Mitologie giuridiche della modernità*, Milano, 2005, 55.

[66] Per F. Cerrone, *op. ult. cit.*, 18, l'idea che l'interpretazione giuridica "non avesse altro ruolo se non quello di rintracciare ciò che già si trovava nelle leggi ... diventò gradualmente dominante fra la seconda metà del secolo XIX ed i primi del XX, appunto per effetto dell'affermarsi del positivismo codicistico".

[67] G. Zagrebelsky, *Diritto per valori, principi o regole (a proposito della dottrina dei principi di R. Dworkin)*, in *Quaderni fiorentini per la storia del pensiero giuridico mo-*

In questa concezione potestativa del diritto, il ruolo fondamentale viene assegnato al legislatore – ed alla disposizione normativa come da questi posta –, mentre il momento della "applicazione della norma" viene ad essere nettamente distaccato dalla fase della produzione del diritto: si produce così una cesura netta fra produzione e applicazione del diritto [68], fra il momento di "posizione della norma" ed il momento interpretativo-applicativo che viene a rivestire il ruolo di una semplice applicazione di quanto già deciso in precedenza.

Ma il recupero di una prospettiva storica dimostra agevolmente quanto il tema dell'interpretazione giuridica sia profondamente intrecciata con la nozione stessa del fenomeno giuridico e con il ruolo assegnato al giurista in una determinata epoca.

Come noto, vi sono state epoche storiche – si pensi ai giureconsulti romani dell'epoca repubblicana e imperiale o ai glossatori e ai commentatori medievali – in cui il ruolo dei giuristi è stato di notevole influenza.

Paolo Grossi ha ricostruito la storia europea del diritto individuando una scansione tripartita, in quanto strutturata in "tre esperienze giuridiche" (Medio Evo, Modernità e Novecento) corrispondenti a "tre civiltà storiche ben differenziate sotto il profilo giuridico, che ci propongono tre diverse visioni e realizzazioni del diritto" [69]. E queste tre epoche sono appunto il Medio Evo, l'epoca della Modernità giuridica (che per Paolo Grossi va dal Trecento a tutto l'Ottocento) ed infine il Novecento. Ma la storia è in cammino continuo, e dunque ciascuna delle diverse epoche (e dei sottoperiodi di cui ognuna si compone) contiene in sé i germi di quelle che l'hanno preceduta e – a sua volta – prepara quella successiva [70].

---

derno, 2002, vol. XXXI, tomo II, 866-867: "I postulati minimi essenziali del positivismo legalista – un vetero-positivismo, senza dubbio – quale si è sviluppato sul continente europeo, sono così perfettamente rispecchiati nella considerazione che i giuristi hanno della propria attività: un'autocomprensione che indubitabilmente è contraddetta dalla realtà ma che, sfidando l'evidenza dei fatti, continua ad alimentarsi per ragioni che meritano di essere esaminate con particolare attenzione".

[68] Per A. Kaufmann, *Ermeneutica e filosofia del diritto* (1996), in Id., *Filosofia del diritto ed ermeneutica*, a cura di G. Marino, Milano, 2003, 5 ss., questa cesura "fra un comando che si conchiude e si esaurisce in un testo e la vita che continua e diviene malgrado il testo e ben spesso oltre e contro il testo: è la strada che conduce a un formalismo talora esasperato nella sua astrattezza".

[69] P. Grossi, *L'Europa del diritto*, Bari-Roma, 2009.

[70] Questo è un punto sul quale Paolo Grossi insiste molto e più volte: ogni esito (ad es. giusnaturalismo, illuminismo, l'età della codificazione) discende da premesse

Nella ricostruzione storica delle diverse esperienze giuridiche succedutesi in Europa negli ultimi 1500 anni, Paolo Grossi assume come angolo di osservazione – in quanto esperienza giuridica, in quanto ordinamento ed in quanto "dimensione della vita quotidiana" – la storia del ruolo dei giuristi (studiosi, avvocati, giudici).

E così nei primi secoli del Medioevo – caratterizzato dalla incompiutezza del potere politico e da un reicentrismo che ha preso il posto dell'antropocentrismo della civiltà classica – il diritto viene ad essere espressione di "un insieme di valori soggiacente ai superficiali rapporti sociali ed economici". In questo quadro la funzione del diritto è quella di fornire "un ordine riposto che funge da salvataggio della comunità, e la comunità, consapevole, corrisponde a quei valori osservando le regole da essa promananti" [71]. Il diritto viene ad avere – come detto – un carattere "più ordinativo che potestativo", e pertanto si trova ad essere caratterizzato – in ragione della incompiutezza del potere politico, caratteristica questa che è per Grossi la "cifra essenziale" per capire siffatto periodo storico – da uno spiccato pluralismo giuridico in cui trionfano le comunità intermedie ed in cui tocca al momento comunitario colmare l'imperfezione dell'individuo.

Il Medioevo si caratterizza per una "fattualità" del diritto, giacché i fatti vengono ad avere già in sé una propria "potenziale carica giuridica" [72]. Sarà la modernità a "sterilizzare" i fatti definendoli di per sé "giuridicamente irrilevanti fino a quando una volontà autorevole non se ne appropri" rendendoli appunto "giuridici" [73]. Nel Medioevo, conseguenzialmente, il primato fra le fonti del diritto spetta alla consuetudine: tale primato discende direttamente dalla allocazione del diritto nello "strato riposto" della società. E, in tale periodo, la "virtù del principe" risiede nella *aequitas* del medesimo ("nel suo essere giusto") ed il "pote-

---

contenute nella fase precedente, anche se poi può giungere anche a risultati quasi contrapposti rispetto alle premesse da cui aveva preso le mosse; e siffatti esiti – a loro volta – conducono ad ulteriori conseguenze, e così via. Ma ovviamente non vi è in Paolo Grossi una visione hegeliana o marxiana della storia, che infatti non ha nessuna cadenza necessitata, non ha uno sviluppo lineare. Tutt'altro. La storia è intrisa – così come l'umanità che la genera – di contraddizioni e di paradossi.

[71] P. Grossi, *L'Europa del diritto*, cit., 14.

[72] E, tra questi, tre appaiono determinanti: la terra (cosa produttiva, fonte di sopravvivenza); il sangue (legame inscindibile tra soggetti), il tempo (durata che crea, estingue, modifica). P. Grossi, *op. ult. cit.*, 18 ss.

[73] P. Grossi, *op. ult. cit.*, 19.

re altissimo" spettante al principe "si risolve in un dovere stringente".

In questo "paesaggio giuridico", caratterizzato, dal punto di vista delle fonti del diritto, da un "ampio tessuto consuetudinario", anche l'ordine giuridico non può non essere connotato dal particolarismo e pertanto protagonista dell'esperienza giuridica viene ad essere – non il legislatore, né il giudice, né lo scienziato del diritto ma – il notaio, "un uomo di prassi" [74].

Il Medio Evo – a sua volta – va suddiviso in almeno due parti: la prima (definita "l'officina delle prassi") caratterizzata dalla presenza di una civiltà giuridica in costruzione, mentre la seconda, rappresentata dalla "maturità medievale", è ritenuta "un laboratorio sapienzale".

Nella "maturità medievale" (epoca in cui "il diritto è svincolato dall'abbraccio soffocante dell'apparato di potere pubblico, fa capo alla società che la esprime e la ordina") la scienza giuridica riveste un ruolo centrale: "In questa civiltà – dice Paolo Grossi – il giurista, il maestro di diritto, in quanto sapiente, è più di ogni altro operatore terreno in un rapporto di partecipazione con Dio, sapienza somma, verità somma. È personaggio illuminato e illuminante, quasi un mediatore tra cielo e terra, certamente colui che è su un gradino superiore a tutti nella ricerca della verità. E questo spiega l'affidarsi a lui" [75].

Il Trecento, quale secolo di transizione dall'epoca medievale a quella della modernità (che per Paolo Grossi abbraccia l'arco dei secoli che vanno dal 1300 al 1900), viene ad essere il momento "dello scompiglio", momento a partire dal quale prende l'avvìo un processo liberatorio dell'individuo, in precedenza invischiato nella ragnatela medievale.

Paolo Grossi individua la "cifra essenziale della modernità" nella operazione che mira a "riscoprire un nuovo ordine" fondato su una dimensione tutta umana e "costituita da individualità". Con l'ingresso nella modernità, si mettono da parte la "natura cosmica" e la "comunità" ("tutto il vecchio ammasso comunitario"), perché la nuova epoca "pretende di fondarsi su una dimensione tutta umana costituita da individualità, ciascuna delle quali è riconosciuta e rispettata nella sua libertà e

---

[74] "Silenziosamente, dimessamente – dice Grossi, *op. ult. cit.*, 27 – la pratica notarile non crea ma dà forma concreta e anche una sufficiente veste tecnico-giuridica a figure di cui l'esperienza ha necessità nella quotidiana lotta per la sopravvivenza". In questo quadro, l'incompiutezza del potere politico si riflette in una limitata dimensione anche del potere legislativo.

[75] P. Grossi, *op. ult. cit.*, 46.

nella sua carica dominativa della realtà naturale e sociale, ciascuna delle quali viene dotata di una virulenta carica psicologica" [76].

Si spiega così anche la crescita – da allora continua – del potere pubblico e che determina un mutamento anche del ruolo del giurista.

L'Umanesimo viene a configurarsi come "un rinnovamento antropologico" fondato su una "piena fiducia" verso l'individuo "sovrano della società e della natura". Il singolo ("in grazia della sua volontà") è "proprietario di sé stesso" ma è proprietario anche di "taumaturgici talenti" che gli consentono di adeguare ai propri progetti il mondo circostante.

Conseguenzialmente matura "un'autentica rivoluzione culturale" giacché le scienze fisiche e matematiche assumono un ruolo prevalente rispetto alle scienze giuridiche. Questa rivoluzione culturale determina anche una trasformazione – non solo del ruolo e della funzione nella società, ma anche – della stessa immagine e "autorappresentazione" del giurista che diventa (come il naturalista) "uno scopritore" della "natura genuina dell'uomo".

È in questo quadro che si afferma il giusnaturalismo seicentesco caratterizzato da "una valenza complessa e, per alcuni aspetti, ambigua".

Da un lato, infatti, questa "grande avventura scientifica", che fa leva "sull'uomo allo stato puro e sul primitivo stato di natura", ha per scopo quello di "disegnare un territorio riservato dove il soggetto non può essere molestato nelle sue libertà dagli arbìtrii del potere", ma dall'altro si pongono le premesse di una completa separazione fra dimensione individuale e dimensione comunitaria. Infatti, se per questa strada si pongono le radici del costituzionalismo moderno e delle "Carte dei diritti" del XVII e del XVIII secolo ("prime barriere edificate a protezione di situazioni fondamentali dell'individuo"), al tempo stesso si deve prendere atto che l'impostazione individualistica conduce – tramite una dimensione che diventa essenzialmente egoistica – al distacco totale dell'individuo da ogni formazione sociale. Lo stato di natura appare così come "stato di perfetta libertà", in cui spetta alla *property* "il ruolo di garanzia e di presidio della libertà individuale" [77].

Il giusnaturalismo moderno mostra così la sua "valenza ambigua" in quanto "avventura di una scienza alla ricerca di regole oggettive", ma anche "abilissima strategia di intellettuali", espressione degli interessi e

---

[76] P. Grossi, *op. ult. cit.*, 73.

[77] P. Grossi, *op. ult. cit.*, 101.

delle istanze del pre-capitalismo. E la astrattezza – che da ora in avanti accompagnerà il diritto borghese per tutto lo svolgersi della modernità – viene a svolgere il ruolo di "efficace foglia di fico dietro cui celare l'assetto concreto di una società percorsa da non poche iniquità: soggetti astratti, rapporti astratti, libertà astratta, uguaglianza astratta, norme astratte" [78].

L'antropocentrismo, che si riafferma con l'umanesimo, viene ad essere l'elemento unificante e caratterizzante anche le successive esperienze del giusnaturalismo, dell'illuminismo, della Rivoluzione francese e dell'epoca dei Codici. In queste esperienze, il ruolo del giurista perde di importanza. E, soprattutto dopo la rivoluzione francese, una volta costruita la "mitologia giuridica della modernità" [79] (caratterizzata dalla riduzione del diritto alla legge ritenuta unica fonte del diritto generale e astratta) prenderà l'avvio il legalismo, la legolatria, il "dispotismo legale" statualistico, che per Paolo Grossi trionfa con il napoleonico *Code civile* [80].

Il giurista diventa "esegeta", mero interprete della volontà del legislatore. L'operosità intellettuale del giurista viene ad essere circoscritta alla "pura conoscenza" del sistema legale positivo e "con la consegna imperiosa di non varcare i confini del diritto legale". In questo quadro viene ad essere inevitabilmente circoscritto anche il ruolo del giudice che si trova ad essere relegato al ruolo di *"bouche de la loi"* [81].

Nella prima metà del secolo XIX è toccato a Savigny ed alla "scuola storica del diritto" (espressione del romanticismo giuridico tedesco)

---

[78] P. Grossi, *op. ult. cit.*, 102.

[79] P. Grossi, *Mitologie giuridiche della modernità*, Milano, 2001.

[80] Al riguardo v. F. Marinelli, *La cultura del Code civil. Un profilo storico*, Padova, 2004; Id., *Scienza e storia del diritto civile*, Bari-Roma, 2009.

[81] Funzionale a questo quadro è anche il concetto di rappresentanza politica, che si afferma con la rivoluzione francese, e che giustifica la legge quale espressione di una (presunta, ma mai dimostrata) "volontà generale". Sulla rappresentanza politica v. P. Ridola, *Democrazia rappresentativa e parlamentarismo*, Torino, 2011; Id., *Partiti politici*, in *Enc. dir.*, vol. XXXII, Milano, 1982, 802 ss.; Id., *Divieto del mandato imperativo e pluralismo politico*, in *Studi in onore di V. Crisafulli*, vol. II, Padova, 1985, 679 ss.; Id., *La rappresentanza parlamentare tra unità politica e pluralismo*, in *Diritto e società*, 1994 (e in *Studi in onore di Manlio Mazziotti di Celso*, vol. II, Padova, 1995); Id., *Democrazia e rappresentanza nel pensiero di Costantino Mortati*, in *Il pensiero giuridico di Costantino Mortati*, a cura di M. Galizia e P. Grossi, Milano, 1988; Id., *Rappresentanza e associazionismo*, in *Rappresentanza e democrazia*, a cura di G. Pasquino, Bari-Roma, 1988.

contrapporsi alle idee giuridiche dell'illuminismo che hanno condotto (a partire dalla Francia) alla "codificazione" del diritto e dunque all'assegnazione alla scienza giuridica del compito di mera esegesi dei testi scritti.

L'impostazione codicistica conferisce al legislatore non solo una priorità nella "creazione" del diritto, ma anche una posizione di "esclusività" in tale opera creativa, con la conseguente assegnazione al potere giudiziario e alla dottrina giuridica (nella fase dell'interpretazione) di un ruolo di mera "esegesi dei testi" e di individuazione "dell'esatto significato delle parole".

Per Savigny (e per la "scuola storica del diritto") il diritto, quale elemento vivo e spontaneo, vive nella tradizione storica popolare e quindi anche le fonti del diritto non possono esaurirsi nel "codice" che appunto "inaridisce" le fonti spontanee del diritto (*id est*, la consuetudine) e che cristallizza la disciplina normativa nelle regole introdotte solo – e modificabili solo – dal legislatore (e con la conseguente scomparsa di ogni funzione creativa dell'interprete). La codificazione, per Savigny, costituisce un'operazione volta a sovrapporre una volontà artificiale – figlia "di un'astratta e inconcludente razionalità" – alla "vita effettiva del diritto" di cui la codificazione cerca di arrestare l'inevitabile movimento. In questa ricostruzione, ruolo centrale è assegnato al giurista quale "naturale interprete del diritto" come storicamente determinato e vivente. E l'intero ceto dei giuristi viene così a rappresentare "la consapevolezza scientifica della coscienza collettiva del popolo", mentre ai giudici è assegnato il compito di "realizzatori" di siffatta coscienza collettiva[82]. È stato più volte evidenziato "il carattere politico della scienza giuridica di quel tempo e di quella scuola" (caratteristica "del resto di ogni tempo e di ogni scuola") a giustificazione anche del successo riscosso dalle posizioni della scuola storica, anche in Italia, sia nel diritto privato che nel diritto pubblico, "per la loro coerenza con le condizioni politiche e spirituali di allora, l'avversione ad ogni innovazione razionalizzatrice di un potere normativo artificiale e la coerenza del ceto dei giuristi con gli interessi burocratici e conservatori". In quell'epoca infatti, "i giuristi ricoprivano nell'organizzazione sociale un posto dirigente di spicco, come ceto eminente e omogeneo al suo interno e consonante con le ragioni politiche prevalenti". Pertanto "il compito del giurista", quale "interprete della volontà popolare

---

[82] G. Zagrebelsky, *Il sistema costituzionale delle fonti del diritto*, Torino, 1984, 86-87.

profonda e dei destini storici della nazione" veniva a coincidere con il compito dei soggetti attivi sulla scena della politica (ed infatti i grandi giuristi del tempo furono anche uomini politicamente impegnati)[83].

Nella seconda metà dell'Ottocento numerosi fattori (i mutamenti sociali prodotti dalla seconda rivoluzione industriale, le esigenze sociali che conseguentemente si pongono all'attenzione dei poteri pubblici, le conseguenze discendenti dall'ampliamento del suffragio elettorale) danno l'avvio ad un'opera di demolizione del quadro preesistente.

Ed infatti il Novecento si apre con la crisi dello Stato e con la riscoperta della complessità.

Toccherà a Santi Romano[84] (nella riflessione sulla crisi dello Stato e sulla pluralità degli ordinamenti giuridici) rappresentare il momento di emersione scientifica della consapevolezza della antistoricità delle ricostruzioni giuridiche – e quindi della sottostante visione del diritto – registrate nei decenni – e secoli – precedenti[85].

Le certezze dell'ottocentesco diritto borghese vengono progressivamente lacerate dal Novecento, caratterizzato innanzitutto dagli effetti della legislazione di guerra (della prima guerra mondiale) che, se inizialmente giustificata dal relativo stato di emergenza, tende invece a permanere (con l'assegnazione di potere legislativo all'esecutivo) anche dopo la conclusione delle vicende belliche. In questo quadro, che giustifica anche un penetrante intervento statale nel diritto civile, trovano riconoscimento i "criteri equitativi di giudizio" ("rimessi al prudente apprezzamento del giudice")[86].

Tocca infine alle Costituzioni del secondo dopoguerra delineare il nuovo orizzonte del contemporaneo Stato costituzionale (sul punto v. *infra*, cap. IV)[87].

---

[83] G. Zagrebelsky, *op. ult. cit.*, 87.

[84] Ma anche di G. Capograssi (v. *infra*).

[85] Differente la ricostruzione di F. Cerrone, *In margine ad un frammento di storia e teoria delle fonti: le norme sulle norme in tema di interpretazione*, in *Rivista AIC*, 2019 (d'ora innanzi sono citate le pagine del dattiloscritto ringraziando di cuore l'Autore di avermi donato la possibilità di fruire di questo importante lavoro che, come si vedrà, molto ha inciso anche sulle mie riflessioni) che, sulla scorta delle riflessioni di Gorla e di Giuliani (v. *infra*), vede invece nei decenni a cavallo fra la fine del secolo XIX e l'inizio del secolo XX l'epoca del "trionfo" del positivismo.

[86] P. Grossi, *L'Europa del diritto*, cit., 231 ss.

[87] P. Ridola, *Il costituzionalismo: itinerari storici e percorsi concettuali*, in *Studi in*

Nell'epoca attuale, il quadro appare particolarmente contraddittorio e si presta a differenti – tutte possibili – ricostruzioni.

Negli ordinamenti contemporanei il ruolo centrale è assegnato al "legislatore" (cioè ai soggetti titolari del potere normativo: dal parlamento al governo, dalle regioni agli enti locali, dalle autorità amministrative dotate di potere normativo agli organi sovranazionali) e la pluralità delle fonti sembra eliminare ogni spazio al ruolo dell'interprete. Ma è altrettanto vero che l'inflazione degli atti normativi – e, a volte, la contraddittorietà degli stessi – finisce per ampliare lo spazio, e dunque la creatività, dell'interprete (in particolare del potere giudiziario).

Si deve invece registrare un arretramento del ruolo della scienza giuridica, spesso "appiattita" su posizioni giuspositivistiche in difesa del principio – non più tanto della certezza del diritto quanto – della prevalenza – se non della inviolabilità – dell'ambito riservato al potere legislativo oppure appiattita su posizioni di "positivismo giudiziario" [88] accettando acriticamente – ed anzi cercando di "mettere a sistema" – gli esiti della giurisprudenza, abdicando così dal ruolo – proprio della dottrina – di osservatore critico delle dinamiche della contemporanea esperienza giuridica [89]. Il giurista invece deve essere in grado di "interpretare dinamicamente le esperienze giuridiche nel quadro della cultura e del grado di civiltà di cui il pensiero giuridico è espressione". Il giurista deve dun-

---

onore di Gianni Ferrara, vol. III, Torino, 2005, 316 ss., ha evidenziato che "se l'esperienza del giuspositivismo statualistico ha condotto all'approdo dell'impermeabilità del diritto (giuspositivisticamente inteso) da parte della critica morale costruita sulla base dei valori costituzionali, le costituzioni del pluralismo hanno accolto un impianto valutativo che, sebbene positivizzato in un testo, è pienamente comprensibile solo alla luce di una concezione del diritto che non pretenda di separare il diritto dalla morale".

[88] F. Cerrone, *In margine ad un frammento ...*, cit., 32, ha evidenziato che "Per lunghi anni apparsa refrattaria ad ogni interesse per la giurisprudenza ... la dottrina italiana ha più di recente 'scoperto' il ruolo creativo dei giudici e della loro interpretazione"; A.A. Cervati, *Diritto vivente e costituzione vivente*, in Id., *Per uno studio comparativo del diritto costituzionale*, Torino, 2009, 59, mette in guardia da "un positivismo giurisprudenziale che potrebbe essere più pericoloso di quello legislativo, in un tempo in cui è tutt'altro che remoto il pericolo che prevalgano tendenze verso il formalismo, verso forme di pensiero analitico, dirette a privilegiare il linguaggio ufficiale, la dogmatica giurisprudenziale e un'utilizzazione talora acritica dei precedenti".

[89] A.A. Cervati, *Educazione giuridica, studio della letteratura e interpretazione*, in Id., *Per uno studio comparativo del diritto costituzionale*, cit., 131-133.

que riflettere "sui compiti che esso svolge nella società", muovendo dalla consapevolezza che "l'affinamento della sensibilità valutativa non dipende per il giurista solo dal livello della propria cultura, dalla consapevolezza dell'attualità dei problemi di cui si discute, dalla conoscenza delle leggi, ma dalla capacità di porre a confronto soluzioni giuridiche alternative, dal proprio senso di responsabilità e dalla comprensione dei sentimenti umani" (e per questo Cervati invita a riflettere "sulla coscienza del giurista")[90]. Ma si deve piuttosto rilevare una "inconcludenza dei giuristi come ceto culturalmente unitario" (Zagrebelsky), quale conseguenza di un pluralismo – "che talora rasenta la dissoluzione" – di impostazioni metodologiche a volte anche contrapposte[91]. Si deve dunque convenire che oggi il "valore" della scienza del diritto discende "dalla persuasività delle sue argomentazioni e dalla capacità di tradurre in atto attraverso il diritto le esigenze di regolamentazione dei rapporti sociali"[92].

Alla prospettiva giuspositivistica propria dell'illuminismo, si contrappongono quelle riflessioni che riconoscono alla dimensione ermeneutica la qualità di "componente interna, essenziale, della positività della norma"[93].

Secondo questa differente impostazione, l'interpretazione giuridica è anch'essa fattore di creazione del diritto innanzitutto perché il diritto non può ritenersi monopolio del solo legislatore e, in secondo luogo, perché l'attività interpretativa finisce sempre per contenere una ineliminabile componente creativa. Rigettando la configurazione dell'attività del giudice come espressione dell'applicazione del classico sillogismo giudiziale, l'ermeneutica giuridica riconosce la funzione "creativa" dell'interpretazione giuridica (e non solo di quella giudiziale), ma al tempo stesso evidenzia le numerose questioni (relative al ruolo del giudice, alla centralità della motivazione nell'assunzione delle decisioni, all'im-

---

[90] A.A. Cervati, *op. ult. cit.*, 133.

[91] Molto critiche nei confronti della dottrina italiana sono anche le considerazioni di F. Cerrone, *op. ult. cit.*, 49, che individua una "carenza di razionalità storica – forse anche di una moralità – depositata nel costume culturale del giurista italiano" (v. *infra*).

[92] G. Zagrebelsky, *op. ult. cit.*, 87: "Il diritto del nostro tempo è sempre più diritto artificialmente posto che esclude il ruolo creativo dell'interpretazione. Tuttavia, proprio le trasformazioni della legge e la crisi che investe il ruolo del legislatore nel momento attuale possono costituire le premesse per una ripresa di importanza degli studi giuridici, come apporto all'opera della giurisprudenza ed alla razionalizzazione del sistema giuridico".

[93] P. Grossi, *op. ult. cit.*, 72.

portanza dello svolgimento di un giudizio in cui le diverse opinioni abbiano una effettiva garanzia di partecipazione, ecc.) che tale riconoscimento pone.

Con riguardo alla considerazione secondo cui la creatività dell'interpretazione finirebbe per ledere il principio della certezza del diritto (v. *supra*), è stata innanzitutto evidenziata la funzione politico-istituzionale di tale principio, funzione di limitazione dell'autonomia interpretativa del giudice, cristallizzatasi poi quale "mitologia giuridica", in quanto "prodotto storico assolutizzato" [94]. Inoltre è stato ricordato che la soddisfazione dell'esigenza di una "garanzia di certezza" – quale esigenza ineliminabile per la ordinata convivenza sociale – costituisce la funzione propria del diritto che è appunto quella di assicurare la convivenza sociale, ma bisogna parimenti ricordare l'inevitabile storicità del fenomeno giuridico che, in quanto prodotto storico, è sempre imperfetto. E l'idea di rendere "perfetto" il diritto assicurandone la "certezza" mostra tutta la sua valenza ideologica e politico-istituzionale.

L'analisi dell'esperienza giuridica mostra che l'applicazione della norma non costituisce una "appendice esterna ed estranea" al fenomeno giuridico, giacché il momento interpretativo costituisce una parte integrante del fenomeno giuridico: "l'interpretazione-applicazione è la stessa norma che si proietta nella vita e diventa vita, storia di una società nel tempo e nello spazio" [95]. E questa constatazione dimostra i limiti in cui cade il positivismo giuridico quando afferma che il diritto sarebbe già tutto formato nella disposizione scritta.

L'interpretazione non è un elemento estraneo e contrapposto alla norma bensì intrinseco alla stessa "e sua condizione di vitalità" [96]. All'interpretazione spetta infatti il compito di "vivificare" la disposizione legislativa "seguendo passo passo il moto perenne della vita sociale", pur restando "vincolato ad un'oggettività preesistente" e alla "linea di coerenza logica che lega il testo con la totalità dell'ordinamento" [97].

---

[94] P. Grossi, *op. loc. ult. cit.*

[95] Così P. Grossi, *op. ult. cit.*, 46. La disposizione scritta infatti costituisce solo "un testo autoritario" (un "materiale inerte") avente sì la capacità di "diventare diritto (cioè esperienza giuridica, cioè vita quotidiana giuridicamente vissuta) unicamente in grazia della interpretazione-applicazione".

[96] P. Grossi, *Pagina introduttiva*, in *Società, diritto, stato. Un recupero per il diritto*, Milano, 2006, 321.

[97] E. Betti, *Interpretazione*, cit., 552.

E se l'attività interpretativa partecipa – anch'essa – alla creazione del diritto, bisogna interrogarsi sulle peculiarità del rapporto che intercorre fra legislazione e giurisdizione, sull'esistenza o meno di limiti (e sulle dimensioni degli stessi) all'attività dell'interprete (e soprattutto di quella peculiare figura di interprete che è il giudice) e sugli elementi di differenziazione esistenti fra il diritto posto tramite legge e quello posto tramite sentenza [98].

Con riguardo al rapporto fra potere legislativo e potere giudiziario, il dibattito sull'interpretazione giudiziaria va appunto collocato storicamente all'interno delle dinamiche delle vicende e dei rapporti politico-istituzionali intercorsi fra tali poteri [99].

E così si è unanimemente riconosciuto che, nelle intenzioni dei rivoluzionari francesi di fine settecento, il principio della subordinazione del giudice alla legge risponde all'affermazione della subordinazione del giudice al legislatore. Al tempo stesso è stato autorevolmente dimostrato che l'affermazione del principio di subordinazione del giudice alla legge è concretamente avvenuta tramite percorsi non sempre lineari [100]. E sulla scorta degli insegnamenti di Gorla, con riguardo alla portata dell'art. 12 delle preleggi, Francesco Cerrone ha evidenziato che nei codici del secolo XIX, non si esclude affatto un ruolo attivo del giudice nel processo interpretativo. Ovviamente, il richiamo a "le parole della legge" e al "significato che poteva farsi palese dalla sua lettera", conferma l'attenzione del giudice per la "lettera della legge" e per la "volontà del legislatore", ma bisogna ribadire che questi erano comunque "elementi di un'attività di valutazione interpretativa che era restituita al giudice" [101].

---

[98] A. Giuliani, *Il modello di legislatore ragionevole*, cit., 28, evidenzia che "l'aumento dei poteri del legislatore rompe l'equilibrio, determinando – al di là e contro le sue intenzioni – l'aumento incontrollabile dei poteri del giudice".

[99] F. Cerrone, *op. ult. cit.*, 11, evidenzia che il periodo delle codificazioni preunitarie e poi di quella del 1865 coincise con il tentativo, da parte del governo, di *"asservire a sé la magistratura e di esautorarla come terzo potere"* (G. Gorla, *I "Grandi Tribunali"*, cit., 649; M. D'Addio, *Politica e Magistratura*, Milano, 1966, 35 ss.; A. Giuliani-N. Picardi, *La responsabilità del giudice*, cit., 102 ss.). Parimenti in Francia la legislazione rivoluzionaria e la codificazione napoleonica portarono a compimento il progetto di un ordinamento burocratico della magistratura (*"invano perseguito dalla monarchia assoluta"*, A. Giuliani-N. Picardi, *op. cit.*, 70 s.).

[100] G. Gorla, *I precedenti storici*, cit., 445.

[101] F. Cerrone, *op. ult. cit.*, 12.

A questo proposito è importante ribadire che lo scopo delle disposizioni, relative alla interpretazione della legge, contenute nei codici ottocenteschi era quello di disciplinare non l'interpretazione in sé, ma l'applicazione della legge da parte del giudice. Era dunque il giudice (e non la materia della interpretazione) il destinatario delle disposizioni relative all'interpretazione della legge, disposizioni che infatti concernevano "una delicata questione relativa ai rapporti fra poteri", e tale questione era "tanto più delicata perché segnata da una serie di mutazioni profonde di tali rapporti, in cui erano coinvolti fattori istituzionali, sociali, etici" [102].

È necessario dunque collocare tali disposizioni all'interno delle più ampie dinamiche del rapporto fra politica e magistratura (e a questo proposito vanno ricordati anche i ricorrenti tentativi – in tutte le epoche storiche – del potere politico di asservimento della magistratura) [103]. Ma, come detto, quest'ordine di riflessione attiene più strettamente al profilo dell'assetto dei poteri ed in particolare al rapporto fra potere legislativo e potere giudiziario.

Si conferma così il nesso che collega il tema dell'interpretazione giuridica con le questioni relative al rapporto fra (legislazione e giurisdizione e dunque fra) potere politico e potere giudiziario. Ed infatti è stato sottolineato che "la storia delle esperienze giuridiche moderne dell'Europa continentale possa essere rappresentata", sia pure semplificando, "come storia dei rapporti tra giudici e legislatori" [104] e dunque degli equi-

---

[102] F. Cerrone, *op. ult. cit.*, 13, nt. 27, che ricorda come per Gorla le disposizioni in esame "sia pure dettando al giudice i criteri per decidere le liti ... vengono a restituire o a riconoscere al giudice quel potere di interpretare le leggi che gli era stato contestato per tutte le leggi a Napoli nel 1774 e soprattutto durante la rivoluzione francese fino al *code civil* ...; e che gli era stato negato, per quanto riguarda le leggi del principe, in Piemonte ... Quegli articoli vengono così a risolvere un problema concernente i poteri del giudice" (G. Gorla, *op. ult. cit.*, 466). Dunque, un problema concernente i poteri del giudice e di qui il tentativo di delimitazione dell'attività interpretativa del giudice.

[103] F. Cerrone, *op. ult. cit.*, 13, evidenzia che il governo piemontese, prima, e quello italiano, poi, cercarono ("*con leggi e provvedimenti vari*" relativi alla carriera dei magistrati, ai trasferimenti e al controllo sugli stessi da parte del potere politico) di "*asservire*" la magistratura: "Ne nacque quella che si poteva chiamare la onnipotenza del governo parlamentare. Nella 'divisione dei poteri' questi fece la parte del leone" (G. Gorla, *op. ult. cit.*, 649).

[104] A. De Nitto, *Diritto dei giudici e diritto dei legislatori*, Lecce, 2002, 29, In merito ai rapporti fra legislatore e potere giudiziario, A.V. Dicey, *op. ult. cit.*, 389, evidenzia

libri *"lato sensu,* costituzionali" che tali rapporti presupponevano e di cui erano – e sono – espressione.

La dialettica fra potere legislativo e potere giudiziario determina inevitabilmente assetti di potere, giacché ciascuno dei due poteri mira ad esercitare – "nell'ordinamento dell'esperienza" – un ruolo tendenzialmente "preponderante", ponendosi così inevitabilmente in competizione – "e, spesso, in conflitto" – l'uno con l'altro [105]. Il riconoscimento dell'inevitabile conflittualità – o quanto meno di competizione o di "con-correnza" – fra giudice e legislatore svela la valenza politico-istituzionale delle teorie che sono alla base dell'impostazione dogmatica che assegna al giudice il ruolo di mero esecutore della volontà del legislatore *(juge bouche de la loi)*, in quanto volte ad affermare l'onnipotenza del legislatore e la subordinazione a quest'ultimo del potere giudiziario.

Emerge così chiaramente la connessione esistente tra le dottrine di teoria dell'interpretazione – e dunque tra la funzione che si intenda assegnare all'interpretazione – ed il ruolo assegnato al potere giudiziario e, più in generale, a quanti siano chiamati a svolgere una funzione interpretativa degli atti normativi [106].

Nella odierna riflessione relativa al ruolo che il giudice è chiamato a svolgere nell'epoca attuale – e dunque con riguardo alla funzione dell'interpretazione giudiziaria oggi –, è stato posto l'accento sulle dinamiche della contemporanea società, dinamiche che esprimono un universo giuridico "disomogeneo" e "molteplice" – e per questo profondamente instabile –, in quanto caratterizzato dalla presenza di "valori" potenzialmente in contrasto.

L'ordinamento giuridico contemporaneo si presenterebbe pertanto strutturalmente orientato nella prospettiva di un "diritto mite" dove gli esistenti contrasti non si risolvono con la mera e netta prevalenza di un

---

che le tendenze della giurisprudenza modellano ed influenzano sempre l'attività della *"opinione legislativa generale"*, la quale a sua volta incide sul corso della legislazione parlamentare.

[105] A. De Nitto, *op. loc. ult. cit.*, che aggiunge: "Ne risulta una dinamica di prevalenza, al cui interno occorrerebbe indagare molto oltre l'aspetto formale. Le procedure, infatti, una volta di più, contengono, o nascondono, scelte e valori di sostanza".

[106] A questo proposito (v. *supra*) illuminante si rivela l'analisi del percorso (innanzitutto culturale, ma poi anche) politico-legislativo che ha portato alla introduzione nei codici civili (con espressioni – e significati – differenti nei secoli XIX e XX) delle formulazioni che oggi ritroviamo (per quanto riguarda il nostro ordinamento) nell'art. 12 delle disp. prel. c.c. (F. Cerrone, *op. ult. cit.*).

valore sull'altro, bensì mediante complesse (e "faticose") "non-esclusioni", e dunque coesistenze e integrazioni. E, di conseguenza, la ovvia creatività della giurisprudenza appare nella società contemporanea "più necessaria e più accentuata", in quanto "fattore di adattamento del diritto alle profonde trasformazioni della realtà sociale" [107].

2.1. *Un ulteriore esempio: la sentenza delle Sezioni Unite della Cassazione n. 24414 del 2021 sul crocifisso nella scuola pubblica*

Nella sentenza n. 24414 del 2021 le Sezioni Unite della Cassazione hanno affermato i seguenti principi di diritto: "*In base alla Costituzione repubblicana, ispirata al principio di laicità dello Stato e alla salvaguardia della libertà religiosa positiva e negativa, non è consentita, nelle aule delle scuole pubbliche, l'affissione obbligatoria, per determinazione dei pubblici poteri, del simbolo religioso del crocifisso. Il R.D. n. 965 del 1924, art. 118, che comprende il crocifisso tra gli arredi scolastici, deve essere interpretato in conformità alla Costituzione e alla legislazione che dei principi costituzionali costituisce svolgimento e attuazione, nel senso che la comunità scolastica può decidere di esporre il crocifisso in aula con valutazione che sia frutto del rispetto delle convinzioni di tutti i componenti della medesima comunità, ricercando un 'ragionevole accomodamento' tra eventuali posizioni difformi*".

La Cassazione era chiamata a pronunciarsi sulla legittimità di un provvedimento disciplinare irrogato ad un professore di scuola superiore perché, prima dell'inizio delle proprie ore di lezione, rimuoveva il crocifisso dalla parete dell'aula per riappenderlo al termine delle stesse. Il crocifisso inizialmente era stato affisso nell'aula su richiesta di due alunne. Il docente, invocando il rispetto della libertà di insegnamento e di coscienza in materia religiosa e del principio di neutralità della scuola pubblica, manifestava – agli studenti, ai colleghi ed al dirigente scolastico – la propria contrarietà. In un'assemblea di classe, gli studenti deliberavano, a maggioranza, la presenza del simbolo durante tutte le ore di lezione; indi il dirigente scolastico, con circolare, invitava i docenti a rispettare la volontà degli studenti ed adottava relativo ordine di servizio, diffidando il docente "dal continuare in questa rimozione".

---

[107] G. Zagrebelsky, *Diritto mite*, cit., 27; v. anche Id., *Diritto per valori, principi o regole?*, cit., 865 ss.; Id., *La legge e la sua giustizia*, cit., 161 ss.

Il docente – cha aveva visto il rigetto del proprio ricorso sia in primo che in secondo grado – proponeva ricorso in Cassazione facendo valere, oltre all'illegittimità del provvedimento disciplinare, il carattere discriminatorio dell'ordine di servizio con cui il dirigente scolastico ordinava il rispetto della volontà dall'assemblea di classe, in quanto ragione di svantaggio per gli insegnanti non aderenti alla religione cattolica e per la lesione del diritto alla libertà negativa di religione e alla libertà di coscienza.

La Sezione lavoro della Cassazione rimetteva la questione alle Sezioni Unite, rilevando che il ricorso prospettava una questione che involge il bilanciamento, in ambito scolastico, fra la libertà di insegnamento, intesa come autonomia didattica e libera espressione culturale del docente, e, dall'altro, il rispetto della coscienza civile e morale degli alunni. Secondo l'ordinanza di rimessione, occorre confrontarsi con il significato del simbolo, con il principio di laicità dello Stato e con la tutela della libertà religiosa, e interrogarsi sul carattere discriminatorio di atti o comportamenti del datore di lavoro che, in ragione del credo, pongano un lavoratore in posizione di svantaggio rispetto agli altri.

Con riguardo al quadro normativo vigente, le Sezioni Unite rilevano che l'esposizione del crocifisso nelle aule scolastiche non è imposta da disposizioni di grado legislativo ma solo da regolamenti, risalenti nel tempo, applicabili alle sole scuole medie inferiori e alle scuole elementari (art. 118 del r.d. 30 aprile 1924, n. 965; e art. 119 del r.d. 26 aprile 1928, n. 1297). Le Sezioni Unite affermano che la norma regolamentare (art. 118 del r.d. n. 965 del 1924) che, nell'ambito dell'arredamento scolastico, dispone che dell'immagine del crocifisso siano dotate le aule scolastiche di tutte le scuole medie, si riferisca anche alle scuole superiori [108]. Pertanto *"l'art. 118 è ancora formalmente in vigore"* e si pone dunque il problema della compatibilità di esso con la Costituzione.

Il Pubblico Ministero (intervenuto nel giudizio dinanzi alla Cassazione) aveva sostenuto l'illegittimità della fonte regolamentare (*"per contrasto con i principi costituzionali di laicità dello Stato e di separazione tra la sfera civile e quella religiosa"*) chiedendone la disapplicazione. Le Sezioni

---

[108] Il termine "istruzione media", che compare sin dal titolo del r.d. n. 965 del 1924, deve essere letto secondo la strutturazione del sistema scolastico al momento della introduzione della disciplina. In quel contesto gli istituti medi di istruzione erano di primo e di secondo grado e costituivano il percorso di istruzione che seguiva all'istruzione elementare.

Unite affermano invece che l'art. 118 del r.d. n. 965 del 1924 è suscettibile di essere *"interpretato in senso conforme alla Costituzione"* [109].

Le Sezioni Unite affermano in maniera netta che *"L'esposizione autoritativa del crocifisso nelle aule scolastiche non è compatibile con il principio supremo di laicità dello Stato"* da intendersi "non come indifferenza di fronte all'esperienza religiosa, bensì come tutela del pluralismo, a sostegno della massima espansione della libertà di tutti, secondo criteri di imparzialità". Rilevano che la fattispecie in esame "presenta posizioni in conflitto o in tensione all'interno dello spazio pubblico scolastico. I temi coinvolti sono quelli della laicità e della non discriminazione, i quali rimandano alla necessaria equidistanza tra le istituzioni e le religioni nell'orizzonte multiculturale della nostra società, ed interrogano al fondo le stesse radici e ragioni dello stare insieme tra individui liberi e uguali in quello spazio pubblico di convivenza, la scuola, che è sede primaria di formazione del cittadino".

Le Sezioni Unite dichiarano che, nell'esame della questione, è necessario rispettare i principi fondamentali che entrano in gioco (*"dalla libertà religiosa al principio di laicità nelle sue diverse declinazioni, al pluralismo, al divieto di discriminazioni, alla libertà di insegnamento nella scuola pubblica aperta a tutti"*), principi che *"costituiscono la bussola per rinvenire nell'ordinamento la regola per la soluzione del caso"*.

Le Sezioni Unite (richiamando proprio lo schema argomentativo proprio di una *"società aperta degli interpreti della Costituzione"*) affermano di essere supportate da *"una fitta rete di precedenti giudiziali e di contributi della dottrina"* e *"la nomofilachia delle Sezioni Unite è un farsi, un divenire che si avvale dell'apporto dei giudici del merito e delle riflessioni del Collegio della Sezione rimettente, dell'opera di studio e di ricerca del Massimario, degli approfondimenti scientifici e culturali offerti dagli incontri di studio organizzati dalla Formazione decentrata presso la Corte, delle sollecitazioni e degli stimoli, espressione di* ius litigatoris, *derivanti dalle difese delle parti e del contributo, ispirato alla salvaguardia del pubblico interesse attraverso il prisma dello* ius constitutionis, *del pubblico ministero. Le Sezioni Unite sono dunque inserite in un contesto di confronto, di dialogo e di contraddittorio tra le parti, che consente alla Corte di legittimità di svolgere il suo ruolo con quella prudenza 'mite' che rappresenta un connotato del mestiere del giudice"*.

---

[109] Sull'interpretazione conforme a Costituzione v. *infra*, cap. IV.

Le Sezioni Unite – che non mancano di esaminare anche gli esiti delle esperienze giurisprudenziali di altri ordinamenti [110] – rilevano che *"l'esposizione del crocifisso non è più un atto dovuto, non essendo costituzionalmente consentito imporne la presenza"*. Ma *"L'espunzione dal significato della disposizione regolamentare del R.D. n. 965 del 1924, art. 118 dell'obbligo di esposizione del crocifisso non si traduce ... in un divieto di affissione del simbolo"*. La disposizione regolamentare, sottoposta ad una interpretazione costituzionalmente orientata, *"va interpretata nel senso che l'aula può accoglierne la presenza allorquando la comunità scolastica interessata valuti e decida in autonomia di esporlo, nel rispetto e nella salvaguardia delle convinzioni di tutti, affiancando al crocifisso, in caso di richiesta, gli altri simboli delle fedi religiose presenti all'interno della stessa comunità scolastica e ricercando un ragionevole accomodamento che consenta di favorire la convivenza delle pluralità"*. La disposizione regolamentare è dunque *"suscettibile di esprimere un significato conforme al nuovo contesto costituzionale ... in base ad un'interpretazione evolutiva che tramuta l'obbligo di esposizione del crocifisso in una facoltà, affidando alle singole comunità scolastiche la decisione circa la presenza dei simboli religiosi nelle proprie aule"*.

Le Sezioni Unite definiscono la propria *"una soluzione 'mite' (la parete dell'aula nasce bianca, può rimanere tale ma può anche non restare spoglia e accogliere la presenza del crocifisso per soddisfare un bisogno degli studenti) che si articola in scelte da effettuare caso per caso, alla luce delle concrete esigenze, nei singoli istituti scolastici, con la partecipazione di tutti i soggetti coinvolti e la ricerca del più ampio consenso"*. E la scuola pubblica, quale *"luogo istituzionale, ma ... anche spazio pubblico condiviso"* non può avere *"un proprio credo da proporre ... né un agnosticismo*

---

[110] Il *Bundesverfassungsgericht* (Tribunale costituzionale federale tedesco), con decisione del 16 maggio 1995, nel giudicare contrario al principio di neutralità dello Stato (oltre che difficilmente compatibile con la libertà di religione dei ragazzi che non si riconoscono nella religione cattolica) il regolamento della Baviera che imponeva l'affissione del crocifisso in tutte le aule scolastiche delle scuole popolari, ha affermato che, anche quando collabora con le confessioni religiose, lo Stato non può pervenire ad una identificazione con alcuna di queste ed ha rilevato che le prescrizioni che impongono l'affissione del crocifisso obbligano gli alunni delle scuole a partecipare alle lezioni confrontandosi di continuo con il simbolo religioso. Ed anche secondo il Tribunale federale svizzero (sent. 26 settembre 1990), l'esposizione del crocifisso nelle aule delle scuole elementari non adempie l'esigenza di neutralità prevista dalla Costituzione.

da privilegiare". Nella scuola "aperta a tutti" è la Costituzione a costituire "*la punteggiatura che unisce ... l'identità personale e sociale con il pluralismo culturale, le istituzioni e le regole della democrazia ... La scuola pubblica è un luogo aperto che favorisce l'inclusione e promuove l'incontro di diverse religioni e convinzioni filosofiche*". Quindi "*L'apertura e l'incontro rappresentano la prospettiva attraverso la quale l'ordinamento italiano guarda all'affissione del crocifisso nelle aule scolastiche, in un ambiente inclusivo e disponibile ad accogliere la presenza di altri simboli: interpretando l'uno e gli altri come mezzi di dialogo interreligioso e interculturale, anziché di divisione e di conflittualità; come strumenti di confronto, di comprensione reciproca e di arricchimento al contatto con identità 'altre', non di integralistica rivendicazione di dogmi da imporre*".

Pertanto "*la presenza nelle scuole del crocifisso rientra nell'ambito dell'autonomia delle singole istituzioni scolastiche*". Spetta dunque alle istituzioni scolastiche "*la creazione di un ambiente condiviso*" nel quale svolgere la "*gestione dei conflitti ... attraverso la ricerca ... di un ragionevole accomodamento mediante una procedimentalizzazione della dialettica, capace di esitare, alla fine, nella misura del possibile, in una soluzione realmente condivisa*". Le Sezioni Unite riconoscono che "*la disciplina dei diritti costituzionali non tollera eccessive elasticità interpretative tra scuola e scuola*", ma "*la comunità che si raccoglie nella singola aula appare quella maggiormente in grado di scegliere e di decidere: di valutare se esporre il crocifisso, tenendo conto delle singole sensibilità e delle effettive richieste degli utenti del servizio scolastico; di costruire una consapevolezza del significato dell'esposizione del crocifisso; di eventualmente accompagnarne la presenza con l'affissione di simboli di altre fedi religiose o di altre convinzioni ideali o filosofiche presenti nella classe; di ricercare un ragionevole accomodamento con il più ampio consenso possibile*".

Per le Sezioni Unite, la "*tensione strutturale tra libertà religiosa positiva e negativa*" non può trovare soluzione con una prevalenza assoluta dell'una sull'altra, ma richiede soluzioni capaci "*di garantire le diverse libertà di coscienza e le differenti sensibilità*". È necessario allora operare un "*bilanciamento improntato a criteri di proporzionalità e di ragionevolezza*" al fine di evitare "*la prevalenza assoluta di uno dei valori coinvolti e il sacrificio totale dell'altro*".

"*La strada da percorrere ... è quella dell'accomodamento ragionevole, intesa come ricerca, insieme, di una soluzione mite, intermedia, capace di soddisfare le diverse posizioni nella misura concretamente possibile, in cui tutti concedono qualcosa facendo, ciascuno, un passo in direzione del-*

*l'altro. L'accomodamento ragionevole è il luogo del confronto: non c'è spazio per fondamentalismi, per dogmatismi o per posizioni pretensive intransigenti che debbano valere in ogni caso nella loro pienezza irrelata. L'accomodamento ragionevole è basato sulla capacità di ascolto e sul linguaggio del bilanciamento e della flessibilità. Valorizza le differenze attraverso l'avvicinamento reciproco orientato all'integrazione tra le diverse culture. La dimensione che lo caratterizza è quella dello stare insieme, improntata ad una logica dell'*et et*, non dell'*aut aut*. ... le soluzioni vanno ricercate in concreto, non sulla linea di chiusure e di contrapposizioni, ma attraverso un dialogo costruttivo in vista di un equo contemperamento delle convinzioni religiose e culturali presenti nella comunità scolastica ... L'accomodamento ragionevole si traduce in soluzioni di mediazione e di limitazione proporzionata*".

Ulteriore frutto della strada "*dell'accomodamento ragionevole*" è il *favor* ("*insieme al raggiungimento di soluzioni concrete più eque*") per "*la creazione di un clima di mutuo rispetto, di condivisione e di comune appartenenza, di coesione e di intesa, particolarmente utile in uno spazio vitale di convivenza organizzata come l'aula scolastica. ... Evita sia una decisione basata sulla semplice applicazione della regola di maggioranza sia un potere di veto illimitato concesso al singolo. È coerente con l'idea di una democrazia in cui il processo di costruzione della decisione è fondato su, e accompagnato da, una ricca e argomentata discussione e in cui la ricerca del compromesso tra la pluralità di interessi e dei valori in gioco è affidato a una limpida e pubblica capacità di ascolto delle ragioni altrui e di ricerca di un punto di mediazione e di dialogo*". L'affidamento della soluzione del conflitto tra i diritti "*ora alla semplice prevalenza del gruppo più numeroso ora al potere di veto assoluto e paralizzante del singolo va incontro allo stesso limite. L'una e l'altro ... non rispondono all'idea della tolleranza verso l'altro orientata dalla capacità di ascolto e dalla disponibilità di ciascuno di rendersi punto mediano e di mediazione tra due opposti apparentemente inconciliabili*".

Alla luce dei principi sopra esposti, le Sezioni Unite affermano che la circolare adottata dal dirigente scolastico (dal cui mancato rispetto è disceso l'avvio del procedimento disciplinare nei confronti del docente) "*non è conforme al modello e al metodo di una comunità dialogante che ricerca insieme la composizione di diritti uguali e contrari, e non esprime una soluzione di mediazione o di compromesso. Il docente, componente della comunità scolastica, è rimasto estraneo al processo deliberativo: hanno votato gli studenti nella loro assemblea adottando una deliberazione a maggioranza, ma non c'è stata una conforme e successiva deliberazione del consiglio di classe, che si è limitato ad una presa d'atto. Ed il dirigente scolastico non ha tenuto conto della voce del docente dissenziente, venendo meno al compito di aiutare gli studenti e il docente a trovare una soluzione di compromesso da tutti sostenibile e rispettosa delle diverse sensibilità. Non è stata tentata la strada della ricerca dell'accomodamento ragionevole ... Il dirigente scolastico ... non ha operato alcun giusto contemperamento per trovare una regola che tenesse conto del punto di vista del dissenziente, ma ha dato seguito, semplicemente, alla richiesta degli studenti. E questa non è* reasonable accomodation, *cioè una regola* ad hoc, *su misura del caso specifico, in esito a un procedimento mediatorio, capace di farsi carico anche della posizione del docente dissenziente*" [111].

La Cassazione precisa che "*La ricerca della composizione non equivale ad un'estenuante e inutile discussione* sine die, *ma semplicemente impegna i protagonisti (docente e studenti) a valutare e considerare come praticabili le diverse possibilità in campo; poi impegna il dirigente scolastico ad adottare la determinazione maggiormente coerente con questo metodo*". Pertanto "*L'ordine di servizio del dirigente scolastico è illegittimo, perché la determinazione adottata non riflette un approccio dialogante, rivolto a ricercare un consenso condiviso e a superare le posizioni in tensione attraverso un ragionevole accomodamento sulle modalità di esposizione del crocifisso*".

La Cassazione esclude però che la scelta a favore della affissione del crocifisso (recepita dal dirigente scolastico su richiesta degli studenti) abbia discriminato il docente giacché "*Adeguandosi* tout court *alla delibera dell'assemblea studentesca, il preside ha creduto, sbagliando, di poter interpretare il volere dell'intera comunità scolastica, e non ha ricercato una soluzione mite, ossia quella espressione di un compromesso ragionevole, e sostenibile da tutti, nel caso concreto. Ma, per ciò solo, l'atto, non essendo suscettibile di porre l'insegnante non credente in una situazione di particolare svantaggio, non si presenta discriminatorio nei confronti del docente, la cui libertà di insegnare secondo scienza e coscienza e il cui diritto di*

---

[111] E la Cassazione aggiunge: "*Non sono state valutate, in particolare, le molte possibilità in campo sulle modalità di affissione del crocifisso, tra le quali: (a) l'affissione sulla parete della stessa aula, accanto al crocifisso, di un simbolo o di una frase capace di testimoniare l'appartenenza al patrimonio della nostra società anche della cultura laica; (b) la diversa collocazione spaziale del crocifisso, non alle spalle del docente; (c) l'uso non permanente della parete, con il momentaneo spostamento del crocifisso, in modi formalmente e sostanzialmente rispettosi del significato del simbolo per la coscienza morale degli studenti, durante l'orario di lezione dell'insegnante dissenziente*".

professare liberamente le proprie convinzioni non sono stati per nulla incisi, influenzati o menomati".

La sentenza delle sezioni Unite n. 24414 del 2021 si pone all'attenzione dello studioso per molteplici ragioni. Innanzitutto perché rappresenta l'ultima risposta della Cassazione ad una questione (particolarmente sensibile nel nostro Paese) che da diversi decenni impegna le supreme magistrature (e non solo nazionali). Ma, dal punto di vista del tema che ci occupa, rappresenta un significativo esempio della "creatività" dell'interpretazione (che non significa assunzione di potere legislativo da parte del giudice ma costruzione di percorsi argomentativi volti ad individuare la norma da applicare al caso di specie).

3. *L'attività del giudice fra sillogismo giudiziale, sussunzione e qualificazione giuridica del fatto*

Nella seconda metà dell'Ottocento Majorana contestava l'idea, propria della codificazione napoleonica, del magistrato quale semplice applicatore di leggi ed aggiungeva: "Lo sviluppo delle odierne condizioni sociali influenza sull'assetto avvenire della giurisdizione, sovrattutto nel senso di fare sorgere e successivamente svolgere nella magistratura la potestà di prevenire i litigi; di dare maggiore efficacia e di rendere necessari in molti rapporti la conciliazione, il compromesso, l'arbitrato; di accrescere il campo della giurisdizione volontaria ... l'evoluzione condurrà la magistratura ad una maggiore latitudine nella qualifica del fatto, e dunque nell'adattamento ad esso del diritto" [112].

Majorana sviluppava le sue riflessioni in un'epoca in cui la dottrina prevalente ricostruiva l'attività interpretativa del giudice come esplicazione di un ragionamento deduttivo "tecnicamente logico" (il c.d. *sillogismo giudiziario*) ritenuto "garante" della certezza del diritto. Ma è stato evidenziato come tale schema risponda ad una "indifferenziata idea primitiva della certezza giuridica" che si pone in antitesi con "l'incertezza possibile in ogni giudizio" [113].

---

[112] A. Majorana, *L'evoluzione storica dei rapporti fra la legislazione e la giurisdizione*, in *Arch. giur.*, 1889, 580 (citato da A. De Nitto, *op. ult. cit.*, 90, nt. 4).

[113] G. Calogero, *La logica del giudice e il suo controllo in Cassazione* (1937), Padova, 1964, 44.

Sferzanti, a tal proposito, sono le parole di Calogero, secondo cui, qualora l'opera del giudice si risolvesse nell'opera richiesta dal c.d. sillogismo giudiziale, "Chi non saprebbe fare quello che il giudice dovrebbe fare? Non solo il più candido dei professori di logica scolastica ..., ma addirittura l'ultimo dei mortali, e magari una scimmia o un cane con cui si riuscisse ad intendersi (cioè a parlare, cioè a entrare in un qualsiasi rapporto semantico: e non è forse un perfetto sillogismo quello per cui l'asino, avendo appreso come verità generale o universale che dir si voglia, che a un certo movimento del braccio del padrone segue il dolore della frustata, affretta il passo appena si profila l'inizio di quel movimento?) saprebbe dire quale conclusione discende da quelle premesse" [114].

E Calogero aggiunge: "Occorrerebbe mantenere tanti organi giurisdizionali, e amministrare la giustizia in nome della suprema autorità dello Stato, se la funzione essenziale e centrale della giurisdizione consistesse veramente nel trovare quale conclusione sillogistica derivi da due premesse già note, come 'i debitori sono tenuti a pagare' e 'tizio è debitore'. Le cause potrebbero decidersi per le strade, e non ci sarebbe bisogno né di magistrati, né di avvocati, ma solo di uscieri e di carabinieri" [115]. Ed a conferma dell'inadeguatezza delle tesi interpretative che esauriscono l'attività del giudice nel procedimento sillogistico, Calogero ricorda che "la sillogistica, creata da Aristotele come arma di combattimento contro la capziosità argomentativa della sofistica e dell'eristica, non era in realtà che un complesso di più precisi strumenti di significazione e persuasione verbale, atti a controbattere le acrobazie semantiche degli avversari, i quali, pur di vincere, nell'agone oratorio e dialogico, non esitavano a giocare sui significati delle parole e di ogni loro connessione possibile". Ed infatti "quando non si trovava nella necessità di discutere contro simili giocolieri della parola, lo stesso Aristotele si guardò bene dall'esporre le sue dottrine attraverso quegli schemi, e non dedusse certo per via di sillogismi le verità della sua metafisica e della sua etica e della sua politica" [116].

La *"vera e grande opera del giudice"* consiste non nella deduzione di un'inevitabile conclusione discendente automaticamente da etero-imposte premesse, bensì innanzitutto nella individuazione e formulazione

---

[114] G. Calogero, *op. ult. cit.*, 50.

[115] G. Calogero, *op. ult. cit.*, 53.

[116] G. Calogero, *op. ult. cit.*, 54-55.

delle premesse del proprio ragionamento giuridico[117].

Il giudice è immerso nella vita dell'ordinamento giuridico e non possiede affatto "l'automatica tranquillità di una macchina calcolatrice. Talune sue decisioni sono facili, altre così angosciose che egli lungamente combatterà con sé medesimo e non sarà mai sicuro di averle prese secondo giustizia e verità. Le sue angosce sono le angosce stesse della vita: quelle di chiunque deve capire, studiare, interpretare, decidere, e per fare ciò adeguarsi il più possibile alle cose, vivere profondamente la sua esperienza, intendere quel che è e quel che deve essere, insomma lavorare e penare"[118].

È singolare notare che non dissimili saranno le considerazioni che Benjamin Nathan Cardozo esporrà nel delineare la sua esperienza di giudice: "Nei miei primi anni di magistratura il mio spirito rimase molto turbato nel constatare come l'oceano sul quale ero imbarcato fosse privo di tracce sicure. Andavo in cerca della certezza. Ero afflitto e scorato quando mi accorgevo che ricercarla era inutile. Tentavo di toccar terra, la stabile terra delle regole ben consolidate, il paradiso di una giustizia che si sarebbe annunziata con segni più chiari ed imperiosi che non i suoi scialbi e baluginanti riflessi nell'incertezza della mia mente e della mia coscienza ... Col passare degli anni, ed avendo sempre più riflettuto sulla natura dell'attività giudiziale, mi sono riconciliato con l'incertezza, poiché sono giunto a considerarla inevitabile. Sono giunto a vedere che tale attività, nelle sue zone più elevate, non è una scoperta, ma una creazione; e che i dubbi e le apprensioni, le esperienze e i timori, sono parte del travaglio della mente, sono le angosce della morte e le doglie della nascita, tra le quali si estinguono i principi che hanno fatto il loro tempo e nascono nuovi principi"[119].

A Cardozo va riconosciuto anche il merito di avere affrontato con nettezza la questione relativa alle "forze, le simpatie e le avversioni, le predilezioni e i pregiudizi, il complesso degli istinti, emozioni, abitudini e convinzioni che formano l'uomo, sia egli parte in causa o giudice". E così "le grandi maree e correnti che sommergono tutti gli altri uomini non deviano il loro corso per evitare i giudici". E la raffigurazione – raf-

---

[117] G. Calogero, *op. ult. cit.*, 51, che aggiunge: "Quel che insomma fa il giudice di 'logico', è cosa da nulla; e quel che fa veramente, non è 'logico'!".

[118] G. Calogero, *op. ult. cit.*, 52-53.

[119] B.N. Cardozo, *Il giudice e il diritto* (1947), Firenze, 1961, 79.

figurazione da cui discende anche la ricostruzione dei procedimenti giustiziali come "freddamente obiettivi ed impersonali" – del diritto quale "entità realmente esistente, isolata e distaccata, che pronuncia, con la voce di sacerdoti e ministri, le parole che essi non hanno altra facoltà se non di esporre" costituisce solo "un ideale di verità oggettiva verso cui tende ogni sistema di scienza giuridica".

Nella consapevolezza della esistenza dei limiti propri della "natura umana" – e nella consapevolezza che le relative contraddizioni "non saranno mai completamente estinte finché la natura umana rimane quella che è" – Cardozo assegna un ruolo importante alla "preparazione del giudice" quale fattore in grado di "aiutare" il giudice "ad emanciparsi dalla potenza suggestiva delle antipatie e prevenzioni individuali" e "ad ampliare il gruppo a cui sono dovute le sue osservanze subconscie". E la constatazione dei limiti della natura umana si estende anche all'operazione del legislatore giacché neanche la regola della maggioranza assicura che quanto stabilito nell'atto legislativo possa ritenersi "espressione della perfetta ragione" e dunque "non dobbiamo aspettarci di più da essa quando sia incorporata nelle decisioni dei tribunali" [120]. Bisogna allora prendere atto che "dal gioco di tutte queste forze individualistiche" (a volte anche "sorprendentemente") finisce (non necessariamente, ma di fatto) per "derivare alcunché di coerente" giacché anche le "eccentricità dei giudici si equilibrano". Anche nell'opera dei giudici ("come in ogni istituzione umana") vi sono "pecche, ... ma poiché esse non solo esistono, ma sono visibili, abbiamo fede che saranno eliminate". E più avanti, con una stupenda immagine, Cardozo aggiunge: "La marea si alza e ricade, ma le sabbie dell'errore si disperdono. L'opera di un giudice è in un senso durevole e in un altro senso effimera. Dura ciò che in essa vi è di buono, e certamente perirà ciò che vi è di erroneo. Il buono rimane la fondazione sulla quale saranno costruite nuove strutture. Il cattivo sarà respinto e gettato via nel laboratorio degli anni" [121].

La rilevazione della "dimensione umana" (storicamente condizionata) del giudice non deve condurre a ritenere inutile ogni riflessione sul ruolo del giudice, ma – come insegna Antonio Cervati [122] – impone al

---

[120] B.N. Cardozo, *op. ult. cit.*, 80.

[121] B.N. Cardozo, *op. loc. ult. cit.*

[122] A.A. Cervati, *Studio del diritto costituzionale, cultura e impegno etico dei giuristi*, in *Studi in onore di G. Ferrara*, vol. I, Torino, 2005, 693 ss.

giurista di andare più a fondo nello studio e nella riflessione, rifiutando ogni impostazione formalistica o ideologicamente orientata.

La negazione della struttura deduttiva-sillogistica non vuol dire esclusione di ogni possibile tentativo di studio della struttura logica delle sentenze.

Emilio Betti (v. *infra*, cap. III) individua precise regole volte a guidare l'interprete nel procedimento interpretativo [123].

Parimenti Guido Calogero (peraltro, sul punto, fortemente criticato da Betti, v. *infra*) assegnando anch'egli una "formale struttura logica" all'attività interpretativa, che si sostanzia "nel suo categorico giudicar sussumendo" [124].

Per Calogero l'attività giurisdizionale si sostanzia in quel procedimento – che sta alla base tanto della dialettica socratico-platonica, quanto della logica aristotelica –, designato col nome di "sussunzione", che deve essere "non formale ma reale: non infallibile giuoco di scuola, ma problematico senso di realtà", giacché "alla logica delle parole essa antepone la logica delle cose, ma non quella dell'entusiasmo". Rigettata la logica deduttiva, bisogna propendere per una "logicità puramente positiva, determinativa" [125] nella quale cioè, rispetto al sillogismo deduttivo, il "punto di partenza" dell'attività del giudice è rappresentato dalla conclusione stessa, mentre il "punto d'arrivo" è costituito dalla "costruzione delle premesse" che saranno poi necessarie per giustificare – "sillogisticamente" – l'intera argomentazione giudiziale [126]. Calogero specifica che la "costruzione delle premesse" si risolve "nella ricerca del termine medio, esprimente la norma giuridica sotto cui possa essere sussunto il termine minore, esprimente la realtà di fatto: si risolve, cioè, in quella funzione sussuntiva che è l'unica a realizzarsi effettivamente nel vero e proprio processo mentale della giurisdizione". Si registra dunque un "capovolgimento del sillogismo" funzionale "per dar luogo a quel giudizio, che non è primo elemento ma suo sostituto totale" [127].

All'obiezione di un'attribuzione eccessivamente ampia di discreziona-

---

[123] Sul pensiero di Betti v. *infra*.

[124] G. Calogero, *op. ult. cit.*, 52-53.

[125] G. Calogero, *op. ult. cit.*, 57-58.

[126] G. Calogero, *op. ult. cit.*, 64. Sul pensiero di Calogero v. P. Ridola, *Guido Calogero e i concetti giuridici*, in *Teoria del diritto e dello Stato*, 2004, 3 ss.

[127] G. Calogero, *op. loc. ult. cit.*

lità al giudice, Calogero replica evidenziando come sia proprio lo schema del sillogismo deduttivo a consentire invece un agevole occultamento di scelte *lato sensu* discrezionali proprio perché assunte dietro lo schermo di un giudizio "logico", in ragione del quale "non si può che concludere in un solo modo, e con fatale necessità" [128].

Viceversa, l'esplicito riconoscimento in capo al giudice di un potere discrezionale, che questi può utilizzare secondo un'altissima graduazione d'opportunità, priva l'organo giudicante di ogni comodo alibi ed impone allo stesso di misurarsi con "la ricchezza dell'esperienza e il senso delle cose", giacché sono quest'ultimi a determinare "quanto debba inflettersi l'indice sull'ideale quadrante della graduazione" [129].

La "sussunzione giurisdizionale" è dunque un'operazione "concreta", mediante la quale, in un determinato "quadro di realtà umana", il giudice ravvisa la presenza di quegli aspetti con cui la relativa situazione è stata prevista e disciplinata da "un'espressa volontà di legge": e questa operazione – "concreta" – "non è mai qualcosa da dedurre o da presupporre" [130].

La sussunzione del fatto sotto la norma non può mai essere "idealmente determinata da un paradigma di logica formale", ma consiste invece in una *"delicata operazione di riconoscimento"*, nello svolgimento della quale il giudice deve dimostrare padronanza di molti aspetti, dalla "conoscenza delle cose" all'esperienza tecnico-giuridica, dalla capacità ermeneutica alla capacità di intendimento della volontà del legislatore [131].

Calogero e Betti, se concordano nel rifiuto dello schema del sillogismo giudiziale, perseguono strade diverse nella ricostruzione del procedimento interpretativo. Ed infatti, mentre il primo critica Betti perché nel pensiero di quest'ultimo sopravvivrebbero "motivi dell'antico logicismo", il secondo critica fortemente la tesi calogeriana della "sussunzione".

Ma entrambi concordano nel riconoscere che all'interpretazione spetta il compito di far vivere le leggi nella realtà storica.

---

[128] A. Giuliani, *Le disposizioni sulla legge in generale*, cit., 420, metterà in luce come la giurisprudenza italiana tenda ad "occultare" scelte di valore dietro un apparente rispetto del dettato dell'art. 12 delle preleggi.

[129] G. Calogero, *op. ult. cit.*, 65.

[130] G. Calogero, *op. ult. cit.*, 68.

[131] G. Calogero, *op. ult. cit.*, 69-70, che aggiunge: "Già solo il capire che cosa propriamente dica e voglia la legge è cosa a cui gli strumenti della logica scolastica soccorrono esattamente tanto quanto i sillogismi a gustare la bellezza di una poesia".

E se è l'interpretazione a far vivere le leggi, l'autonomia interpretativa del giudice può operare da decisivo fattore (di "innovazione" o di "restaurazione") nelle dinamiche dell'ordinamento giuridico.

A questo proposito, anche l'esperienza britannica (in un sistema di *common law*, cioè in un sistema caratterizzato dal diritto di produzione giudiziale e nel quale tale ruolo del giudice è diffusamente riconosciuto ed accettato) ha dimostrato come la libertà interpretativa del giudice possa svolgere una funzione anche di tipo contrario giacché l'interpretazione giudiziale può anche agire – e spesso ha agito – come fenomeno di "freno", di conservazione più che di innovazione. E Dicey [132] sottolineava come in Inghilterra l'esistenza di un diritto di origine giudiziale traesse origine "dall'accettazione diffusa di due idee": a) il riconoscimento che i tribunali "debbano agire in qualità di giudici e non di arbitri"; e b) il riconoscimento che i tribunali debbano "seguire i precedenti" [133]. E proprio con riguardo al significato (ed al ruolo) del precedente, Dicey contestava "la credenza comune" secondo cui "il diritto di origine giudiziaria rappresenti un fenomeno sconosciuto, e anzi non possa affatto esistere, in Paesi come la Francia, nei quali il diritto è codificato". Infatti, se è "vero che nei paesi nei quali il precedente riveste un'importanza minore che in Inghilterra ... e nei quali l'esecutivo ha un ruolo importante nell'interpretazione della legge, la sfera del diritto giudiziale è meno estesa che in Inghilterra; tuttavia non è affatto vero che in Francia non si possa trovare alcun diritto di origine giudiziaria. Il precedente (la *jurisprudence*) è importante per i giudici francesi, e ovunque il precedente sia importante si troverà sempre un diritto basato sul precedente, che nel mondo moderno costituisce quasi inevitabilmente un diritto di origine giudiziaria" [134].

---

[132] A.V. Dicey, *Diritto e opinione pubblica nell'Inghilterra dell'Ottocento* (1905), cit., 471-472. Sul pensiero di Dicey v. M. Galizia, *Profili storico comparativi della scienza del diritto costituzionale*, in *Arch. giur. "F. Serafini"*, 1963, 3 ss.; v. anche A.V. Dicey, *Introduzione allo studio del diritto costituzionale. Le basi del costituzionalismo inglese*, a cura di A. Torre, Bologna, 2003; A. Torre, *Dicey o della "constitution morality"*, *ivi*, XV ss.; al riguardo v. A.A. Cervati, *I principi del diritto costituzionale inglese e l'insegnamento del diritto costituzionale comparato*, in A. Torre-L. Volpe (a cura di), *La Costituzione britannica. The British Constitution. Atti del Convegno dell'Associazione di diritto pubblico comparato ed europeo (Bari, Università degli studi, 29-30 maggio 2003)*, vol. 1, *Relazioni*, Torino, 2005, 577 ss.

[133] A.V. Dicey, *op. ult. cit.*, 475 s.

[134] A.V. Dicey, *op. ult. cit.*, 476.

Nelle considerazioni di Dicey non possono non essere sottolineati i richiami al "ruolo dell'esecutivo nell'interpretazione della legge" (e cioè un argomento attinente alla forma di governo e dunque alla divisione dei poteri), ma anche l'attenzione all'importanza del "precedente" ed alla "inevitabilità" di un "diritto di origine giudiziaria".

Dicey evidenzia che il "diritto giudiziale" è composto da "regole" ricavate da pronunce giurisprudenziali e destinate ad essere ulteriormente applicate dai tribunali: tali regole vengono quindi ad essere "diritto (*law*)". Questa constatazione non deve però far ritenere mutata la funzione del giudice che è sempre "quella di interpretare, non di creare, le norme" perché la funzione del giudice è quella di decidere il caso concreto, sottoposto al suo giudizio, "conformemente ai principi giuridici".

In merito alla distinzione fra il significato del sostantivo "interpretazione" ed il significato del sostantivo "legislazione", Dicey evidenzia che la questione diventa – o può diventare – meramente terminologica giacché "con uguale correttezza terminologica" si può affermare ("da un certo punto di vista") ma anche negare ("da un altro punto di vista") che "l'interpretazione (sia essa opera dei giudici, sia essa opera della dottrina) crea nuovo diritto" [135].

Il diritto di origine giudiziale infatti è *"diritto autentico quanto quello creato dal parlamento"* [136]. Al tempo stesso deve rilevarsi che ogni nuovo principio giuridico individuato in sede giurisprudenziale viene presentato quale deduzione da un preesistente principio giuridico o quale applicazione o interpretazione di una disposizione scritta. Il procedimento interpretativo posto in essere dal giudice – e da cui proviene il diritto di origine giudiziale – conduce a limitazioni – o estensioni – dell'ambito di applicazione della legge scritta [137]. E del resto il giudice può (mediante l'interpretazione o "facendo ricorso a distinzioni capziose" oppure "rifiutandosi di estendere ulteriormente una norma") limitare l'effetto o l'ambito di estensione anche dei princìpi e delle norme di produzione giudiziale. Oggetto dell'attività interpretativa del giudice sono infatti non solo

---

[135] A.V. Dicey, *op. ult. cit.*, 359, nt. 2.

[136] A.V. Dicey, *op. ult. cit.*, 475, che aggiunge: "Le stesse leggi del parlamento, benché siano manifestamente opera di quest'ultimo, traggono spesso più della metà del loro significato dalle decisioni giudiziali. E ciò vale non solo per le leggi di vecchia data, ma talvolta anche per quelle recenti".

[137] A.V. Dicey, *op. ult. cit.*, 477-478. Al riguardo v. U. Mattei, *Il modello di common law*, Torino, 2004, 23 ss.

le disposizioni legislative scritte, ma anche i principi giuridici di origine giudiziale (*id est*, il diritto di produzione giudiziale) [138].

Dicey esprime apprezzamento verso l'attività interpretativa dei giudici (definita espressione di "logica" e di "buon senso") e la libertà con la quale il giudice pone in essere – per ogni caso che è chiamato a giudicare – un'operazione di interpretazione della norma da applicare è ritenuta "un pregio" quale segno appunto di impegno logico e di "buon senso". Dicey afferma che bisogna piuttosto rammaricarsi di quegli orientamenti giurisprudenziali con i quali i giudici abdicano dalla funzione di "interpretazione" della legge manifestando attenzione più alla lettera che allo "spirito" della stessa [139], perché rinunciare all'interpretazione vuol dire rinunciare ad "impegnarsi" sul caso concreto sottoposto al proprio giudizio e rinunciare ad interrogarsi sugli effetti concreti del proprio giudicare.

Con riguardo specifico al diritto di produzione giudiziale, va ricordata la difesa del potere creativo dei giudici operata da Austin che, criticando l'uso, da parte di Bentham, dell'espressione *judge-made law*, riteneva "altamente benefico e persino assolutamente necessario" il diritto giurisprudenziale ed aggiungeva: "non riesco a comprendere come una persona che abbia esaminato la questione possa supporre che la società vada avanti anche senza che i giudici legiferino, o che sia pericoloso concedere loro quel potere che essi hanno esercitato di fatto per compensare la negligenza o l'incapacità del legislatore propriamente detto. La parte del diritto di ogni paese che è stata fatta dai giudici è molto migliore della parte che consiste di documenti prodotti dal legislativo. Nonostante la mia grande ammirazione per Bentham, non posso fare a meno di pensare che, invece di biasimare i giudici per avere esercitato funzioni legislative, egli dovrebbe biasimarli per il modo timido, ristretto e frammentario in cui lo hanno fatto" [140].

Nemmeno l'iperproduzione legislativa parlamentare può giungere ad annullare le peculiarità del ruolo del giudice e l'autonomia interpretativa dello stesso. La complessità e la ricchezza dei casi della vita finiscono

---

[138] A.V. Dicey, *op. ult. cit.*, 478.

[139] A.V. Dicey, *op. ult. cit.*, 478-479.

[140] J. Austin, *Delimitazione del campo della giurisprudenza* (1832), Bologna, 1995, 235. Sul pensiero di Bentham v. A.A. Cervati, *La procedura parlamentare nella teoria costituzionale di Jeremy Bentham*, in A. Giuliani-N. Picardi (a cura di), *L'educazione giuridica*, VI, *Modelli storici della procedura continentale*, Napoli, 1994, 123 ss.

infatti per generare casi nuovi che pongono agli organi giudicanti questioni sempre nuove. Pertanto, con riguardo sia al diritto di produzione giudiziale che a quello di produzione parlamentare, Dicey ritiene sempre sussistente uno "spazio per l'esercizio di quello che è autentico diritto giudiziale" [141], intendendosi per "diritto giudiziale" quello prodotto dai giudici attraverso l'interpretazione sia delle leggi parlamentari che delle norme e dei principi di origine giudiziale, giacché l'attività interpretativa del giudice coinvolge qualunque norma che questi ritenga di dover applicare.

L'attività interpretativa del giudice, anche da questo punto di vista, si conferma caratterizzata dalla compresenza di due coesistenti caratteri:

– è ineliminabile, nel senso che in ogni giudizio il giudice non può non svolgere un'attività interpretativa;
– contiene sempre una componente di creatività.

Il riconoscimento della funzione "creatrice" dell'interpretazione ripropone il tema del rapporto fra legislazione e interpretazione.

Le due attività sono differenti, ma al tempo stesso la linea di demarcazione fra le stesse non sempre può essere tracciata con precisione e – al tempo stesso – bisogna evitare di cadere in una sterile disputa terminologica relativa al significato del sostantivo "interpretazione" [142], in ragione della "elasticità" del significato di tale parola.

I giudici agiscono sempre in qualità – non di "legislatori", bensì – di "interpreti del diritto". Al tempo stesso Dicey sottolinea che è facile che l'interpretazione di una disposizione "sconfini nell'estensione o nella fissazione *ex novo* della stessa, ossia di fatto nella legislazione". Infatti l'applicazione, da parte del singolo giudice, delle parole di una legge a un caso particolare può risolversi in un'attività meramente esecutiva di quanto fissato dal legislatore, ma al tempo stesso può rilevarsi che l'attività interpretativa del giudice di leggi scritte, nel creare un precedente, finisce per avere "la valenza della legislazione". Ed in virtù di tale ragionamento Dicey giunge alla conclusione secondo cui: "Affermare che interpretare implica sempre anche legiferare equivale senza dubbio a sostenere un'assurdità. Tale assurdità, tuttavia, si avvicina al vero più di

---

[141] A.V. Dicey, *op. ult. cit.*, 480.

[142] A.V. Dicey, *op. ult. cit.*, 482: "Una mera disputa riguardo all'uso corretto di una parola il cui significato è passibile di essere esteso praticamente all'infinito costituisce un esercizio di logomachia che va saggiamente evitato".

quanto non faccia chi sostiene che il diritto di origine giudiziaria non è altro che interpretazione".

La ineliminabile creatività dell'interpretazione mette in crisi ogni ricostruzione – più o meno politicamente orientata – che intenda assegnare alla funzione interpretativa il compito di mera esecuzione della volontà del legislatore, evidenziandone la fallacia originaria rappresentata da una visione meramente potestativa – e normativa – del diritto, visione in cui la cui creazione del diritto è ritenuta monopolio del legislatore, smarrendo così la profonda complessità – e ricchezza – dell'esperienza giuridica.

Va pertanto affermata la necessità di sviluppare la riflessione relativa al ruolo dell'interpretazione, non secondo il semplicistico binomio "creazione-applicazione" – e collocando la funzione dell'interprete esclusivamente nel secondo termine – ma riconoscendo che la ricchezza dell'esperienza giuridica esclude che l'interpretazione possa esaurirsi in una mera attività esecutiva.

Tutti i diversi orientamenti dottrinali che – con gradazioni differenti – affermano che il giudice, nello svolgimento del proprio compito interpretativo, non debba sconfinare nella funzione legislativa, da un lato dimenticano il dato rappresentato dalla inevitabile creatività dell'interpretazione giudiziale e, dall'altro lato, tendono piuttosto a dissimulare – dietro affermazioni di principio – la non condivisione degli esiti della singola decisione giudiziaria [143].

A questo proposito è stato sagacemente sottolineato che il disaccordo con una singola sentenza conduce infatti i critici a sostenere non solo che la norma di origine giudiziaria oggetto delle loro critiche è cattiva ("questione sulla quale potrebbero avere perfettamente ragione"), "ma anche che tale norma, saggia o stolta, giusta o sbagliata che sia, non avrebbe mai dovuto essere fissata dalle corti, dal momento che il compito di queste ultime consiste nel decidere i casi, non nel fare le leggi". A questo tipo di critica, conclude Dicey, "si può rispondere che chi la adotta ... attribuisce ai giudici "una libertà di scelta che di fatto essi non posseggono" [144].

Il riconoscimento della capacità dell'attività giurisdizionale di creare diritto deve invece spingere lo studioso ad interrogarsi sugli elementi

---

[143] A.V. Dicey, *op. ult. cit.*, 483.

[144] A.V. Dicey, *op. loc. ult. cit.*

che influenzano l'attività dei giudici, i quali sono inevitabilmente soggetti alle molteplici influenze dell'epoca in cui vivono.

E così i giudici possono essere influenzati dalla "corrente dominante dell'opinione pubblica", ma deve aggiungersi che tale inevitabile influenza non può non misurarsi anche con altri fattori quali "l'abito mentale" tipico del giudice (rappresentato dalle opinioni professionali, dai modi di pensare, ma anche dall'età media, dal sesso, dall'estrazione sociale, dalla tipologia di formazione, dal distacco dalle dinamiche politico-elettorali, ecc., elementi tutti che non possono non incidere sulle scelte di valore che il singolo giudice è chiamato a compiere nello svolgimento della sua attività), "abito mentale" che spesso è indipendente, se non addirittura contrapposto, rispetto all'atmosfera generale dell'opinione pubblica [145]. A questo proposito, Dicey sottolinea le peculiarità della figura del giudice inglese di inizio del XX secolo: "I giudici sono persone giunte all'apice della professione legale. Hanno acquisito lo stile intellettuale e morale dei giuristi inglesi. Sono avanti negli anni. Nella maggior parte dei casi, si tratta di persone di temperamento conservatore. Le loro cariche, il loro prestigio o la loro reputazione non dipendono in alcun modo dal favore degli elettori, e neanche da quello dei membri del governo, che rappresentano alla lunga la volontà dell'elettorato. È probabile che si facciano influenzare più dalle abitudini della loro professione che dal sentimento popolare del momento. Di conseguenza, il diritto di produzione giudiziale recherà spesso delle caratteristiche che è difficile trovare nella disciplina parlamentare" [146]. Queste considerazioni si mostrano ricche di riflessioni anche con riguardo ai giudici contemporanei (si pensi in particolare alla considerazione secondo cui "È probabile che si facciano influenzare più dalle abitudini della loro professione che dal sentimento popolare del momento" e che si collega anche ad uno spirito corporativo della magistratura). E peculiare attenzione va posta anche sulla capacità del giudice di "distaccarsi dal sentimento popolare del momento" che costituisce uno specifico elemento di caratterizzazione dell'operato del giudice.

Il diritto di produzione giudiziale tende a presentarsi come "conservatore":

---

[145] A.V. Dicey, *op. ult. cit.*, 361.

[146] A.V. Dicey, *op. loc. ult. cit.*

a) innanzitutto perché "mira a preservare la logica o la simmetria del sistema giuridico", dal momento che i giudici applicano un principio al caso sottoposto al loro giudizio;

b) in secondo luogo, perché, nelle singole sentenze, il giudice tende a mantenere fermi gli esiti e le convinzioni maturatesi nei casi (e negli anni) precedenti.

È in ragione di queste caratteristiche che il diritto di produzione giudiziale tende a presentarsi come "conservatore" in contrapposizione alla legislazione del parlamento (che invece si presenta "innovativa" per principio)[147].

Ed infatti, in via tendenziale e fatte salve le debite eccezioni, l'orientamento generale della magistratura (per forza inerziale, per mentalità del giudice, ecc.) tende ad impiegare un certo lasso di tempo per "liberarsi" da schemi giuridici e definizioni appartenenti a momenti storici precedenti (e che spesso l'evoluzione della società ha ormai superato).

Verso la direzione di conservazione dell'esistente operano anche gli altri caratteri propri della funzione giudiziaria, giacché il giudice – in quanto chiamato ad individuare soluzioni rispetto a casi determinati – tende ad applicare principi giuridici riconosciuti e a dedurre da tali principi le relative conseguenze logiche[148]. A questo proposito Dicey precisa: "Gli uomini che si sono formati attraverso e per l'esercizio di questo compito acquisiscono una particolare sensibilità per la logica: essi sono portati ad attribuire un'importanza notevole (e in alcuni casi eccessiva) alla coerenza. Anche quando crea nuovo diritto, un tribunale lo fa in modo indiretto. Il suo obiettivo immediato consiste nell'applicare un dato principio a un caso determinato o nello stabilire fra due o più principi quale sia quello sotto cui ricade un caso particolare ... Questo conduce all'ulteriore conseguenza che le corti subiscono l'influenza delle idee e delle teorie della dottrina, come invece non succede mai al parlamento. Una corte, quando è chiamata a decidere su casi che presentano delle difficoltà dal punto di vista giuridico, si impegna spesso (magari inconsapevolmente) nella ricerca di principi. Se un autore ingegnoso è

---

[147] A.V. Dicey, *op. ult. cit.*, 365, secondo cui il diritto di produzione giudiziale ("almeno per quanto riguarda il XIX secolo"), "a causa della formazione e dell'età dei nostri giudici, ... ha avuto la tendenza a rispecchiare in ogni dato periodo le convinzioni di un'epoca precedente quella delle idee rappresentate dalla legislazione del parlamento".

[148] A.V. Dicey, *op. ult. cit.*, 362.

riuscito a ridurre qualche branca del diritto a uno schema coerente di norme logicamente compatibili, ha fornito con ciò esattamente i principi di cui ha bisogno una corte. Di conseguenza lo sviluppo del diritto inglese è dipeso molto più di quanto non percepiscano molti studiosi, dagli scritti degli autori che hanno prodotto i manuali migliori" [149]. Quest'ultima considerazione apre la strada alle riflessioni sul rapporto fra dottrina e giurisprudenza, ma su questo profilo non è possibile andare oltre in questa sede [150].

Tornando all'abito mentale del giudice, va dunque ribadito che tale "abito mentale" conduce il giudice ad una grande attenzione alla logica e alla coerenza delle proprie argomentazioni. Ed è mediante questa via che la dottrina può svolgere un grande ruolo di influenza sulla giurisprudenza sia nel momento di formazione dei giuristi, sia nella misura in cui riesce ad elaborare – e quindi a fornire ai giudici – schemi validi e coerenti. Infatti il giudice, nella misura in cui ha la convinzione di argomentare in base a schemi validi e coerenti, tende a rimanere legato agli orientamenti giurisprudenziali esistenti – e dunque agli esiti già raggiunti in precedenza – piuttosto che incamminarsi verso nuovi orientamenti (pena il rischio di cadere in contraddizioni). Ed alla critica per cui il rispetto del precedente finisce per giustificare ("autoritativamente") anche le opinioni più inique [151], Dicey risponde che, basandosi il sistema di *common law* sulla regola dell'applicazione ai nuovi casi di regole giuridiche ricavate dai principi del diritto e dai precedenti giudiziari [152], le esigenze di "uniformità", di "coerenza" e di "certezza" conduco-

---

[149] A.V. Dicey, *op. loc. ult. cit.*

[150] Sui rapporti fra giurisprudenza e mondo accademico in Inghilterra v. A. Braun, *Giudici e Accademia nell'esperienza inglese. Storia di un dialogo*, Bologna, 2006.

[151] Nella letteratura inglese una sferzante critica al potere giudiziario è anche in W. Shakespeare, *Come vi piace*, Milano, 1982, 523 (Atto II, Scena VII): *"E poi il giudice, pancia rotonda, piena di bei capponi, occhio severo, e rasatura a dovere, saggio acume, pedanteria aggiornata, recita la sua parte"*.

[152] Sul precedente giudiziale v. le riflessioni di G. Gorla, *Raccolta di saggi sull'interpretazione e sul valore del precedente giudiziale in Italia*, in *Quad. Foro it.*, 1966, 5 ss., secondo cui *"il problema della certezza del diritto è soprattutto problema della certezza della giurisprudenza"*; Id., *"Ratio decidendi" e "obiter dictum"* (1964), in Id., *Diritto comparato e diritto comune europeo*, cit., 331 ss.; N. Picardi, *Appunti sul precedente giudiziale*, in *Riv. trim. dir. proc. civ.*, 1985, 201 ss.; L. Montesano, *Aspetti problematici del "potere giudiziario" e della giurisprudenza "teorica" e "pratica" nell'Italia*

no a ritenere doverosa l'applicazione di tali norme anche ai nuovi casi "a meno che non siano chiaramente irragionevoli e controproducenti" [153]. A questo proposito Dicey [154] ricorda la critica rivolta da J. Swift [155], secondo cui i precedenti "valgono come veri e propri principi per giustificare autoritativamente le opinioni più inique" per cui "seguire i precedenti equivale a stabilire che, una volta presa una decisione sbagliata su una certa questione, si debba continuare a sbagliare nello stesso modo anche in seguito". Ma, pur riconoscendo questo limite, Dicey difende la validità del principio del precedente, oltre che per le ragioni sopra esposte anche perché tale conclusione corrisponde ad un criterio di ragionevolezza giacché "il rispetto per i precedenti costituisce il fondamento indispensabile del diritto di produzione giudiziale". Non si può infatti trattare allo stesso modo il diritto di produzione giudiziale e quello di produzione parlamentare, le cui modifiche avvengono tramite procedure pubbliche e con la pubblicità dei relativi esiti.

Ed anche da questo punto di vista riemerge l'erronea impostazione di quanti, temendo l'assimilazione del giudice al legislatore, negano la libertà interpretativa – o la componente creativa dell'interpretazione – del giudice.

Riconoscere al giudice una funzione creativa del diritto – e dunque l'inevitabilità di un diritto di produzione giudiziale – non significa affatto assimilare il potere giudiziario a quello legislativo, né fare del singolo giudice un legislatore.

Il diritto di produzione giudiziale, proprio in ragione della sua origine, nasce con peculiari caratteri – anche storicamente determinati –, che necessariamente lo differenziano dal diritto di produzione parlamentare. E le riflessioni di Dicey si fondano proprio su tale consapevolezza: "Se il parlamento modifica il diritto, tutti ne sono al corrente ... Se nella

---

d'oggi, in *Riv. trim. dir. proc. civ.*, 1991, 665 ss.; G. Benedetti, *Precedente giudiziale e tematizzazione del caso. Per una teoria della prassi*, in *Scintillae iuris Studi in memoria di Gino Gorla*, I, Milano, 1994, 173 ss.; A. Anzon, *Il valore del precedente nel giudizio sulle leggi L'esperienza italiana alla luce di un'analisi comparata sul regime del Richterrecht*, Milano, 1995; sugli esiti della giurisprudenza costituzionale v. A.A. Cervati, *Tipi di sentenze e tipi di motivazioni nel giudizio incidentale di costituzionalità delle leggi*, in AA.VV., *Strumenti e tecniche di giudizio della Corte costituzionale*, Milano, 1988, 125 ss.

[153] A.V. Dicey, *op. ult. cit.*, 363.

[154] A.V. Dicey, *op. loc. ult. cit.*

[155] J. Swift, *I viaggi di Gulliver*, Milano, 1975, 235.

decisione su casi sostanzialmente identici i tribunali dovessero impiegare ogni giorno un principio diverso, qualcuno perderebbe dei diritti che gli erano già stati riconosciuti e un diritto senza certezza equivarrebbe di fatto alla mancanza di qualsiasi diritto. La produzione giudiziale rappresenta quindi un modo di formazione del diritto che mira ed è volto alla preservazione di un sistema giuridico costante attraverso il tempo" [156].

Si conferma così il ruolo dell'interpretazione giudiziale come fattore di "preservazione" nel tempo del sistema giuridico [157]. Ed è proprio questa funzione di "preservazione nel tempo" a conferire all'interpretazione un carattere al tempo stesso sia di conservazione – in quanto legata ad esigenze di continuità – che di innovazione, in quanto collegata agli inevitabili mutamenti che il tempo introduce.

L'attività del giudice che, tramite l'interpretazione, mantiene viva la norma nell'ordinamento giuridico, deve sempre svolgersi nella ricerca di un equilibrio tra tali contrapposte esigenze.

---

[156] A.V. Dicey, *op. ult. cit.*, 364.

[157] Al riguardo v. il pensiero di E. Betti, *infra*, cap. III.

Capitolo Terzo

Il ruolo dell'ermeneutica giuridica. L'insegnamento di Emilio Betti

SOMMARIO: 1. L'interpretazione giuridica nel pensiero di Emilio Betti. Considerazioni introduttive. – 2. L'interpretazione giuridica quale strumento di "perenne efficienza" del diritto. – 3. Le critiche di Betti ad Ascarelli, Kelsen e a Calogero.

1. *L'interpretazione giuridica nel pensiero di Emilio Betti. Considerazioni introduttive*

La riflessione sulla teoria dell'interpretazione giuridica di Emilio Betti si presenta particolarmente complessa perché complesso è il pensiero – tutto – di Betti i cui scritti in materia sono caratterizzati da significative contrapposizioni e da una forte carica etica (che peraltro innerva tutto il pensiero bettiano).

La prima contrapposizione è quella fra "oggettività" e "soggettività".

La dimensione ermeneutica nella quale Betti sviluppa la propria teoria dell'interpretazione giuridica lo porta a sottolineare il ruolo del soggetto-interprete al quale Betti attribuisce un ruolo "ricognitivo" di una oggettività preesistente. Per Betti, l'interpretazione della legge non è "un procedimento puramente intellettuale, paragonabile a quello delle scienze matematiche o naturali", ma si tratta di "un procedimento ricognitivo diretto ad identificare e riprodurre negli apprezzamenti dell'interprete, le valutazioni comparative degli interessi in conflitto, che sono già contenute nelle norme giuridiche" [1].

[1] E. Betti, *Interpretazione della legge e sua efficienza evolutiva*, in *Ius*, 1959, ora in Id., *Diritto Metodo ermeneutica*, a cura di G. Crifò, Milano, 1992, 544.

E bisogna subito evidenziare che Betti elabora e propone questa definizione in polemica con la teoria dell'interpretazione giuridica di Santi Romano il quale invece definiva l'attività interpretativa come attività intellettuale volta alla conoscenza, cioè come recezione passiva di una verità già sussistente, in sé compiuta prima della elaborazione del pensiero.

Per Betti invece – come detto – l'interpretazione giuridica:

1. è un'operazione intellettuale ma non è "puramente" (o "esclusivamente") intellettuale;
2. è un procedimento ricognitivo avente una duplice (ma che per Betti si sustanzia in una sola) finalità: quella di identificare e riprodurre, negli apprezzamenti dell'interprete, le valutazioni degli interessi in conflitto;
3. ha una componente valutativa che si svolge su due livelli: quello degli "apprezzamenti dell'interprete" e quello delle "valutazioni comparative degli interessi in conflitto" contenute nelle norme giuridiche. Per Betti la valutazione comparativa degli interessi in gioco (come contenuta nella norma giuridica) è l'oggetto e l'esito dell'operazione interpretativa perché in tale operazione l'interprete deve identificare e riprodurre – nei propri apprezzamenti – tale valutazione.

La configurazione dell'attività interpretativa come attività intellettuale consistente in una mera recezione passiva di una verità già sussistente, in sé compiuta prima della elaborazione del pensiero, è superata – sottolinea Betti – dalla gnoseologia kantiana e, con riguardo all'interpretazione, dalla filosofia ermeneutica e dal metodo ermeneutico.

Nel saggio del 1959 Betti contesta a Santi Romano anche l'ulteriore conseguenza (da questi sostenuta) secondo cui non potrebbe parlarsi di "interpretazione evolutiva" perché l'interpretazione sarebbe "unica" ed in ragione della inammissibilità dell'esistenza di una formula legislativa isolata dalla totalità dell'ordinamento giuridico. Betti replica con un passaggio spesso citato in dottrina: "l'interpretazione adempie il compito di tenere in efficienza le leggi e di farle vivere nella realtà storica e sociale" [2]. L'interpretazione svolge una funzione vivificatrice che ne giustifica la centralità, giacché la norma giuridica vive solo grazie all'interpretazione. Di qui la centralità dell'interprete e dell'operazione interpretativa.

Il grande sforzo speculativo di Betti è incentrato proprio sul significato della operazione interpretativa: Betti si muove sulla scorta del più

---

[2] E. Betti, *op. ult. cit.*, 445.

avanzato pensiero filosofico ed in un periodo in cui in Italia molto forte era l'impostazione del Croce ed in cui in particolare la scienza giuridica si muoveva all'interno dei comodi schemi del positivismo giuridico, del formalismo e della visione del giurista come mero tecnico alieno da valutazioni etiche o politiche.

Betti invece costituisce, nel panorama culturale italiano fra le due guerre e del secondo dopoguerra, una testimonianza di grande respiro culturale. Dalla lettura degli scritti di Betti si rimane subito colpiti, oltre che dal costante e vigoroso tono polemico (che – come detto – discende dalla forte carica etica sempre presente nella riflessione bettiana), dalle chiare e nette scelte culturali sempre esplicitate dall'Autore.

La riflessione di Betti è innanzitutto una riflessione sul metodo: l'attenzione al profilo metodologico è costante e per questo – potremmo dire – Betti non poteva non occuparsi della più generale "teoria dell'interpretazione" (all'interno della quale va a collocare, con le sue specifiche peculiarità, l'interpretazione giuridica).

Già la celebre prolusione del 1927, su dogmatica e storiografia giuridica[3], segna un momento di rottura nella riflessione scientifica italiana ed in cui Betti già dimostra, da un lato, tutta la propria attenzione al profilo del metodo e, dall'altro lato, la ricerca di una fondazione filosofica alla propria architettura giuridica. E nella "*Teoria generale dell'interpretazione*" (nel 1955) Betti dichiara espressamente di combattere – e di avere sempre combattuto – ogni visione soggettivistica e relativistica della conoscenza e, con specifico riguardo al processo interpretativo, di avere sempre avversato ogni "concezione angustamente vitalistica e materialistica di un soggettivismo egocentrico".

Nell'esporre la propria metodologia ermeneutica, Betti pone come primo canone la massima "*sensus non est inferendus, sed efferendus*", proprio allo scopo di sottolineare la necessità di rispettare ("contro ogni arbitrio soggettivo") "l'oggetto nel suo peculiare modo di essere" e di misurarlo "col suo stesso metro".

Lo sfondo filosofico di tale impostazione è quello diltheiano (che pone l'attenzione proprio sui procedimenti interpretativi), ma Betti rielabora la lezione di Dilthey e Schleiermacher alla luce del proprio metodo storicistico.

---

[3] E. Betti, *Diritto romano e dogmatica odierna*, in *Arch. Giur. "F. Serafini"*, 1928, 129 ss., oggi in Id., *Diritto Metodo Ermeneutica*, cit., 59 ss.

Betti delinea la propria *hermeneutica juris* all'interno di una dottrina (la teoria generale dell'interpretazione) che mira ad abbracciare ogni forma del comprendere. Nei "*Prolegomeni ad una teoria generale dell'interpretazione*" (1949) Betti dichiara di voler illustrare "la posizione dello spirito rispetto all'oggettività" in quanto profilo preliminare "ad ogni modo di concepire l'interpretazione" giacché compito della "teoria generale dell'interpretazione" è quello di "tenere insieme" il "problema centrale" dell'interpretazione con quelli che sono i suoi "problemi specifici".

Betti distingue tre forme di interpretazione:

1. l'interpretazione in funzione meramente ricognitiva (che ricomprende l'interpretazione filologica, quella storica e quella tecnica in funzione storica);
2. l'interpretazione in funzione riproduttiva o rappresentativa (che ricomprende la traduzione, l'interpretazione drammatica e quella musicale);
3. l'interpretazione in funzione normativa (che ricomprende l'interpretazione giuridica, quella teologica e quella divinatoria).

L'interpretazione giuridica è una specie della "interpretazione in funzione normativa", il cui problema è "*il problema dell'intendere per agire o, comunque, per decidere, ossia per prendere posizione rispetto a precetti da osservare, o in ordine a dogmi, valutazioni morali o situazioni psicologiche da tenere in conto*". Quindi "l'agire" come "attività pratica diretta a decidere, a prendere posizione in una situazione data" e – aggiunge Betti – un "agire" che può essere "vincolato e comandato da una direttiva prestabilita".

Betti precisa che l'interpretazione giuridica ha una "*funzione normativa*" in ragione della natura del suo oggetto: l'interpretazione giuridica – avendo ad oggetto norme, precetti normativi – è una interpretazione in funzione normativa perché il problema di tale forma interpretativa è appunto quello della applicazione della norma (o della individuazione della massima d'azione).

2. *L'interpretazione giuridica quale strumento di "perenne efficienza" del diritto*

L'assegnazione all'interpretazione giuridica della funzione di strumento di perenne sviluppo del diritto è propria del pensiero di Emilio Betti secondo cui l'interpretazione è l'attività volta "a riconoscere e a ricostruire" il significato da attribuire alla norma la quale è "fonte di valutazioni giuridiche".

Oggetto dell'attività interpretativa sono le dichiarazioni o i comportamenti – che sono "oggetto di valutazioni giuridiche" – che si svolgono "nella cerchia sociale disciplinata dal diritto" [4].

Betti costruisce una generale teoria dell'interpretazione, al cui interno quella giuridica è definita "*interpretazione in funzione normativa*" e la cui peculiarità è data dal fatto che la stessa non ha la funzione di "tornare a conoscere una manifestazione di pensiero" (*id est*, quella del legislatore), ma di tornare a conoscerla "per integrarla e realizzarla nella vita di relazione" fornendo "la massima della decisione e dell'azione". Ed è la continua correlazione esistente fra il processo interpretativo e il "vigore dell'ordine giuridico" a consentire all'interpretazione di svolgere la funzione di conservare "in perenne efficienza" norme e precetti [5]. Betti specifica che l'interpretazione giuridica "non ha una funzione meramente ricognitiva del pensiero (di un pensiero in sé condiviso nella sua storica peculiarità), ma la funzione di svilupparne direttive per l'azione pratica o per un'opzione; e così assolve il compito di mantenere sempre in vita, mediante l'intendere, le esigenze di un ordine dell'operare, e precipuamente assolve il compito di conservare in perenne efficienza nella vita di una società, norme, precetti e valutazioni normative, che sono destinati a regolarla o a servirle di orientamento" [6].

Il processo interpretativo, in quanto processo, non si esaurisce *uno actu* e non ha carattere di mera ricognizione di un pensiero altrui, ma di "concorrente complementarità" in quanto il "criterio della decisione" – o "massima dell'azione" – è ricavato da norme e precetti già posti in vista di una possibile azione ma anche da "valutazioni morali" e da "situazioni psicologiche".

L'attività interpretativa presuppone e contiene, oltre al momento ricognitivo, anche un momento "riproduttivo o rappresentativo".

---

[4] E Betti, *Interpretazione della legge e degli atti giuridici*, Milano, 1949, 3; v. anche A.A. Cervati, *A proposito di metodi valutativi nello studio del diritto costituzionale*, in *Dir. pubbl.*, 2005, 707 ss.; L. Mengoni, *Problema e sistema nelle controversie sul metodo giuridico* (1976), *La polemica di Betti con Gadamer* (1978), *Ancora sul metodo giuridico* (1983), ora raccolti in Id., *Diritto e valori*, Bologna, 1985; Id., *Ermeneutica e dogmatica giuridica. Saggi*, Milano, 1996.

[5] E. Betti, *op. ult. cit.*, 4.

[6] E. Betti, *op. loc. ult. cit.*

La "formula legislativa" costituisce la tappa iniziale da cui prende le mosse il processo interpretativo. Ma con questa prima operazione l'interprete non termina il proprio compito essendo chiamato anche a "raffigurarsi" nelle ripercussioni pratiche l'esito dell'interpretazione sostenuta.

Nell'interpretazione giuridica si persegue sempre un esito pratico giacché il risultato intellettivo dell'attività interpretativa conduce a "prendere posizione" con riguardo a situazioni ipotizzate in anticipo [7]. E questo "esito pratico" impone all'interpretazione giuridica di assegnare al precetto "il senso che si ricollega nell'ambiente sociale".

Inoltre, la formulazione in termini generali e astratti del precetto rende ancor più necessario che il precetto medesimo sia "rielaborato e rinnovato, adattato e adeguato alla vita e alla natura dei rapporti disciplinati" [8].

Per Betti, la disposizione normativa approvata dal legislatore, senza l'apporto dell'interprete, è mera "lettera morta": è l'interpretazione giuridica a far sì che la disposizione sia "viva e vigente" nell'ordinamento giuridico.

Il diritto non è un dato pre-statuito in via definitiva dal legislatore ed è erroneo credere di poter "immobilizzare il diritto" bloccandone le dinamiche mediante una etero-imposta "coazione al formalismo nell'applicazione della legge" [9].

In questo quadro, le operazioni ("di adattamento e di adeguazione, d'integrazione e di sviluppo complementari") di cui consta il processo interpretativo, evitano "l'isterilirsi della norma", giacché senza l'apporto specifico dell'interpretazione, la norma sarebbe priva di capacità di attuazione. E per adempiere a tale funzione – di strumento che assicura la continua efficienza della norma – l'interpretazione deve essere capace di compenetrarsi nell'intero sistema giuridico "nel quale s'inserisce siccome in una concatenazione produttiva e in una totalità organica" [10].

La concreta applicazione della norma presuppone l'interpretazione della stessa e, per tale ragione, l'interpretazione giuridica è destinata ad

[7] E. Betti, *op. ult. cit.*, 5: "L'interpretazione che interessa il diritto non può appagarsi di una ricognizione teorica, ma deve andare oltre, sia per rendere il precetto assimilabile dalla vita, sia per sottoporre il fatto ad una diagnosi giuridica".

[8] E. Betti, *op. ult. cit.*, 6 (che in nota cita G. Capograssi, *Il problema della scienza del diritto*, Roma, 1937, 103 ss.).

[9] E. Betti, *op. ult. cit.*, 7.

[10] E. Betti, *op. ult. cit.*, 9.

avere una "funzione normativa" in conseguenza proprio della correlazione in cui l'interpretazione viene a trovarsi con l'applicazione della norma al caso concreto.

Betti critica il dogma volontaristico, definito *"vieto e tenace pregiudizio"* [11], e sottolinea che il richiamo alla "intenzione del legislatore" impone all'interprete di tener conto "di quegli interessi della comunità, che nella legge hanno trovato protezione e quindi vanno dall'interprete tenuti presenti" [12].

L'interpretazione (l'indagine interpretativa) deve svolgersi con lo scopo di cogliere non solo l'aspetto logico del precetto, ma anche il momento teleologico della disposizione [13]. L'interpretazione giuridica – in quanto interpretazione in funzione normativa – *"è strumento ad un fine di convivenza sociale"*, e dunque deve svolgersi mediante una valutazione comparativa degli interessi in gioco [14]. A questo proposito è stato evidenziato [15] che per Betti "la valutazione giuridica presuppone il riferimento a valori che costituiscono la costellazione assiologica che fa da sfondo agli interessi che sono implicati nelle relazioni umane". Infatti "la valutazione giuridica si apre a quella del momento teleologico e quindi all'apprezzamento degli interessi e valori coinvolti dapprima nell'attività normativa, poi in quella di interpretazione della legge". E Cerrone ricorda che Betti "dedica pagine importanti alla polemica contro la disintegrazione delle fasi del processo interpretativo ed alla sua valorizzazione come complesso e successione o sequenza di momenti fra loro non scindibili. Questo ordine di idee ... conduce Betti a considerare come *"pregiudizio"* e *"adorazione feticistica"* l'enfasi portata sul (solo) tenore letterale della legge, tenore che precluderebbe, se sufficientemente chiaro, ogni valutazione alla luce della *ratio iuris*. Secondo Betti, il compito dell'interpretazione non varia e non può essere scisso nel suo momento grammaticale, logico, ecc., né varia a seconda che la legge si presenti chiara nella sua lettera ovvero formulata in termini tali da suscitare dubbi o incertezze, poiché è *"ufficio essenziale dell'interprete ...avere un compito unitario da perseguire in tutti i casi"*. Isolare la lettera del precet-

---

[11] E. Betti, *Interpretazione della legge e degli atti giuridici*, cit., 261.

[12] E. Betti, *op. ult. cit.*, 264.

[13] E. Betti, *op. ult. cit.*, 267.

[14] E. Betti, *op. ult. cit.*, 269.

[15] F. Cerrone, *op. ult. cit.*, 25.

to, considerandolo chiaro in sé, nella sua sola formula grammaticale, significherebbe tenerlo distante dai suoi nessi teleologici e scisso, altresì, da una concatenazione complessiva di elementi – logico, storico e teleologico – solo alla luce dei quali il precetto può essere schiarito nei suoi significati ed apprezzato anche alla luce dello sfondo assiologico che è implicito nella valutazione normativa accolta dalla legge. Tutto ciò non toglie che, secondo Betti, una volta ricostruita la *ratio iuris* ad essa l'interprete debba attenersi, in ossequio al vincolo di subordinazione che lega l'interprete (ed in particolare il giudice) alla legge ... e che inibisce sia la critica orientata alla riforma (compito della politica legislativa) che l'apprezzamento discrezionale del senso della legge, ispirato (nel migliore dei casi) da esigenze di giustizia" [16].

Alta è la preoccupazione in Betti che l'interprete non sconfini nel ruolo di legislatore giacché l'interprete non deve mai – "neppure lontanamente" – pensare di identificarsi con un "mitico legislatore" dovendosi invece distinguere nettamente i due ruoli.

La "funzione normativa" dell'interpretazione giuridica discende dalla natura – "normativa" – dell'oggetto di tale (forma di) interpretazione, la quale ha ("per la stessa natura del suo oggetto e del suo problema") una "destinazione normativa" che, a sua volta, non va confusa con l'efficacia vincolante delle decisioni giudiziarie, efficacia assegnata dall'ordinamento.

L'interprete deve restare fedele al principio di subordinazione alla legge – e quindi la lettera della disposizione e l'intenzione del legislatore vincolano l'interprete – ma al tempo stesso l'interprete non può non misurarsi anche con i cambiamenti sociali e con i mutamenti dell'ordine giuridico e pertanto deve valutare se la legge abbia subito modificazioni, in conseguenza di innovazioni nel sistema legislativo.

L'incessante mutamento dell'ordinamento giuridico impone all'interprete di provvedere ("in via interpretativa") ad "un adeguamento e un adattamento delle norme antiche alle nuove, una messa in accordo per via d'interpretazione" [17].

Dopo aver dimostrato la "funzione normativa" dell'interpretazione, Betti, oltre ad individuare le regole che disciplinano il procedimento interpretativo, ribadisce la necessarietà della dogmatica giuridica quale

---

[16] F. Cerrone, *op. loc. ult. cit.*

[17] E. Betti, *Interpretazione della legge*, cit., 120.

strumento che svolge, nel processo interpretativo, la funzione "di coerente ricostruzione del sistema in ordine alla sua pronta intelligibilità" [18].

Il diritto – e dunque l'interpretazione giuridica – concerne "problemi pratici" e, fin dalla redazione della norma scritta, si pone l'esigenza della determinazione di schemi concettuali, e dunque di un procedimento di astrazione, che rendano intelligibile la disciplina che si intende introdurre. La dogmatica giuridica viene così a porsi quale "sviluppo logico" di tale esigenza e compito dell'interprete è quello "di sceverare e scegliere, nell'istrumentario della dogmatica, i concetti che al senso storico e al criterio del giurista si dimostrano più attinenti e meglio adatti a mettere in luce il contenuto normativo e lo stile della legge interpretata, tralasciando quelli che a tale ufficio non servono" [19].

La dogmatica giuridica è espressione della "fondamentale esigenza di sintesi e d'intelligibilità" dell'ordinamento, giacché è grazie alla dogmatica che è possibile dar vita a quei procedimenti "astrattivi e costruttivi di concetti necessari per qualunque disciplina legislativa". La dogmatica delle scienze giuridiche viene così a costituire "la rappresentazione concettuale del fenomeno giuridico sia sul terreno di un diritto positivo storicamente determinato, sia nella forma più astratta di teoria generale del diritto" [20]. L'interpretazione giuridica non può fare a meno della dogmatica giacché gli strumenti di questa, quale procedimento di astrazione e costruzione dei concetti, ne costituiscono "parte integrante", ma parimenti non si deve cadere nell'errore di ritenere che la dogmatica possa esaurire il momento interpretativo "con vuoti e rigidi schemi inadatti alla realtà sociologica e refrattari alla dinamica storica del diritto" [21].

La dogmatica giuridica, se è necessaria all'interpretazione, non deve diventare "una gabbia": Betti sottolinea che non si deve rimanere imprigionati negli schemi della dogmatica giacché, qualora si muova da premesse di carattere dogmatico astratto, prescindendo "da una visione il più possibile aderente al fenomeno, abbracciato nella sua totalità e realtà, che è insieme giuridica e storico-sociologica" [22], si finisce per aderire

---

[18] E. Betti, *op. ult. cit.*, 16.

[19] E. Betti, *op. loc. ult. cit.*

[20] E. Betti, *op. ult. cit.*, 14-15.

[21] E. Betti, *op. ult. cit.*, 16. Al riguardo v. L. Mengoni, *Ermeneutica e dogmatica giuridica. Saggi*, Milano, 1996, 25 ss.

[22] E. Betti, *Interpretazione della legge e sua efficienza evolutiva*, in *Scritti in onore di*

alla kelseniana teoria pura del diritto che muove appunto dal dogma della esclusività del diritto dal cui punto di vista ci si pone [23].

Betti evidenzia come alla base del pensiero di Kelsen – e dei relativi "presupposti logici e dogmi gratuiti" – risieda una concezione del diritto quale "dettato impartito da un potere sovrano ad una massa di sudditi e funzionari tenuti, volenti o nolenti, a darvi esecuzione e quindi a considerare diritto tutto quello e soltanto quello che viene loro imposto".

A questa visione potestativa del diritto, Betti contrappone una concezione del fenomeno giuridico quale "ordine di convivenza immanente ai rapporti di un corpo sociale e rispecchiantesi come dettame nella coscienza sociale degli esseri umani che lo compongono" [24].

L'ordinamento giuridico è un "organismo" in continua trasformazione ed in perenne movimento, giacché segue "il movimento delle trasformazioni della vita sociale" [25].

3. *Le critiche di Betti ad Ascarelli, Kelsen e a Calogero*

Il pensiero di Emilio Betti è particolarmente ricco ed articolato ed il medesimo autore avverte l'esigenza di rimarcare la distanza del proprio pensiero anche da ulteriori ricostruzioni antiformalistiche.

E così Betti critica le opinioni di Ascarelli ritenute, nonostante l'apparente antiteticità, intrinsecamente connesse con il positivismo statalista kelseniano [26].

M. Cavalieri, 1959, 167 ss., ora in Id., *Diritto, metodo, ermeneutica. Scritti scelti*, a cura di G. Crifò, Milano, 1991, 523.

[23] E. Betti, *op. ult. cit.*, 523, che aggiunge: "corollario della quale [*id est*, l'esclusività del diritto dal cui punto di vista ci si pone] è l'universalità di quel dato ordinamento del diritto privato: universalità, che a noi sembra, francamente, una fanfaronata assurda in quanto rinnega l'assiomatica esigenza della effettiva attuabilità pratica delle norme da applicare".

[24] E. Betti, *op. ult. cit.*, 524.

[25] E. Betti, *op. ult. cit.*, 527. In quei medesimi anni, L. Caiani, *I giudizi di valore nell'interpretazione giuridica*, Padova, 1954, 288, ricorda che l'interprete, nel momento in cui pronuncia giudizi di valore, traduce nella valutazione giuridica, integrandola e arricchendola, "quei valori normativi e ... quelle certezze della coscienza comune, che altrimenti resterebbero escluse dall'ambito dell'ordinamento".

[26] Sul pensiero di Tullio Ascarelli v. T. Ascarelli, *Giurisprudenza costituzionale e teoria dell'interpretazione*, in *Riv. dir. proc.*, 1957, 351 ss.; Id., *Interpretazione del dirit-*

Per Betti, se Kelsen affida al solo legislatore il compito di porre il diritto, Ascarelli assegna tale compito alla sola interpretazione giudiziale[27]. Betti critica la teoria della "continuità" sostenuta da Ascarelli, in quanto caratterizzata dal "fondamentale errore che la porta a deformare e travisare l'ufficio dell'interpretazione in un compito di sempre nuova formulazione di norme in semplice continuità col dato testuale"[28]. Le valutazioni che l'interprete non può non porre in essere devono invece sempre rivestire un carattere "subordinato e complementare" rispetto alle valutazioni compiute dal legislatore, poiché sono queste ultime quelle "che sempre comandano la soluzione del problema data nella norma interpretata"[29].

Ascarelli, secondo Betti, perde di vista la differenza esistente fra "norma" e "massima di decisione": è solo quest'ultima (la cui efficacia vincolante si esaurisce nel caso deciso) quella che il giudice è chiamato a formulare. E se Ascarelli ritiene "vana fatica" l'individuazione di canoni universali di interpretazione, Betti replica ad Ascarelli di equivocare ("grossolanamente") fra "indirizzi valutativi" (divergenti da paese a paese) e "canoni ermeneutici" che costituiscono invece canoni epistemologici ("inerenti alla struttura della nostra medesima mente umana") aventi la funzione di spiegare e illustrare il processo interpretativo[30].

Pertanto, nel caso in cui ad una disposizione venga assegnato un senso diverso da quello originario, in ragione di "nuove esigenze pratiche della convivenza" (c.d. "conversione interpretativa"), è appunto il conseguente "esito sociale" a costituire il criterio di giustificazione del supe-

---

to e studio del diritto comparato, in *Saggi di diritto commerciale*, Milano, 1955, 505 ss.; N. Bobbio, *L'itinerario di Tullio Ascarelli*, in *Studi in memoria di Tullio Ascarelli*, Milano, 1969, vol. I, LXXXIX ss. (ora anche in N. Bobbio, *Dalla struttura alla funzione. Nuovi studi di teoria del diritto*, Roma-Bari, 2007, 186 ss.).

[27] E. Betti, *op. ult. cit.*, 530: "la veduta del Kelsen e quella dell'Ascarelli potrebbero sembrare antitetiche, in quanto l'una, quella recente, non fa che contrapporre, più o meno consapevolmente, all'onnipotenza del legislatore la onnipotenza del giudice; ma in realtà le due teorie sono intimamente affini e la loro affinità si denunzia nel fatto che entrambe attribuiscono, colà dove cessa l'univocità del testo legale, la competenza a formare valutazioni di carattere discrezionale che, per la loro indipendenza da un'istanza superiore, si collocano sul medesimo piano delle valutazioni legislative e non sono legate da una linea di coerenza col sistema del *ius conditum*".

[28] E. Betti, *op. ult. cit.*, 531.

[29] E. Betti, *op. ult. cit.*, 532.

[30] E. Betti, *op. ult. cit.*, 534.

ramento del limite rappresentato dai canoni ermeneutici, giacché le enunciazioni delle norme giuridiche non costituiscono "semplici giudizi di carattere conoscitivo", bensì "strumenti di azione", destinati a risolvere problemi di convivenza e dunque "strumenti della vita sociale" [31].

Il compito interpretativo del giurista non è indirizzato "alla ricognizione di un senso immutabile e in sé conchiuso", bensì "a rendere meglio rispondenti alle esigenze sociali ... norme che altro non sono se non strumenti di civile convivenza" [32]. E per questa ragione l'interpretazione "ha sempre (e non può non avere) l'ufficio di *vivificare*, mediante un incessante ripensamento, le norme da applicare, seguendo passo passo il moto perenne della vita sociale"; ma "in siffatto vivificare, aggiornare e rimettere a nuovo", l'interprete resta sempre vincolato ad una "oggettività preesistente" in quanto subordinato "alle valutazioni immanenti e latenti nell'ordine giuridico, che si inquadra esso stesso nell'ambiente storico e sociologico in cui vive" [33].

Betti crede fermamente nell'efficienza evolutiva dell'interpretazione, ma pone anche limiti all'autonomia dell'interprete ed invita esplicitamente a "non esagerare" nella attribuzione all'interpretazione di un ufficio evolutivo, giacché l'efficienza evolutiva, che l'interpretazione non può non avere, si esplica sempre "compatibilmente col senso che si può ricavare dal testo legale, tenuto conto della linea di coerenza che lega il testo con la totalità dell'ordinamento" [34].

Ed è in siffatta "linea di coerenza" che va individuato il punto di equilibrio fra il ruolo del legislatore e l'attività dell'interprete.

Legislatore ed interprete sono entrambi necessari protagonisti dell'esperienza giuridica: la norma posta dal legislatore "vive" nell'ordinamento giuridico grazie all'attività dell'interprete il quale nello svolgimento della sua indubbia opera normativa non può mai giungere a farsi legislatore.

Per Betti l'interpretazione evolutiva non costituisce un metodo interpretativo distinto da altri, giacché gli aspetti evolutivi dell'interpretazione discendono dagli stessi scopi pratici dell'interpretazione giuridica pena l'attribuzione all'attività interpretativa (che ha "una funzione

---

[31] E. Betti, *op. ult. cit.*, 536.

[32] E. Betti, *op. ult. cit.*, 537.

[33] E. Betti, *op. ult. cit.*, 548.

[34] E. Betti, *op. ult. cit.*, 552.

complementare alla nomogenesi") di una sterile "prospettiva statica" [35].

L'interpretazione deve pertanto assicurare "anche" una efficienza evolutiva, quale logica conseguenza del canone della totalità e coerenza dell'apprezzamento ermeneutico e che "impone un perenne riferimento delle parti al tutto e perciò anche un riferimento delle singole norme al loro organico complesso: quindi impone un'attuazione unitaria delle valutazioni legislative" [36].

È stato sottolineato che Betti non ha condotto l'interpretazione evolutiva "fuori da margini che dovrebbero caratterizzarla", giacché "ebbe ben presente la delicata problematica dei suoi limiti" [37]. Infatti Betti afferma che l'interpretazione evolutiva deve essere utilizzata "compatibilmente col senso che si può ricavare dal testo legale, tenuto conto della linea di coerenza che lega il testo con la totalità dell'ordinamento" [38]. In altri termini, Betti dichiara espressamente che non si debba dare spazio, attraverso il richiamo alla "interpretazione evolutiva", alle preferenze soggettive dell'interprete, giacché per questa strada si finirebbe per sconfinare nella politica legislativa sia pur "mascherata come esercizio d'interpretazione". Ed a proposito del canone bettiano della totalità – del *nisi tota lege perspecta* – Cerrone ricorda le pagine di G. Capograssi [39] secondo cui quello della totalità "è il primo criterio con cui l'interpretazione inizia i suoi procedimenti", ed è criterio dinamico, che mostra che nella norma interpretata "c'è di più di quello che appare; c'è insomma tutta l'unità dell'ordinamento da cui essa nasce e di cui essa non è che una pa*rte*"; e, ciò mostrando, conduce "a rielaborare continuamente il complesso delle norme, a penetrare sempre più a fondo in questo complesso", e permette così la "eliminazione delle antinomie, ritrovando la ragione sufficiente di ciascuna norma". Così, in fondo, i vari criteri logici di cui si avvale l'interpretazione, come quelli dell'*eadem ratio*, dell'argomento *a fortiori* e *a contrario*, ecc., non

---

[35] E. Betti, *Teoria generale dell'interpretazione*, cit., II, 824: è necessario "procedere ad un adattamento e ad una trasposizione del testo legale nella viva attualità, e bilanciare giustamente l'interesse statico alla stabilità, conservazione e certezza con l'esigenza dinamica di rinnovamento nell'indirizzo dell'evoluzione sociale"; Id., *Interpretazione della legge*, cit., 113.

[36] E. Betti, *op. ult. cit.*, II, 831; Id., *Interpretazione della legge*, cit., 119.

[37] F. Cerrone, *op. ult. cit.*, 53 ss.

[38] E. Betti, *Interpretazione della legge e sua efficienza evolutiva*, cit., 552.

[39] G. Capograssi, *Il problema della scienza del diritto* (1937), Milano, 1962, 113 ss.

sono "che conseguenze del criterio di totalità e unità dell'esperienza da cui si parte".

Riguardo al concreto funzionamento del processo interpretativo, Betti ribadisce la centralità dei due "canoni ermeneutici fondamentali" che si devono osservare in ogni processo interpretativo:

1. il canone dell'attualità e della coerenza della considerazione ermeneutica (concernente "l'autonomia del soggetto");
2. ed il canone dell'adeguazione dell'intendere o della corrispondenza ermeneutica (concernente "l'attualità del soggetto").

Quest'ultimo canone caratterizza l'interpretazione giuridica (e la differenzia – ad esempio – dall'interpretazione storica) giacché le assegna il compito di adeguazione e di adattamento che si affianca a quello di "ricognizione e chiarificazione" [40]. E "L'adeguazione dell'intendere – spiega Betti – consiste nel mettere all'unisono, in intima adesione e armonia, i due termini del processo interpretativo" e cioè l'oggetto (che qui è rappresentato dalla norma giuridica), e il soggetto (l'interprete) "nell'attualità del quale confluiscono le molteplici esigenze della vita sociale alla cui disciplina il diritto è destinato".

Il giurista non può limitarsi a – tentare di – rintracciare il "senso originario" della norma, intesa quale entità storica avente in sé un senso conchiuso, dal momento che la norma non si esaurisce affatto nella formulazione datale dal legislatore e possiede invece, insieme all'ordinamento di cui essa è parte integrante, un "vigore attuale" destinato a "trasfondersi nella vita sociale".

Compito dell'interprete è dunque, dopo aver ricostruito "l'idea originaria" della formula legislativa, di "mettere d'accordo quell'idea con la presente attualità, infondendovi la vita di questa, perché appunto a questa la valutazione normativa deve essere riferita" [41].

Betti precisa che l'interpretazione non può essere scissa in due successive operazioni, sia pure logicamente connesse l'una con l'altra, di cui la prima consisterebbe nell'accertamento della norma legislativa esistente e nella categoria di interessi prodotti dalla norma, mentre la seconda operazione si concretizzerebbe nella ulteriore elaborazione della massima necessaria per la decisione del caso.

---

[40] E. Betti, *Interpretazione della legge e degli atti giuridici*, cit., 16.

[41] E. Betti, *op. ult. cit.*, 18.

La distinzione fra le due operazioni è inammissibile perché l'elemento valutativo è immanente alla norma stessa da interpretare e pertanto "le due operazioni in concreto s'intrecciano e si fondono in un processo unitario, di cui esse sono semplici momenti: il secondo dei quali reagisce necessariamente con il primo".

Il momento assiologico, se non appiattisce la funzione giurisdizionale al ruolo di mera esplicitazione della volontà del legislatore, neppure la conduce al livello della pura discrezionalità poiché l'apprezzamento dell'interprete è sempre subordinato alla linea di coerenza logica *"immanente all'ordine giuridico considerato nella sua organica totalità"* [42]. L'ordinamento giuridico è un organismo in continua trasformazione e, di fronte all'evoluzione dei rapporti sociali o al progresso della legislazione, la lettera della legge (pur formalmente – ma solo apparentemente – immutata) "s'integra e si riempie di uno spirito diverso conforme allo spirito del tempo e della società per cui la norma è destinata a valere" [43].

Il giudice non può prescindere dalle entità sociali storicamente determinate che esprimono quelle categorie di interessi spesso in conflitto fra di loro e di cui spetta al giudice medesimo assicurarne la composizione.

Antonio Cervati ha sottolineato come l'insegnamento bettiano abbia sviluppato in Italia (con netto anticipo rispetto a successive posizioni dottrinali) una "aperta polemica" contro gli indirizzi positivistici contrapponendo ai medesimi un orientamento ermeneutico fondato sulla storicità dell'interpretazione e sull'esigenza di ricostruzione del sistema dei "valori" dell'ordinamento giuridico nella consapevolezza "degli interessi in gioco e della storicità dell'esperienza giuridica" [44].

Nello studio dell'esperienza giuridica l'adozione di una prospettiva dinamica e realistica consegue al riconoscimento alla realtà sociale della capacità di incidere direttamente sulla costruzione dei concetti giuridici che dunque non possono essere ritenuti "come il solo prodotto di una logica deduttiva priva di componenti valutative".

La valutazione degli istituti e dei concetti giuridici deve avvenire se-

---

[42] E. Betti, *op. ult. cit.*, 21-22.

[43] E. Betti, *op. ult. cit.*, 24.

[44] A.A. Cervati, *In tema di interpretazione della Costituzione, nuove tecniche argomentative e "bilanciamento" tra valori costituzionali (a proposito di alcune riflessioni della dottrina austriaca e tedesca)*, in *Il principio di ragionevolezza nella giurisprudenza della Corte costituzionale. Riferimenti comparatistici*, Milano, 1994, 96.

condo una logica "attenta alla ricostruzione dell'intima coerenza storica del divenire" e rivolta alla individuazione delle "matrici culturali e sociali" sia delle singole dottrine giuridiche (e dei dogmi giuridici da ciascuna dottrina elaborati), nonché delle massime e degli orientamenti giurisprudenziali. Il giurista deve dunque interrogarsi sulle opzioni assiologiche sottostanti i singoli orientamenti dottrinali e giurisprudenziali.

Anche Cervati (come Betti) invita a non tralasciare i profili dogmatici nello studio del fenomeno giuridico, ma ad assumerli nella consapevolezza della storicità e relatività dei medesimi con riguardo al contesto sociale in cui gli stessi vengono elaborati[45].

Le "enunciazioni giuridiche" (scelte normative e decisioni giurisprudenziali) sono continuamente soggette a processi di mutamento o, se si preferisce, di adeguamento alle sempre mutevoli condizioni dei relativi rapporti sociali.

Il diritto è "anche" strumento di composizione autoritativa di conflitti di interesse, ma il punto di vista dello studioso *"non può essere lo stesso di chi esercita il potere"*, giacché l'uomo di scienza deve *"rifuggire da ogni certezza irrevocabile e svolgere il proprio compito intellettuale al riparo da timori riverenziali"*[46]. Cervati propone una prospettiva di studio del fenomeno giuridico – una *"visione del divenire giuridico"* – che non intende affatto negare l'importanza della logica giuridica e delle categorie giuridiche, ma che invece rigetta la "prospettiva unidimensionale secondo cui la logica del diritto si svolgerebbe ad un livello di coerenza interna al sistema del diritto vigente".

Il riconoscimento della funzione normativa dell'interpretazione pone la necessità dell'individuazione di nuovi equilibri nel rapporto fra potere giudiziario e potere legislativo con inevitabili implicazioni anche sul piano politico-costituzionale. La figura del giudice si allontana da quella del pubblico funzionario (rispondente al modello del giudice *bouche de la loi*) e si avvicina invece al modello di giudice tipico del sistema di *common law*.

Conseguenzialmente bisogna porre particolare attenzione anche ai profili relativi alla formazione del giudice e, più in generale, all'educazione giuridica. L'individuazione del (ricercato) punto di equilibrio av-

---

[45] A.A. Cervati, *A proposito dello studio del diritto costituzionale in una prospettiva storica e della comparazione tra ordinamenti giuridici*, in *Diritto romano attuale*, 1999, 2, 15.

[46] A.A. Cervati, *op. ult. cit.*, 16.

viene mediante un *"dialogo perenne tra legislatore e giudice"*, dovendosi escludere sia l'attribuzione alla magistratura di un ruolo di supplenza del legislatore sia la visione di un ordinamento giuridico in cui il potere giudiziario sia in lotta con il potere legislativo. Il "vero problema" è rappresentato proprio dalla individuazione di adeguati punti di equilibrio in cui nessuno dei due poteri soffra di invasione da parte dell'altro. La decisione giudiziale deve caratterizzarsi per il suo carattere pubblico, dialettico ed intersoggettivo [47], ma, al tempo stesso, va rilevata l'esistenza anche di una dimensione "conflittuale" giacché è *"proprio sulla controversia, sul conflitto fra distinti orientamenti logici ed assiologici, che fanno da sfondo al concreto contrapporsi di interessi che innerva ogni dimensione sociale"*, che viene a costruirsi un "contesto comune". Ed è nel "contesto comunicativo della sfera pubblica" (nella pluralità delle componenti della medesima) che bisogna individuare le *"risposte adeguate alle questioni giuridiche"* [48].

Il "pregiudizio positivistico" è rappresentato dalla convinzione secondo la quale la soluzione giuridicamente corretta dal punto di vista inter-

---

[47] F. Cerrone, *op. ult. cit.*, 56, ricorda la necessità dell'acquisizione di una consapevolezza (imprescindibile per il giurista) conseguente a "quell'apertura mentale e ampiezza d'orizzonte che si richiede nella civile convivenza per giudicare con serena equanimità degli atteggiamenti altrui" (così E. Betti, *Teoria generale dell'interpretazione*, cit., II, 964). E Cerrone, nel ricordare l'attenzione di Betti per la filosofia di Nietzsche (E. Betti, *Per una interpretazione idealistica dell'etica di Federico Nietzsche* (1943-44), in Id., *Diritto metodo ermeneutica*, cit., 261 ss.), evidenzia che Betti, a proposito della "visione della continuità storica" in cui l'interprete è inserito e che "deve imparare ad apprezzare", richiama *La gaia scienza*, 337 (trad. it., Torino, 1967-1979, con introduzione di G. Vattimo, 191 s.): "il senso storico è ancora qualcosa di così povero e freddo, e molti sono assaliti da esso come da brividi gelati e per esso diventano ancor più poveri e freddi. Ad altri appare come il segno della vecchiaia, che pian piano si avvicina e il nostro pianeta non è per loro che un triste inferno ... [ma] chi sa sentire la storia degli uomini nella sua totalità come la sua propria storia", può avvertire la storia come sentimento dell'umanità, "sentimento divino" (E. Betti, *I principî di scienza nuova di G.B. Vico e la teoria della interpretazione storica*, in Id., *Diritto metodo ermeneutica*, cit., 459 ss.). G. Gorla, *Le opinioni non "segrete" dei giudici dissenzienti nella tradizione dell'Italia preunitaria*, in *Foro it.*, 1982, V, 97 ss.; A. De Nitto, *In tema di opinioni dissenzienti nell'esperienza delle corti italiane* (1992), in Id., *Diritto dei giudici e diritto dei legislatori*, cit., 50 ss.

[48] F. Cerrone, *op. ult. cit.*, 49, che sottolinea: "Resta così aperto il problema di quali possano essere, in un contesto così sensibile al cambiamento ed alle sollecitazioni che provengono anche dall'esterno dell'ordinamento giuridico nazionale, le norme di riconoscimento del diritto per l'interprete".

pretativo debba discendere necessariamente da un procedimento logico (di sussunzione della fattispecie concreta nella norma da applicare) che non lascia alcuno spazio alle "valutazioni" che si collocano all'interno non solo del processo ermeneutico ma anche del più ampio quadro in cui lo stesso processo ermeneutico viene a collocarsi. Un sistema "aperto" richiede *"una coerenza assiologica ed una visione d'insieme del sistema dei valori costituzionali"* la quale, a sua volta, *"non deve essere disgiunta da una controllabilità del procedimento logico che sorregge le singole valutazioni"* [49]. Il diritto è un "sistema aperto" caratterizzato dalla "intersoggettività" [50] in ragione della natura "relazionale" del diritto medesimo, il quale infatti non è "nelle cose" (giacché tutto il diritto ha carattere di rapporto), ma "esiste nelle relazioni degli uomini tra loro e rispetto alle cose". In questo panorama, così intriso di pluralismo, per l'ermeneutica non si può pervenire al diritto senza un punto di vista di valore [51], cioè rinunciando ai contenuti ed all'esperienza [52]. L'oggetto di ogni discorso di giustizia non può essere che l'uomo come persona, cioè come "complesso di rapporti, nei quali l'uomo sta in relazione ad altri uomini e alle cose". E pertanto anche il "circolo ermeneutico" ("che presiede ed orienta ogni atto del comprendere") deve essere fondato sulla personalità dell'uomo. La storicità del diritto è la dimensione decisiva, che fa del diritto un "diritto umano". E tale pensiero "vive dell'eredità della tradizione e della cultura come terreno comune, sul quale si ritrova ogni comunità di un determinato tempo" [53].

---

[49] A.A. Cervati, *In tema di interpretazione della Costituzione, nuove tecniche argomentative e "bilanciamento" tra valori costituzionali*, cit., 97-98, nt. 61.

[50] A. Kaufmann, *op. ult. cit.*, 10.

[51] A. Kaufmann, *op. ult. cit.*, 19.

[52] A. Kaufmann, *La filosofia del diritto oltre la modernità*, in *Filosofia del diritto ed ermeneutica*, cit., 295-296.

[53] A. Kaufmann, *op. ult. cit.*, 307-309.

Capitolo Quarto

Interpretazione della Costituzione e interpretazione costituzionalmente conforme

SOMMARIO: 1. Interpretazione della Costituzione e interpretazione costituzionalmente conforme. Considerazioni introduttive. – 2. L'efficacia delle sentenze interpretative di rigetto: il vincolo dell'interpretazione della Corte costituzionale – 3. L'interpretazione costituzionalmente conforme della disposizione legislativa impugnata. – 4. Considerazioni conclusive.

1. *Interpretazione della Costituzione e interpretazione costituzionalmente conforme. Considerazioni introduttive*

Le questioni che ruotano attorno ai temi dell'interpretazione della Costituzione e dell'interpretazione costituzionalmente conforme sono state oggetto (e non solo in Italia) [1] di un'imponente riflessione dottrinale [2].

---

[1] Ad esempio, sia in Germania che in Austria molto ampio è stato il dibattito sulla *Verfassungskonformeauslegung*; al riguardo v. J. Luther, *Le interpretazioni adeguatrici nel diritto tedesco vivente*, in *Corte costituzionale, giudici comuni e interpretazioni adeguatrici. Atti del Seminario svoltosi in Roma – Palazzo della Consulta, 6 novembre 2009*, Milano, 2010, 199 ss.

[2] Sul diritto vivente A.A. Cervati, *Diritto vivente e costituzione vivente*, in Id., *Per uno studio comparativo del diritto costituzionale*, cit., 58 ss.; v. A. Pugiotto, *Sindacato di costituzionalità e "diritto vivente". Genesi, uso, implicazioni*, Milano, 1994; sull'interpretazione conforme a Costituzione, nella dottrina più recente: A. Anzon, *Il giudice a quo e la Corte costituzionale tra dottrina dell'interpretazione conforme a Costituzione e dottrina del diritto vivente*, in *Giur. cost.*, 1998, 1082 ss.; G. Sorrenti, *L'interpretazione conforme a Costituzione*, Milano, 2006; R. Romboli, *Qualcosa di nuovo... anzi d'antico: la contesa sull'interpretazione conforme della legge*, in P. Carnevale-C. Colapietro (a cura di), *La giustizia costituzionale tra memoria e prospettive*, Torino, 2008, 89 ss.; M. D'Amico-B. Randazzo (a cura di), *Interpretazione conforme e tecniche*

Volendo prendere le mosse dalla prospettiva della giustizia costituzionale, si può ricordare che a partire dagli anni Novanta del secolo scorso la Corte costituzionale ritiene necessario – pena l'inammissibilità della questione di legittimità costituzionale – che il giudice *a quo*, nel sollevare la

---

argomentative, Atti del Convegno di Milano, 6-7 giugno 2008, Torino, 2009; R. Pinardi, *L'interpretazione adeguatrice tra Corte e giudici comuni: le stagioni di un rapporto complesso e tuttora assai problematico*, in G. Brunelli-A. Pugiotto, P. Veronesi (a cura di), *Il diritto costituzionale come regola e limite al potere. Scritti in onore di Lorenza Carlassare*, IV, Napoli, 2009, 1533; AA.VV., *Corte costituzionale, giudici comuni e interpretazioni adeguatrici, Atti del seminario svoltosi a Roma presso Palazzo della Consulta il 6 novembre 2009*, Milano, 2010; A. Ciervo, *Saggio sull'interpretazione adeguatrice*, Roma, 2011; F. Modugno, *In difesa dell'interpretazione conforme a Costituzione*, in *Rivista AIC*, *www.rivistaaic.it*, 18 aprile 2014; R. Bin, *L'applicazione diretta della costituzione, le sentenze interpretative, l'interpretazione conforme a costituzione della legge*, in AA.VV., *La circolazione dei modelli e delle tecniche del giudizio di costituzionalità in Europa, Atti del XX Convegno annuale dell'AIC (Roma 27-28 ottobre 2006)*, Napoli, 2010, 215 ss.; M. Luciani, *Interpretazione costituzionale e testo della Costituzione. Osservazioni liminari*, in AA.VV., *Interpretazione costituzionale*, a cura di G. Azzariti, Torino, 2007, 41 ss.; sull'importanza assunta dai princìpi costituzionali nelle costituzioni del secondo dopoguerra v. E. Forsthoff, *Lo Stato della società industriale*, trad. it. a cura di A. Mangia, Milano, 2011; V. Crisafulli, *La Costituzione e le sue disposizioni di principio*, Milano, 1952; Id., *Lezioni di diritto costituzionale*, II, Padova, 1984; E. Betti, *Interpretazione della legge e degli atti giuridici (Teoria generale e dogmatica)*, II ed., Milano, 1971; Id., *Diritto, Metodo, Ermeneutica. Scritti scelti*, a cura di G. Crifò, Milano, 1991; R. Bin, *Diritti e argomenti. Il bilanciamento degli interessi nella giurisprudenza costituzionale*, Milano, 1992; L. Mengoni, *Ermeneutica e dogmatica giuridica. Saggi*, Milano, 1996; L. Paladin, *Le fonti del diritto italiano*, Bologna, 1996; R. Alexy, *Concetto e validità del diritto*, Torino, 1997; Id., *Teoria dell'argomentazione giuridica*, Milano, 1998; A. Giuliani, *Le disposizioni sulla legge in generale: gli articoli da 1 a 15*, in AA.VV., *Trattato di diritto privato*, diretto da P. Rescigno, *1. Premesse e Disposizioni Preliminari*, cit.; F. Viola-G. Zaccaria, *Diritto e interpretazione. Lineamenti di teoria ermeneutica del diritto*, Bari-Roma, 2001; G. Zagrebelsky, *La legge e la sua giustizia*, cit., 210 ss.; Id., *Intorno alla legge. Il diritto come dimensione del vivere comune*, Torino, 2009; G. Bongiovanni, *Costituzionalismo e teoria del diritto. Sistemi normativi contemporanei e modelli della razionalità giuridica*, Bari-Roma, 2005, 27 ss.; A. Longo, *I valori costituzionali come categoria dogmatica. Problemi e ipotesi*, Napoli, 2007; F. Modugno, *Scritti sull'interpretazione costituzionale*, Napoli, 2008; Id., *In difesa dell'interpretazione conforme a Costituzione*, in *Rivista AIC*, 2014, 2; A.A. Cervati, *Per uno studio comparativo del diritto costituzionale*, Torino, 2009; L. Ferrajoli, *Principia iuris. Teoria del diritto e della democrazia*, 1, *Teoria del diritto*, Bari-Roma, 2012; M. Ruotolo, *Interpretare. Nel segno della Costituzione*, Napoli, 2014; F. Rimoli, *L'interpretazione "morale" della Costituzione: brevi considerazioni critiche*, in *Rivista AIC*, 2015, n. 3; M. Luciani, *Interpretazione conforme a Costituzione*, in *Enc. dir.*, *Annali*, vol. IX, Milano, 2016, 391 ss.; G. Repetto, *Il canone dell'incidentalità costituzionale. Trasformazioni e continuità nel giudizio sulle leggi*, Napoli, 2017.

questione di costituzionalità di una disposizione legislativa, dimostri l'impossibilità di una interpretazione della medesima conforme a Costituzione perché *"le leggi non si dichiarano costituzionalmente illegittime perché è possibile darne interpretazioni incostituzionali (e qualche giudice ritenga di darne), ma perché è impossibile darne interpretazioni costituzionali"* [3].

Già analizzando tale massima della giurisprudenza costituzionale, ci si avvede subito che la problematica dell'interpretazione costituzionalmente conforme tocca questioni centrali e di rilevante complessità per il costituzionalista e, prima ancora, per il giurista *tout court*.

Il tema dell'interpretazione costituzionalmente conforme viene infatti a porsi, da un lato, come un capitolo del più generale tema dell'interpretazione giuridica, ma anche, dall'altro lato, come ulteriore specificazione del tema dell'interpretazione costituzionale [4].

In quest'ultima prospettiva, alcuni dei maggiori nodi problematici da affrontare sono rappresentati dal valore normativo della Costituzione e dalla individuazione del soggetto titolare – in via esclusiva o meno – dell'interpretazione della stessa (e dunque la dialettica Corte costituzionale – giudici comuni o, più specificamente, Corte costituzionale – Cassazione) fino al tema della riflessione sui modelli (accentrato o diffuso) di giustizia costituzionale.

2. *L'efficacia delle sentenze interpretative di rigetto: il vincolo dell'interpretazione della Corte costituzionale*

Il tema dell'interpretazione costituzionalmente orientata si pone fin dall'entrata in funzione del giudice costituzionale ed infatti già nella sentenza n. 8 del 1956 la Corte adotta una sentenza di rigetto della questione di legittimità costituzionale dell'art. 2 t.u.l.p.s. (relativo ai poteri del prefetto di adottare, in casi di urgenza e di necessità, provvedimenti necessari per la tutela della sicurezza e dell'ordine pubblico), assegnando alla disposizione impugnata un significato differente da quello indicato dal giudice *a quo*, il quale, nell'ordinanza di rimessione, prospettava l'incostituzionalità dell'impugnata disposizione in quanto assegnava al prefetto un potere senza limiti.

---

[3] Corte cost., sent. n. 356 del 1996.

[4] Sull'argomento v. da ultimo M. Luciani, *op. ult. cit.*, *passim* (e dottrina ivi citata).

La Corte costituzionale (in tale pronuncia, n. 8 del 1956) precisa che la disposizione in esame deve essere interpretata *"non nel sistema in cui essa storicamente ebbe nascimento, bensì nell'attuale sistema nel quale vive"* consentendo la "sopravvivenza" della formulazione dell'art. 2 t.u.l.p.s., ma a condizione di una lettura "conforme a costituzione" di siffatta disposizione. Contemporaneamente la Corte costituzionale preannunciava che, nel caso di affermazione di *"interpretazioni diverse da quella rilevata dalla Corte"*, la stessa avrebbe optato per una decisione di accoglimento giacché *"l'odierna decisione non precluderebbe l'esame della questione"* [5].

---

[5] Corte cost., 2 luglio 1956, n. 8, in *Giur. cost.*, 1956, 602 ss. La Corte precisa che *"la questione fondamentale da risolvere è se l'art. 2 della legge di pubblica sicurezza, attribuendo al Prefetto il potere di adottare, nel caso di urgenza o per grave necessità pubblica, i provvedimenti indispensabili per la tutela dell'ordine pubblico e della sicurezza pubblica, sia in contrasto con le norme della Costituzione (artt. 76 e 77) che determinano rigidamente la procedura della formazione delle leggi e degli atti aventi valore di leggi, o comunque sovverta l'ordinamento dei pubblici poteri con menomazione della sfera di attribuzione del legislativo e della libertà dei cittadini"*. Posta tale premessa la Corte rileva che la disposizione in oggetto *"deve essere interpretata, al fine di accertarne la legittimità costituzionale, non nel sistema in cui essa storicamente ebbe nascimento, bensì nell'attuale sistema nel quale vive. Ora, la giurisprudenza, tanto della magistratura ordinaria che di quella amministrativa, nell'ultimo decennio può dirsi costante nel ritenere che i provvedimenti in questione – non i soli di questo genere previsti nel nostro ordinamento – hanno il carattere di atti amministrativi, adottati dal Prefetto nell'esercizio dei compiti del suo ufficio, strettamente limitati nel tempo e nell'ambito territoriale dell'ufficio stesso e vincolati ai presupposti dell'ordinamento giuridico. Secondo questa interpretazione, che pone in risalto il significato attuale della norma, questa non appare in contrasto con i principii costituzionali che regolano la produzione delle leggi, giacché i provvedimenti amministrativi adottati dal Prefetto, anche se talvolta valgono a fronteggiare una pluralità di situazioni, non sono da confondersi né con le leggi né con i decreti-legge, che hanno altro carattere ed altri effetti. Nel quadro della esposta interpretazione, l'esercizio di queste facoltà del Prefetto non viene a sovvertire l'ordinamento dei pubblici poteri, restando tali provvedimenti nella legittima sfera delle attribuzioni dell'autorità amministrativa locale. Non è, poi, a parlare di violazione dell'art. 21 della Costituzione. I provvedimenti emanati sulla base dell'art. 2 possono, in ipotesi, toccare tutti i campi nei quali si esercitano i diritti dei cittadini, garantititi dalla Costituzione (libertà di pensiero, di religione, di circolazione, ecc.). Ma il giudicare se l'ordinanza prefettizia leda tali diritti è indagine da farsi di volta in volta dal giudice, ordinario o amministrativo, competente. In questa sede di legittimità costituzionale, in cui ciò che viene in esame è la norma legislativa e non il provvedimento amministrativo che la applica, un sindacato sulla costituzionalità dell'art. 2 in relazione ai casi concreti in cui tale applicazione potrebbe importare la violazione dei diritti statutari dei cittadini, non è ammissibile"*. La Corte riconosce che *"Non si può negare che la formu-*

Come noto, le sentenze interpretative di rigetto sono caratterizzate dalla apposizione, nel dispositivo, della formula *"nei sensi di cui in motivazione"*, con cui la Corte costituzionale indica che il rigetto della questione è conseguenziale ad un'interpretazione del dettato normativo differente da quella prospettata dal giudice *a quo*. Ma nel 1956 la Corte costituzionale non aveva ancora elaborato tale formula che comincerà ad essere utilizzata a partire dalla sentenza n. 1 del 1957 (relativa alla questione di costituzionalità del reato di apologia del fascismo)[6].

L'entrata in funzione della Corte costituzionale pone subito il problema del rapporto del nuovo giudice costituzionale con i giudici comuni e soprattutto con riguardo ai rispettivi àmbiti di autonomia interpretativa, a partire dallo spazio da riconoscere al giudice costituzionale nei confronti dell'interpretazione della disposizione impugnata – fatta propria da giudice *a quo*.

A questo proposito, la dottrina avverte subito che l'alternativa secca "accoglimento-rigetto" potrebbe condurre a ritenere che la Costituzione presupponga l'inesistenza di un potere della Corte costituzionale di reinterpretare la disposizione impugnata in senso diverso rispetto a quello prospettato dal giudice *a quo*, con la conseguente deduzione dell'esistenza di un vincolo per il giudice costituzionale chiamato a pronunciarsi sulla conformità a Costituzione della norma legislativa come individuata dal giudice *a quo*.

Il riconoscimento dell'autonomia interpretativa della Corte costituzionale – riconoscimento che poi porta con sé la conseguente questione

---

la dell'art. 2 della legge di p.s., nella sua latitudine, potrebbe dare adito ad arbitrarie applicazioni, se si affermassero interpretazioni diverse da quella rilevata dalla Corte. Ma in tal caso l'odierna decisione non precluderebbe il riesame della questione di legittimità costituzionale della norma contenuta nel citato articolo. Certo, è auspicabile che, nell'opera di revisione che è in corso presso gli organi legislativi, il testo dell'art. 2 trovi una formulazione che lo ponga, nella misura massima possibile, al riparo da ogni interpretazione contraria allo spirito della Costituzione". E la Corte, nel dispositivo, dichiara infondata la questione di legittimità costituzionale *"nei riguardi dell'art. 2 del T.U. leggi di p.s., approvato con R.D. 18 giugno 1931, n. 773, salva la opportuna revisione del testo della norma predetta, al fine di renderlo formalmente più adeguato al carattere dei poteri attribuiti al Prefetto"*.

[6] Corte cost., 26 gennaio 1957, n. 1, in *Giur. cost.*, 1957, 1 ss., che ha dichiarato infondata la questione di legittimità costituzionale dell'art. 4 della legge n. 645 del 1952, in base alle argomentazioni per cui l'apologia del fascismo, per assumere carattere di reato, *"deve consistere ... in una esaltazione tale da poter condurre alla riorganizzazione del partito fascista"*.

del vincolo per i giudici comuni dell'interpretazione prospettata dalla Corte costituzionale (v. *infra*) – costituisce un aspetto problematico che, fin dal 1956, impegna da subito la migliore dottrina [7] la quale compren-

---

[7] Appare importante ricordare che nella seduta inaugurale del secondo anno di attività della Corte costituzionale (G. Azzariti, *Discorso nella seduta inaugurale del secondo anno di attività della Corte*, in *Giur. cost.*, 1957, 878 ss., 884-885) il presidente Azzariti si sofferma proprio sulla problematica dell'efficacia, per i giudici comuni, delle interpretazioni delle disposizioni legislative fatte proprie dalla Corte costituzionale: "È evidente – affermò Azzariti – che alla Corte non spetti esaminare l'applicazione concreta delle norme, perché questa è demandata esclusivamente ai giudici di merito; ma ciò non esclude il potere della Corte di interpretare tanto la norma costituzionale che si assume violata, quanto la norma della legge ordinaria che si asserisce costituzionalmente illegittima, La identificazione della norma è il prius per giudicare se vi sia o meno conformità con la costituzione e tale identificazione non può essere fatta che per mezzo dell'interpretazione del testo normativo; il problema diventa però delicato quando la disposizione legislativa sia suscettibile di interpretazioni diverse, delle quali taluna attribuisca alla norma un significato in contrasto con la costituzione. In questo caso è naturale che sia data la preferenza ad altre interpretazioni, purché consentita dal testo legislativo e dal sistema dell'ordinamento giuridico, la quale porta riconoscere una norma che sia conforme alla costituzione, essendo evidente che non può essere dichiarata la illegittimità costituzionale di una disposizione legislativa solo perché possa prestarsi ad un'interpretazione difforme dei precetti costituzionali. Forse poche disposizioni riuscirebbero a sottrarsi, in tal caso, ad una dichiarazione simile ed è del resto sempre grave eliminare una norma di legge vigente senza avere poteri per sostituirla o adattare le norme residue con quella che le erano connesse. Si potrebbe qui chiedere quali siano il valore e l'efficacia pratica dell'interpretazione legislativa della corte costituzionale. Questa non ha il potere di interpretare autenticamente le leggi e solo alle sue decisioni che dichiarano la illegittimità costituzionale di norme legislative è attribuita efficacia erga omnes. L'interpretazione che la Corte adotta non ha quindi una generale efficacia vincolante. Solo nel giudizio dal quale la questione di costituzionalità è stata proposta, la norma non potrà dal giudice essere applicata se non nel senso indicato dalla corte costituzionale; ma, in altri giudizi le autorità giurisdizionali, non essendo vincolate giuridicamente, potrebbero pure dare alla norma un'interpretazione diversa". Ma, aggiunge Azzariti, "è difficile però che ciò avvenga in pratica, perché l'autorità delle interpretazioni adottate con sentenza della Corte costituzionale è di per sé notevole. Inoltre, nell'adottare un'interpretazione piuttosto che un'altra la Corte non opera arbitrariamente, ma, pure affermando in via di principio la sua autonomia di giudizio, suole tener conto della interpretazione che alla norma abbiano data i giudici ordinari e amministrativi e soprattutto la Corte di cassazione, che è l'organo supremo dell'ordine giudiziario. Non è quindi verosimile che vi siano giudici i quali vogliono discostarsi da una corrente giurisprudenziale che abbia conferito valore positivo ad una disposizione legislativa in senso compatibile con le norme costituzionali, e preferiscano accogliere una interpretazione che sia contrastante con la Co-

de chiaramente come attorno a tale questione finisca per ruotare il senso stesso del ruolo del giudice costituzionale (rapporti con i giudici comuni, con la legislazione ordinaria, ecc.), nonché il valore – normativo ed ermeneutico – da assegnare alla Carta repubblicana.

Le sentenze interpretative – sia di accoglimento che di rigetto – sono frutto della giurisprudenza costituzionale (in quanto create, in via pretoria, dalla Corte costituzionale) e, fin dal loro apparire, si è posto, in dottrina, il problema della loro ammissibilità, del loro fondamento e della vincolatività delle medesime innanzitutto nei confronti dei giudici comuni (ma anche del legislatore e di ogni operatore del diritto) [8].

Al riguardo la disciplina costituzionale è (almeno apparentemente) minima.

Per le sentenze di accoglimento, l'art. 136 Cost. espressamente prevede l'efficacia della dichiarazione di incostituzionalità (la *"cessazione di efficacia"* della norma dichiarata incostituzionale) [9], mentre per le sentenze di rigetto la Carta costituzionale non spende alcuna parola. Si deve pertanto affermare che la sentenza di rigetto non ha efficacia *erga omnes* potendo imporsi solo grazie alla "forza persuasiva" delle argomentazioni poste alla base della relativa pronuncia [10].

Rigettata la tesi volta ad escludere la stessa ammissibilità delle sentenze interpretative di rigetto, il pendolo delle soluzioni relative all'efficacia da riconoscere a tali pronunce oscilla dalla efficacia *erga omnes* dell'interpretazione prospettata dalla Corte costituzionale all'assenza di ogni efficacia sino al punto di ritenere che tali sentenze possono anche essere *inutiliter datae* e che una loro "ulteriore efficacia" possa discendere solo dalla condivisione – da parte dei giudici comuni – dei relativi esi-

---

stituzione, specialmente dopo che una sentenza della Corte costituzionale abbia chiarito che, solo se intesa in quel determinato senso, quella disposizione legislativa sfugge alla dichiarazione di illegittimità costituzionale. Rimarrebbe sempre del resto alla Corte – come questa ha espressamente dichiarato – la possibilità di riprendere in esame la questione di costituzionalità della norma, qualora un mutato indirizzo giurisprudenziale desse alla norma stessa una interpretazione non conforme ai precetti della Costituzione".

[8] G. Zagrebelsky, *La giustizia costituzionale*, cit., 253.

[9] Sulla portata di tale disposizione costituzionale sia consentito rinviare a F. Politi, *Gli effetti nel tempo delle sentenze di accoglimento della Corte costituzionale. Contributo ad una teoria dell'invalidità della legge*, Padova, 1997.

[10] Così da ultimo R. Romboli, *Qualcosa di nuovo ... anzi di antico: la contesa sull'interpretazione conforme alla legge*, cit., 2.

ti (e dunque sulla bontà e condivisibilità delle argomentazioni prospettate dalla Corte costituzionale).

All'interno di queste estreme – e per questo non accolte – soluzioni, la dottrina ha cercato di individuare soluzioni intermedie volte a porre, quantomeno nei confronti del giudice *a quo*, un vincolo della sentenza interpretativa di rigetto.

E così si è oscillato fra l'affermazione di un *"vincolo positivo"* (nel senso che il giudice *a quo* "deve" assegnare alla disposizione impugnata l'interpretazione prospettata dalla Corte costituzionale) [11] e l'affermazione di un *"vincolo in negativo"* (nel senso che, ferma rimanendo la libertà interpretativa del giudice *a quo*, questi potrebbe adottare qualunque interpretazione della disposizione impugnata tranne quella disattesa dalla Corte costituzionale) [12].

E così Carlo Esposito, pur ritenendo che il giudice comune debba orientarsi verso un'interpretazione conforme a Costituzione, riconosceva che nessuna norma impone al giudice comune di seguire l'interpretazione prospettata dalla Corte costituzionale [13].

Pierandrei metteva l'accento sulla funzione di "magistero costituzionale" svolta dalla Corte costituzionale che presuppone l'esistenza, nel nostro ordinamento, di un principio fondamentale che imporrebbe a tutti i soggetti dell'ordinamento di "conformarsi" alle pronunce della Corte costituzionale e quindi anche di non dar seguito alle interpretazioni da questa disattese [14].

A questo proposito, si deve constatare che il quadro della giurisprudenza comune ha mostrato – e continua a mostrare – un sostanziale rispetto verso le interpretazioni avanzate dalla Corte costituzionale, ma anche l'esistenza di episodi cosiddetti di "disobbedienza" o comunque di

---

[11] A.M. Sandulli, *Atto legislativo, statuizione legislativa e giudizio di legittimità costituzionale*, in *Riv. trim. dir. proc. civ.*, 1961, 12 ss.

[12] V. Crisafulli, *Questioni in tema di interpretazione della Corte costituzionale nei rapporti con l'interpretazione giudiziaria*, in *Giur. cost.*, 1956, 939; Id., *La Corte costituzionale tra magistratura e Parlamento*, in *Scritti in memoria di P. Calamandrei*, vol. IV, Padova, 1958, 289 ss.; Id., *Ancora sulle sentenze interpretative di rigetto della Corte costituzionale*, in *Giur. cost.*, 1965, 96 ss.

[13] C. Esposito, *Nota senza titolo*, in *Giur. cost.*, 1957, 73; Id., *Compatibilità delle disposizioni di legge con la costituzione e interpretazione della legge*, *ivi*, 1958, 569; Id., *Autorità delle decisioni di rigetto della Corte costituzionale nel giudizio a quo*, *ivi*, 1961, 1216 ss.

[14] F. Pierandrei, *Corte costituzionale*, in *Enc. dir.*, vol. X, Milano, 1962, 987-988.

libertà interpretativa da parte di singoli giudici di merito o anche da parte della Cassazione [15] nei confronti di alcune pronunce di rigetto della Corte costituzionale.

Leopoldo Elia affermerà che il giudice comune che non intenda condividere l'opzione interpretativa della legge prospettata dalla Corte costituzionale ha l'obbligo di sollevare la questione di legittimità costituzionale, ma non in ragione di una vincolatività della sentenza interpretativa di rigetto, ma in ragione del più generale principio dell'obbligo del giudice di sollevare questione di costituzionalità di norme il cui dubbio di costituzionalità è stato già acclarato dalla Corte costituzionale [16].

Ma proprio questo esito, che viene generalmente ritenuto come "il punto di arrivo maggiormente condiviso" dalla dottrina [17], conferma sia la perdurante libertà interpretativa di ogni giudice, sia la "debolezza intrinseca" delle sentenze interpretative di rigetto, la cui efficacia risiede dunque o nella individuazione di – più o meno condivisi – principi generali o nelle capacità argomentative della singola decisione [18].

La scelta del controllo di costituzionalità accentrato ha inizialmente sottratto ai giudici comuni l'applicazione della Costituzione (riservandola

---

[15] C. Mortati, *Effetti pratici delle sentenze interpretative della corte costituzionale*, in *Giur. cost.*, 1959, 552, evidenzia alcuni di tali casi.

[16] L. Elia, *Sentenze "interpretative" di norme costituzionali e vincolo dei giudici*, in *Giur. cost.*, 1966, 1715.

[17] R. Romboli, *Qualcosa di nuovo ... anzi d'antico*, cit., 3.

[18] Nel dibattito concernente l'efficacia delle sentenze interpretative di rigetto corre sottotraccia la questione relativa all'affermazione o meno di un "monopolio della Corte costituzionale" nell'interpretazione della costituzione e dunque anche nell'interpretazione della legge "conforme a costituzione" (R. Romboli, *op. ult. cit.*, 3). Ed infatti alcuni autori riservano alla sola Corte costituzionale il potere di interpretazione costituzionalmente conforme per il timore di un esautoramento – da parte dei giudici comuni – del ruolo della Corte costituzionale mediante "i più audaci mezzi ermeneutici" (C. Lavagna, *Considerazioni sulla inesistenza di questioni di legittimità costituzionale e sulla interpretazione adeguatrice* (1959), ora in *Ricerche sul sistema normativo*, Milano, 1984, 604). Evidente in questo caso è il timore che la (allora giovanissima) Corte costituzionale non venisse messa in un angolo e depotenziata della sua carica di organo difensore della Costituzione. In questa prospettiva va ricordata anche la riflessione di A. Pace, *I limiti dell'interpretazione adeguatrice*, in *Giur. cost.*, 1963, 1066 ss., che, pur riconoscendo sia alla Corte costituzionale che al giudice comune il potere di interpretazione conforme, sostiene la necessità di una sentenza di accoglimento (anziché di rigetto) in ragione della necessità di eliminare dall'ordinamento ogni norma incostituzionale. Ma, sottotraccia corre anche il tema della diretta efficacia (o meno) delle norme costituzionali.

alla sola Corte costituzionale)[19], ma deve anche ricordarsi che nel periodo 1948-1956 (ai sensi di quanto disposto dal secondo comma della VII disp. trans. e fin. Cost., secondo cui *"fino a quando non entri in funzione la Corte costituzionale, la decisione delle controversie indicate nell'art. 134 ha luogo nelle forme e nei limiti delle norme preesistenti all'entrata in vigore della Costituzione"*) vi sono state le condizioni per l'affermazione di un – potere di – sindacato diffuso conferito al giudice comune (o nel quale comunque la magistratura avrebbe potuto svolgere un ruolo attivo nella affermazione delle norme costituzionali), ma l'orientamento prevalente (anzi, quasi unanime della giurisprudenza dell'epoca) è stato invece proprio quello della sostanziale "non applicazione" della Costituzione[20].

A questo proposito devono ricordarsi le pronunce della Cassazione del 1948 che hanno distinto le norme della Costituzione in programmatiche e precettive (e queste ultime, a loro volta, in norme ad efficacia immediata e norme ad efficacia differita), pronunce che avevano portato alla sostanziale disapplicazione di gran parte delle norme costituzionali.

Ma, sempre con riguardo al ruolo della magistratura nell'attuazione della Costituzione, deve essere parimenti ricordato l'ordine del giorno approvato dall'Associazione nazionale dei magistrati a Gardone nel 1965 nel quale si affermava che "spetta ad ogni giudice, in funzione di imparzialità e indipendenza nei confronti di ogni organizzazione politica e di ogni centro di potere: 1) applicare direttamente le norme della costituzione, quando ciò sia tecnicamente possibile in relazione al fatto concreto controverso; 2) rinviare all'esame della Corte costituzionale, anche d'ufficio, le leggi che non si prestino ad essere ricondotte, nel momento interpretativo, al dettato costituzionale; 3) interpretare tutte le leggi in conformità ai principi contenuti nella Costituzione".

Questa presa di posizione dell'Associazione nazionale magistrati suscitò – per numerosi profili – un acceso dibattito in dottrina con riguardo:

a) al rapporto fra indirizzo politico e magistratura (e ruolo della magistratura);

---

[19] Da ricordare in proposito le brillanti considerazioni di C. Mezzanotte, *Il giudizio sulle leggi*, I, *Le ideologie del costituente*, Milano, 1979; Id., *Corte costituzionale e legittimazione politica*, Roma, 1984.

[20] Al riguardo v. le considerazioni di S. Bartole, *Interpretazioni e trasformazioni della Costituzione repubblicana*, Bologna, 2004.

b) all'esistenza o meno (e dunque alla correttezza o meno dell'uso del concetto) di un "indirizzo politico costituzionale" [21];

c) all'esistenza o meno di un dovere della Corte costituzionale e dei giudici comuni di farsi carico della tutela di tale "indirizzo politico costituzionale";

d) al tema dei rapporti interni alla magistratura (giacché i magistrati di grado inferiore propendevano per la scelta di sollevare questioni di costituzionalità ponendosi così in orientamento contrastante con quello seguito dalla Cassazione che, all'epoca, si rivelava meno propensa a sollevare questioni di costituzionalità).

Proprio sul finire degli anni Sessanta si assiste all'apertura di un periodo di forte scontro (scontro che si chiuderà con l'affermazione della "dottrina del diritto vivente") fra Corte costituzionale e Cassazione (con quella che è stata definita la "guerra fra le due Corti") [22].

La relativa vicenda, pur riguardando in concreto l'applicabilità ai processi pendenti della dichiarazione di incostituzionalità di norme processuali penali (*id est*, l'efficacia nel tempo con riguardo a processi già svolti ma non ancora chiusi in via definitiva della sentenza della corte costituzionale), finisce per toccare proprio la questione della "primazia" fra le due Corti (costituzionale e di cassazione) in merito alla interpretazione delle norme costituzionali e delle disposizioni legislative.

Tale contrasto si chiuderà di fatto solo negli anni ottanta con l'affermazione della "dottrina del diritto vivente" [23].

Con l'espressione "diritto vivente" viene ad indicarsi la norma come "vive" nell'ordinamento, nell'interpretazione maggiormente condivisa e dunque implica la scelta da parte della Corte costituzionale di non "impegnarsi" in contrasti interpretativi – eventualmente sorti all'interno degli orientamenti dei giudici di merito e/o del giudice di legittimità – ma di rimettersi – in caso appunto di contrasti interpretativi – alle opzioni fatte proprie dall'orientamento prevalente (ed in particolare dalla Cassazione).

---

[21] Vedi già P. Barile, *Istituzioni di diritto pubblico*, Padova, 1952.

[22] N. Assini, *L'oggetto del giudizio di costituzionalità e la "guerra delle due Corti"*, Milano, 1973.

[23] La "guerra" (vera e propria) fra le due Corti si chiuderà con la sentenza della Corte cost. n. 49 del 1970 con una sostanziale resa di quest'ultima: indicativo, a questo proposito, sarà già solo il titolo della nota – *"La Corte ha chiuso un occhio (e forse tutti e due)"* – che Leopoldo Elia scriverà a commento di tale pronuncia (in *Giur. cost.*, 1970).

L'affermazione, nella giurisprudenza costituzionale, della "dottrina del diritto vivente" è stata interpretata dalla dottrina prevalente quale strada per la ricerca – e l'individuazione – da parte della Corte costituzionale, di un punto di equilibrio nel rapporto fra la Corte medesima ed i giudici comuni, punto di equilibrio rappresentato dall'assegnazione – da parte della Corte costituzionale – di una preferenza all'interpretazione prevalente affermatesi nella giurisprudenza di merito e poi in quella della Cassazione. Ed in questa direzione opera anche l'attenzione della giurisprudenza costituzionale a ritenere inammissibili le questioni di legittimità costituzionale ambivalenti o dubbiose [24].

3. *L'interpretazione costituzionalmente conforme della disposizione legislativa impugnata*

A partire dalla sentenza n. 356 del 1996 (principio poi sempre ribadito nella giurisprudenza costituzionale) la Corte costituzionale afferma che *"le leggi non si dichiarano costituzionalmente illegittime perché è possibile darne interpretazioni incostituzionali (e qualche giudice ritenga di darne), ma perché è impossibile darne interpretazioni costituzionali"*.

Questo orientamento, oramai consolidato, della giurisprudenza costituzionale volto a ritenere inammissibili le questioni di legittimità costituzionale per mancata sperimentazione dell'interpretazione costituzionalmente conforme della disposizione legislativa impugnata, pone una lunga serie di questioni, sia di carattere generale che attinenti più specificamente al processo costituzionale.

Deve infatti ricordarsi che la legge cost. n. 1 del 1948 e la legge n. 87 del 1953 (che disciplinano l'accesso al giudizio di costituzionalità) prevedono che il giudice *a quo* debba verificare che la questione di costituzionalità sia rilevante e non manifestamente infondata.

La "rilevanza della questione" attiene all'applicabilità nel giudizio *a quo* della norma della cui costituzionalità si dubita, mentre la "non manifesta infondatezza della questione" attiene all'esistenza di un "dubbio"

---

[24] Secondo R. Romboli, *op. ult. cit.*, 5, fenomeno diverso è quello relativo alle additive di principio, con cui la Corte costituzionale rimette al giudice il compito di *"ricercare nel complessivo sistema normativo l'interpretazione idonea ad assicurare la protezione dei ... beni costituzionali"* (Corte cost., sent. n. 347 del 1998).

di costituzionalità (dovendo il giudice rigettare le questioni che appaiono "manifestamente infondate").

A questo proposito dobbiamo ricordare l'importanza dell'intuizione di Crisafulli circa l'introduzione nel nostro ordinamento – caratterizzato da un controllo accentrato – di elementi di sindacato diffuso, mediante l'esame della non manifesta infondatezza, giacché il giudice *a quo* è chiamato a svolgere in tale momento un primo confronto fra la disposizione legislativa – della cui costituzionalità dubita – e la Costituzione.

Di fronte all'orientamento della Corte costituzionale volto a ritenere inammissibili le questioni di costituzionalità prive di un'adeguata motivazione circa la possibilità di un'interpretazione costituzionalmente conforme della disposizione impugnata, alcuni hanno sostenuto che la Corte costituzionale avrebbe introdotto un "terzo requisito" (oltre a quelli della rilevanza e della non manifesta infondatezza), ma soprattutto avrebbe trasformato quest'ultimo da "un dubbio in una quasi certezza del contrasto della legge con i principi costituzionali" [25].

Altri sottolineano come tale onere di motivazione – richiesto dalla Corte costituzionale – venga ad inserirsi proprio all'interno di quella giurisprudenza costituzionale volta ritenere inammissibili le questioni di legittimità costituzionale non sufficientemente motivate o contraddittorie o sollevate in maniera perplessa, ecc. [26].

Altri ancora sostengono che, nell'*iter* logico seguito dalla Corte costituzionale, l'onere di interpretazione costituzionalmente conforme precede e condiziona la valutazione sulla rilevanza e sulla non manifesta infondatezza della questione di costituzionalità [27].

---

[25] R. Romboli, *op. ult. cit.*, 9. Secondo G.U. Rescigno, *Interpretazione costituzionale e positivismo giuridico*, in G. Azzariti, *Interpretazione costituzionale*, cit., 21, secondo cui la Corte costituzionale "stravolge il meccanismo come configurato nella legge costituzionale, la quale prevede che il giudice abbia l'obbligo di sollevare la questione non quando è convinto della incostituzionalità della norma, ma quando dubita della sua incostituzionalità (ed anzi, a mio parere, quando ritiene ragionevole il dubbio espresso dalla parte che ha sollevato la questione)".

[26] R. Bin, *L'applicazione diretta della costituzione, le sentenze interpretative, l'interpretazione conforme a Costituzione. Osservazioni liminari*, in *Interpretazione costituzionale*, cit., 11 ss.

[27] M. Ruotolo, L'*interpretazione conforme a costituzione nella più recente giurisprudenza costituzionale. Una lettura alla luce di alcuni risalenti contributi apparsi nella Rivista "Giurisprudenza costituzionale"*, in A. Pace (a cura di), *Corte costituzio-*

Ma, al di là delle diverse opinioni dottrinali, è da riconoscere che la Corte costituzionale finisce per porre sul giudice *a quo* un onere di motivazione ulteriore la cui assenza è censurata con una pronuncia di inammissibilità della questione di costituzionalità.

In questa prospettiva si pone il problema del rapporto fra tale onere posto sul giudice *a quo* (e le conseguenti ordinanze di inammissibilità) e la misura della possibilità concreta che il giudizio si costituzionalità si chiuda con una sentenza interpretativa di rigetto, giacché (almeno secondo alcuni) le ordinanze di inammissibilità per mancato esperimento (da parte del giudice *a quo*) della verifica della possibilità di una interpretazione costituzionalmente conforme della disposizione legislativa della cui costituzionalità il giudice *a quo* dubita, finirebbe per "togliere spazio" alla tipologia della sentenza interpretativa di rigetto la quale verrebbe ad essere ormai utilizzata solo laddove la Corte costituzionale ponga in essere un'interpretazione o "più creativa" rispetto alla lettera della legge o che intenda superare un consolidato "diritto vivente" [28].

Quello del c.d. "seguito" delle sentenze interpretative di rigetto è dunque un problema "antico" [29], risalente agli inizi stessi dell'attività della Corte costituzionale, ed è un problema che continua sempre a porsi perché concernente (almeno) due aspetti che toccano il cuore stesso delle funzioni della giurisdizione costituzionale:

1. i rapporti del giudice costituzionale con i giudici comuni;
2. il valore normativo della Costituzione.

Da un'analisi, sia pure rapida, della giurisprudenza della Cassazione, non è difficile individuare, nelle argomentazioni del giudice di legittimità, due itinerari argomentativi contrapposti – quantunque coesistenti – sia pure uno di gran lunga maggioritario ma che non esclude la coesistenza anche del secondo.

La Cassazione infatti, quando ritiene – e ciò avviene nella maggior parte dei casi – di condividere l'interpretazione prospettata dalla Corte costituzionale, fonda esplicitamente le relative pronunce sulla "autorevole interpretazione del giudice costituzionale"; viceversa, quando (orien-

---

nale e processo costituzionale nell'esperienza della Rivista "Giurisprudenza costituzionale" per il 50° anniversario della Corte costituzionale, Milano, 2006, 123, nt. 81.

[28] R. Romboli, *op. ult. cit.*, 10, elenca i casi di ricorso alle due differenti tipologie decisorie.

[29] R. Romboli, *op. ult. cit.*, 1.

tamento minoritario) non condivide l'orientamento seguito dalla Corte costituzionale, nella relativa motivazione, pur dichiarando di prendere atto della "autorevole interpretazione" prospettata dalla Corte costituzionale, evidenzia che, essendo la relativa interpretazione contenuta in una sentenza di rigetto – e cioè in una tipologia decisoria priva di efficacia *erga omnes*, anzi priva di alcuna efficacia – non crea alcun vincolo sulla libertà interpretativa del giudice comune (e dunque della Cassazione medesima).

Esaminata da questa prospettiva, la cosiddetta "dottrina del diritto vivente" – cioè l'orientamento della Corte costituzionale volto ad assegnare alla disposizione legislativa della cui costituzionalità si dubita il significato fatto proprio dalla giurisprudenza prevalente ed in particolare dalla Cassazione – può rappresentare piuttosto un'abdicazione, da parte della Corte costituzionale, dalla pretesa di voler proporre una "propria" interpretazione difforme da quella adottata dal giudice comune.

Ma, tornando alla giurisprudenza della Cassazione, questa oscilla – con le relative posizioni intermedie – fra l'orientamento di gran lunga prevalente (rappresentato da pronunce adesive alle interpretazioni – "costituzionalmente conformi" – avanzate dalla Corte costituzionale) e quello minoritario – ma pur sempre presente – consistente in – sia pure sporadiche – affermazioni di autonomia interpretativa del giudice comune.

E così nel 1998, la Cassazione afferma che la sentenza interpretativa di rigetto pone sul giudice *a quo* un vincolo meramente negativo potendo lo stesso adottare qualsiasi interpretazione della legge *"purché conforme a Costituzione"*, ma questo esito non può prodursi nei casi in cui la stessa Corte costituzionale affermi che l'interpretazione dalla medesima prospettata venga a porsi *"come l'unica compatibile con la Costituzione"*; in questi casi infatti sul giudice viene a ricadere un obbligo "positivo" di adozione della interpretazione costituzionalmente orientata indicata dalla Corte costituzionale [30].

In questa occasione, la Cassazione ha aggiunto, con riguardo al vincolo che la sentenza interpretativa di rigetto determina nei confronti di ogni giudice, che su qualunque organo giudicante, qualora ritenga di non poter aderire all'interpretazione indicata dalla Corte costituzionale, gravi l'obbligo "anche giuridico" di motivare le proprie ragioni e che lo

---

[30] In questi termini la c.d "sentenza Alagni", in *Giur cost.*, 1999, 1412 ss., con nota di E. Lamarque, *Le sezioni unite penali della Cassazione "si adeguano" all'interpretazione adeguatrice della Corte costituzionale*; sul punto v. R. Romboli, *op. ult. cit.*, 6.

portano non solo a perseguire una strada interpretativa difforme da quella indicata dalla Corte costituzionale, ma anche a sollevare una questione di costituzionalità.

Il giudice comune non può dunque limitarsi a "liquidare" l'interpretazione suggerita dalla Corte, dovendosi invece riconoscere alla pronuncia della Corte – quantunque di rigetto – un'efficacia di "precedente" consistente nella capacità della stessa di imporre ad ogni giudice di uniformarsi all'interpretazione indicata dalla Corte costituzionale, salva la possibilità di opinione contraria ma adeguatamente motivata [31].

Questa attenzione della Cassazione sull'onere di motivazione ricadente sul giudice comune viene così a prospettarsi come un tassello nella costruzione di quella *"comunità aperta degli interpreti della Costituzione"* indicata da Peter Häberle (v. *supra*, cap. II) [32].

E così nella sentenza Alagni del 1998, la Cassazione riconosce alla Corte costituzionale la qualifica di *"organo più qualificato in tema di interpretazione costituzionale"* – posto *"in posizione di vertice"* –, delineando così una collocazione della Corte costituzionale tendenzialmente di superiorità nei confronti anche della stessa Cassazione [33].

Ad un orientamento della Cassazione addirittura fin troppo accondiscendente nei confronti delle sentenze interpretative di rigetto – in cui, come visto, la Cassazione giunge a delineare una *"priorità interpretativa"* della Corte costituzionale che sembra quasi far concretizzare una "abdicazione" del giudice di legittimità dalla propria funzione nomofilattica a favore alla Corte costituzionale –, si contrappone un orientamento esattamente antitetico quale quello fissato dalla c.d. "sentenza Pezzella" adottata dalle Sezioni Unite penali nel 2004 (n. 23016).

In questa pronuncia, la Cassazione afferma – in maniera contraria a quanto avvenuto nelle "sentenza Alagni" – che la sentenza interpretativa di rigetto determina un mero "vincolo negativo" nei confronti giudice *a*

---

[31] R. Romboli, *op. loc. ult. cit.*

[32] P. Häberle, *Die offene Gesellschaft der Verfassunginterpreten*, 1975.

[33] R. Romboli, *op. loc. ult. cit.*, ricorda che l'allora presidente della Corte costituzionale (Vassalli), nella successiva conferenza stampa annuale, "ebbe a sottolineare – sotto certi aspetti quasi invertendo il ruolo delle parti in un ipotetico incontro-scontro tra le due corti – che, sulla base delle affermazioni contenute nella decisione della Cassazione, le interpretazioni della Corte costituzionale divengono quasi vincolanti, con il rischio che quest'ultima venga ad assumersi un ruolo di nomofilachia che non le spetta".

quo e che nessun effetto vincolante possa riconoscersi nei confronti di ogni altro organo giudicante. Infatti (continua la Cassazione) permane sempre nel giudice il potere di interpretare autonomamente la legge e se sullo stesso ricade comunque l'onere di perseguire una interpretazione costituzionalmente conforme, questa constatazione non conduce a ritenere che il giudice non possa individuare un'interpretazione (sempre costituzionalmente orientata ma) differente da (o comunque ulteriore rispetto a) quella indicata dal giudice costituzionale, giacché, diversamente opinando si giunge ad assegnare alla Corte costituzionale un potere di "interpretazione autentica" [34].

Viene dunque a riproporsi la questione se la Corte costituzionale detenga o meno – o comunque finisca di fatto per gestire – il monopolio (o l'esclusività) della interpretazione della Costituzione (esito che tende ovviamente a porsi in contrasto con una ricostruzione "aperta" dell'ordinamento giuridico, soprattutto a livello costituzionale).

Nella sentenza "Pezzella" la Cassazione riconosce la possibilità di divergenze e di reciproche interferenze fra le due Corti, in ragione delle rispettive sfere di attribuzioni, e l'interpretazione costituzionalmente conforme indicata dal giudice delle leggi va a collocarsi all'interno – senza esaurirlo – dell'articolato quadro che continua ad assegnare a ciascun giudice una – costituzionalmente garantita – autonomia interpretativa.

Parte della dottrina [35] ritiene che il mutamento di orientamento della Cassazione fra il 1998 e il 2004 sia da mettere in relazione alla cosiddetta "crisi della dottrina di diritto vivente" conseguente, da un lato, allo smaltimento – da parte della Corte costituzionale – del proprio arretrato (per cui la Corte costituzionale è chiamata sempre più a pronunciarsi su disposizioni legislative sulle quali non si è ancora formato un orientamento giurisprudenziale prevalente, e ancor meno della Cassazione), sia all'utilizzo altalenante di tale principio da parte della stessa Corte costituzionale.

Ed infatti si è assistito a casi in cui, pur di fronte ad un consolidato

---

[34] R. Romboli, *op. loc. ult. cit.*, che aggiunge: "La Cassazione quindi contesta che l'interpretazione della Corte costituzionale abbia effetti assolutamente vincolanti per il giudice, al quale non spetterebbe altro compito che quello di adeguarsi, sostenendo che il valore di precedente opera solamente se sorretto da argomentazioni persuasive, tali da indurre i giudici a condividerle e a farle proprie".

[35] R. Romboli, *op. ult. cit.*, 6-7.

orientamento interpretativo della Cassazione, la Corte costituzionale ha proposto una propria, ulteriore (differente) interpretazione [36], invitando i giudici comuni ad optare per un'interpretazione della disposizione legislativa conforme a Costituzione, giacché il giudice ha "*solo la facoltà non l'obbligo di uniformarsi al prevalente orientamento giurisprudenziale*" [37].

Se, nella dottrina del diritto vivente, la Corte costituzionale accetta l'interpretazione del testo legislativo prevalente nella giurisprudenza (e dunque rinuncia a sovrapporre una propria interpretazione a quella del giudice *a quo*, rimettendosi invece all'orientamento giurisprudenziale prevalente), con l'interpretazione costituzionalmente conforme la Corte costituzionale impone innanzitutto al giudice *a quo* (ma poi anche a sé stessa) di esperire, nel percorso interpretativo che porta dal testo scritto alla determinazione della norma da applicare al caso specifico, un peculiare adempimento rappresentato appunto da un'interpretazione costituzionalmente conforme.

Con riguardo al rapporto fra diritto vivente ed interpretazione costituzionalmente conforme, bisogna dunque constatare che è la crisi del diritto vivente a determinare il verificarsi di possibili contrasti interpretativi fra Corte costituzionale e Cassazione [38].

E così nell'ordinanza n. 338 del 2001 (redattore Zagrebelsky), la Corte costituzionale era chiamata a pronunciarsi sulla conformità a Costituzione dell'art. 149 della legge n. 89 del 1913 (*Ordinamento del notariato e degli archivi notarili*), nella parte in cui non prevede che il Consiglio notarile locale sia parte del rapporto processuale che s'instaura a seguito di impugnazione dinanzi al tribunale, da parte del notaio o del Procuratore della Repubblica, dei provvedimenti d'applicazione di alcune tipologie di "pene disciplinari" (avvertimento e censura) adottati da parte del competente Consiglio notarile nei confronti del notaio.

Il giudice *a quo* (sezioni unite della Cassazione) riteneva che la norma impugnata (che indica quali parti del giudizio davanti al tribunale soltanto il notaio e il Procuratore della Repubblica) escludesse l'intervento

---

[36] Cfr., ad esempio, sent. n. 196 del 1999.

[37] Corte cost., sent. n. 252 del 2005; ord. n. 3 del 2002. Per R. Romboli, *op. ult. cit.*, 7, "Nel rapporto fra diritto vivente e dell'interpretazione conforme, la Corte costituzionale mostra ... di dare la prevalenza alla seconda, venendo ... il primo ad assumere la natura di criterio residuale".

[38] R. Romboli, *op. ult. cit.*, 8.

in giudizio del Consiglio notarile[39], ponendosi così in contrasto con la Costituzione, giacché (in ragione della natura amministrativa sia di tali provvedimenti che dell'organo abilitato a prenderli) violava l'art. 24 Cost. (*"per non poter il Consiglio notarile difendere il suo atto davanti al giudice"*)[40] e l'art. 3 Cost. (in quanto la giurisprudenza sarebbe ormai costante nel riconoscere, in altri ordinamenti professionali, la qualità di parte nel giudizio del collegio professionale che ha emesso il provvedimento impugnato).

In precedenza la giurisprudenza, anche di legittimità, aveva oscillato, con riguardo all'interpretazione di tale disposizione, tra una soluzione favorevole ed una avversa al riconoscimento al Consiglio notarile della qualità di parte nel procedimento giurisdizionale. In particolare, la soluzione interpretativa favorevole era stata sostenuta proprio facendo leva sulla necessità di una interpretazione costituzionalmente conforme (e dunque utilizzando, ma in senso contrapposto, gli argomenti che invece avevano indotto le sezioni unite a sollevare la questione di costituzionalità).

Di fronte a tale questione la Corte costituzionale "rimprovera" al giudice *a quo* di non aver *"saggiato la tenuta dell'interpretazione cui è giunto alla luce sistematica dei principi costituzionali che lo stesso giudice rimettente ritiene reggere la materia e che ha invocato ai fini della proposizione della questione di costituzionalità"*; mentre, *"in relazione al principio di unità dell'ordinamento giuridico, alle norme e ai principi costituzionali si deve ricorrere per giustificare la proposizione della questione di legittimità costituzionale solo dopo che le stesse norme e gli stessi principi siano stati considerati al fine di interpretare in loro conformità la disposizione che il*

---

[39] Secondo il giudice *a quo "il Consiglio notarile locale, pur essendo un organo amministrativo, non potrebbe, alla stregua della legislazione vigente, essere considerato parte necessaria del giudizio di impugnazione, giacché gli artt. 148 e seguenti della legge notarile del 1913 individuano quali soggetti legittimati all'impugnativa solo il pubblico ministero e il notaio incolpato, con ciò implicitamente escludendo il Consiglio; e a tale conclusione si perverrebbe anche sulla base dell'art. 158, quinto comma, della stessa legge, che, per il Ministero della giustizia e per il Consiglio notarile, impone solo la 'comunicazione' del provvedimento giurisdizionale in materia disciplinare, cioè una semplice informativa, non una notificazione, quale è invece stabilita in favore delle parti del rapporto processuale"*.

[40] Le Sezioni unite affermavano l'esistenza di un "principio generale di diritto" secondo il quale "l'autorità della pubblica amministrazione la quale ha emesso un provvedimento impugnato davanti al giudice sia soggetto controinteressato che, come tale, deve poter partecipare al giudizio", pena la lesione dell'art. 24 Cost.

giudice deve applicare e dopo che tale interpretazione conforme sia risultata impossibile".

La Corte specifica, dunque, l'esistenza di un onere interpretativo del giudice *a quo*, consistente in una "*interpretazione sistematica dei principi costituzionali*" in cui il ricorso ai principi costituzionali (e alle norme costituzionali) deve avvenire innanzitutto per addivenire ad una interpretazione costituzionalmente conforme, con la conseguenza che la questione di costituzionalità va sollevata solo dopo aver riscontrato – e motivato sul punto – l'impossibilità di una interpretazione costituzionalmente conforme.

Non può non essere segnalato che, con la questione di costituzionalità, il giudice *a quo* chiedeva l'adozione, da parte del giudice delle leggi, di una sentenza additiva (di dichiarazione di incostituzionalità della disposizione impugnata nella parte in cui non prevedeva esplicitamente fra i soggetti abilitati a proporre impugnazione anche il competente Consiglio notarile) e che la Corte ritiene che l'omissione della "lettera della legge" – non solo possa, ma anzi – debba essere superata mediante una interpretazione "sistematica" costituzionalmente orientata. E la mancata attuazione di tale percorso interpretativo rende inammissibile la questione di costituzionalità in quanto "*carente per un difetto di interpretazione della norma censurata*". E, aggiunge la Corte, tale difetto risulta "*tanto più evidente in quanto ... altra giurisprudenza è potuta giungere a un risultato interpretativo che avrebbe reso superflua ... la questione di costituzionalità proposta*" [41].

Bisogna però ricordare che in realtà il giudice *a quo* (nell'ordinanza di rimessione) non ignora l'esistenza dell'opposto indirizzo interpretativo ("secondo cui dovrebbe essere riconosciuta al Consiglio notarile, organo amministrativo, la possibilità d'impugnare i provvedimenti in materia disciplinare") ed indica invece le ragioni che l'inducono a ritenere che lo stesso non possa essere seguito, "*mancando nella legge professionale relativa ai notai una disposizione sulla cui base si possa giustificare l'attribuzione allo stesso Consiglio della veste di parte, sul tipo dell'art. 54 del d.P.R. 5 aprile 1950, n. 221 ('Approvazione del regolamento per la esecuzione del decreto legislativo 13 settembre 1946, n. 233, sulla ricostituzione degli Ordini delle professioni sanitarie e per la disciplina dell'esercizio*

---

[41] E la Corte ricorda anche le proprie precedenti pronunce (ord. n. 592 e n. 177 del 2000).

delle professioni stesse'), o dell'art. 7 del r.d. 17 agosto 1907, n. 642 ('Regolamento per la procedura dinanzi alle sezioni giurisdizionali del Consiglio di Stato'); norme, queste, che dispongono la notifica del ricorso anche alle autorità che hanno emanato il provvedimento impugnato".

La Cassazione riconosce che proprio quest'ultima previsione è *"espressione di un principio di necessaria partecipazione dell'organo amministrativo al giudizio di impugnazione relativo al provvedimento da esso adottato"* [42], ma che non può essere esteso all'ordinamento notarile *"sia per l'argomento letterale ostativo sopra esposto sia per la disomogeneità delle discipline poste a confronto"*.

La Corte costituzionale ritiene invece non corretto tale atteggiamento delle sezioni unite e le invita ad un'interpretazione costituzionalmente conforme che appare però invadere lo spazio della funzione nomofilattica riservata alla Cassazione, giacché in tal modo la Corte costituzionale sovrappone il proprio approccio interpretativo a quello della Cassazione.

A proposito della "crisi del diritto vivente", può ricordarsi l'ordinanza della Corte costituzionale n. 322 del 2001 in cui, di fronte all'interpretazione indicata (dalla stessa Cassazione) come *"diritto vivente"*, la Corte costituzionale afferma che tale qualificazione *"non può vincolare, da sola, il giudice di legittimità ad un'opzione interpretativa pur ritenuta lesiva di valori costituzionali, atteso che proprio alla Corte di cassazione l'ordinamento attribuisce la funzione di nomofilachia, cui si ricollega la stessa formazione, e perciò anche l'evoluzione nel tempo, del diritto vivente"*.

Nell'ordinanza n. 322 del 2001 la Corte era stata chiamata a pronunciarsi sulla costituzionalità dell'art. 149 c.p.c. (sollevata dalla Cassazione, in riferimento agli artt. 3 e 24 Cost.) *"nella interpretazione giurisprudenziale che prevede che la notifica si perfeziona nel momento del ricevimento, anche se la parte notificante abbia adempiuto in termini, da luogo diverso da quello in cui deve essere effettuata la notifica, a tutte le formalità richieste per la effettuazione della notifica stessa a mezzo di ufficiale giudiziario che si avvale del servizio postale"*.

Nel caso di specie, la Cassazione era chiamata ad esaminare un'ipo-

---

[42] *"Principio* – continua l'ordinanza – *ribadito da diverse leggi in materia di giurisdizione amministrativa (art. 36, secondo comma, del regio decreto 26 giugno 1924, n. 1054; art. 21, primo comma, della legge 6 dicembre 1971, n. 1034), che, in forza di espresse disposizioni o in via interpretativa, varrebbe in tutto l'ambito della 'giurisdizione professionale', a cominciare da quello dell'avvocatura (ordinanza della Corte costituzionale n. 183 del 1999)"*.

tesi in cui la tardività della notifica era stata cagionata da un disservizio postale nella consegna del plico. Secondo il giudice *a quo*, l'interpretazione (da sempre accolta) della norma in esame *"ostacolerebbe l'esercizio del diritto di impugnazione a chi, risiedendo in luogo diverso da quello in cui deve essere eseguita la notificazione, si avvalga del servizio postale, adempiendo tempestivamente alle formalità previste dallo stesso art. 149 c.p.c. ma restando nondimeno esposto alla disorganizzazione di uffici pubblici, quali quelli postali, che sono soltanto strumenti ausiliari dell'amministrazione della giustizia"*.

La Cassazione richiedeva dunque al giudice costituzionale una pronuncia additiva volta ad anticipare il perfezionamento della notificazione al momento della consegna dell'atto all'ufficiale giudiziario.

La Corte costituzionale evidenzia che lo stesso giudice *a quo* riconosce che l'interpretazione giurisprudenziale dell'art. 149 c.p.c. si è formata *"nel silenzio del dettato normativo" ('e dunque non sarebbe imposta dal tenore letterale della norma') e che 'non sarebbe rispondente ad alcuna "regola generale dell'ordinamento' ed anzi sarebbe lesiva del principio di eguaglianza, oltre che del diritto di difesa del notificante"*.

Secondo la Corte costituzionale (*"sulla base di tali premesse"*), *"il giudice* a quo *avrebbe dovuto coerentemente adottare una diversa interpretazione della norma, nel senso ritenuto compatibile con i menzionati principi costituzionali, a ciò sicuramente non ostando né il tenore testuale della norma ... né la qualificazione in termini di diritto vivente della interpretazione oggetto di critica"*.

Infatti *"siffatta qualificazione non può ... vincolare, da sola, il giudice di legittimità ad un'opzione interpretativa pur ritenuta lesiva di valori costituzionali, atteso che proprio alla Corte di cassazione l'ordinamento attribuisce la funzione di nomofilachia, cui si ricollega la stessa formazione, e perciò anche l'evoluzione nel tempo, del diritto vivente"*. Pertanto la Cassazione *"non ha nella specie assolto l'onere di verificare, prima di sollevare la questione di costituzionalità, la concreta possibilità di attribuire alla norma denunciata un significato diverso da quello censurato e tale da superare i prospettati dubbi di legittimità costituzionale"*.

In questo caso, dunque, la Corte costituzionale ha rimproverato alla Cassazione di non aver svolto adeguatamente la propria funzione nomofilattica, avendo pretermesso la possibilità di un'interpretazione costituzionalmente conforme e di essersi invece "bloccata" dinanzi al "diritto vivente", che andava invece superato con un'interpretazione costituzionalmente orientata.

Il giudice costituzionale impone dunque al giudice di legittimità di non "adagiarsi" su un'interpretazione oramai diffusa ("diritto vivente") giacché, nell'esercizio della funzione nomofilattica, ricade sulla Cassazione l'onere di "correggere" l'interpretazione non costituzionalmente conforme.

Ma questa constatazione impone di prendere atto che in tal modo la Corte costituzionale (quando interviene per verificare se la Cassazione, nel sollevare una questione di costituzionalità abbia dapprima verificato la possibilità di una interpretazione costituzionalmente conforme della disposizione impugnata) finisce per svolgere un ruolo (per così dire) di giudice di secondo grado della funzione nomofilattica sia pure dal solo punto di vista dell'adozione di interpretazioni costituzionalmente conformi.

Successivamente, nell'ordinanza n. 399 del 2005, la Corte costituzionale era chiamata a pronunciarsi sulla costituzionalità dell'art. 221-*bis*, comma 2, r.d. n. 773 del 1931 (t.u.p.s.), aggiunto dall'art. 7 del d.lgs. n. 480 del 1994 ("*Riforma della disciplina sanzionatoria contenuta nel testo unico delle leggi di pubblica sicurezza*"). Il giudizio era stato promosso dalla Cassazione a sua volta chiamata a decidere sulla impugnazione di una sentenza di colpevolezza di imputato che "*quale esercente di attività di compravendita di vetture usate, non teneva il prescritto registro vidimato dalle autorità di p.s. con attestazione del numero di pagine*". La Cassazione sollevava (in riferimento agli artt. 3 e 27, comma 3, Cost.) la questione di costituzionalità della predetta disposizione "*nella parte in cui non prevede tra le violazioni depenalizzate anche quella di cui al citato art. 16 del regio decreto 6 maggio 1940, n. 635*". Infatti, mentre l'art. 37, comma 1 della legge 23 dicembre 2000, n. 388 aveva operato una depenalizzazione dell'obbligo di tenuta del prescritto registro, la violazione dell'obbligo di bollatura o vidimazione del medesimo registro continuava ad essere reato.

La Cassazione riscontrava l'impossibilità di pervenire ad un'interpretazione adeguatrice delle disposizioni impugnate "*potendosi ritenere depenalizzate esclusivamente le violazioni espressamente indicate dall'impugnato art. 221-*bis*, fra le quali non è compreso l'art. 16 del regolamento di esecuzione*".

La Cassazione osservava che, pur rientrando nella discrezionalità del legislatore stabilire ("*secondo valutazioni di politica criminale*") i comportamenti da punire e la relativa pena ("*col solo limite della razionalità*"), la norma impugnata è da ritenere incostituzionale non essendo ravvisabili "*ragioni giustificatrici del fatto che la più grave violazione dell'ob-*

bligo principale della tenuta dei registri delle operazioni giornalmente compiute, per effetto delle successive norme di depenalizzazione intervenute nella materia, sia oggi configurata e punita come un semplice illecito amministrativo, mentre la meno grave violazione della previsione di una condotta meramente strumentale all'adempimento di tale obbligo principale (quale la necessità che i registri siano bollati e vidimati in ogni pagina dall'autorità di pubblica sicurezza) continui invece ad essere qualificata come reato e punita con l'arresto o l'ammenda".

La Corte costituzionale, posta di fronte a tale questione di costituzionalità, esamina innanzitutto la premessa da cui muoveva la Cassazione (e cioè di non potere risolvere la questione mediante un'interpretazione adeguatrice delle impugnate disposizioni). La Cassazione (come detto) riteneva *"indiscutibile"* la depenalizzazione delle sole violazioni espressamente indicate dall'art. 221-*bis* t.u.l.p.s., *"fra le quali non è compreso e non può, in via interpretativa, ritenersi compreso l'art. 16 del regolamento di esecuzione al t.u.l.p.s."*.

Per il giudice costituzionale, la Cassazione *"a tale conclusione ... perviene dando esclusivo rilievo al (pur significativo) dato letterale della mancata esplicita inclusione nella norma impugnata della violazione delle modalità di tenuta del registro, e fonda unicamente su di esso l'affermazione dell'impossibilità di giungere ad una diversa interpretazione che sottragga la norma ai denunciati dubbi di incostituzionalità"*. Ma – aggiunge la Corte costituzionale – la Cassazione *"non ha ulteriormente proseguito l'operazione ermeneutica, con la ricerca di una valutazione sistematica della normativa in esame ... volta all'eventuale individuazione di una ricaduta degli effetti della depenalizzazione della violazione dell'obbligo sancito dall'art. 128 del testo unico ... sul regime sanzionatorio dell'accessoria norma del regolamento che ... prevede una condotta meramente strumentale all'adempimento dell'obbligo principale"*.

Per la Corte costituzionale, *"il mancato integrale esperimento del percorso interpretativo ... si risolve in un vizio di inadeguata motivazione circa l'impossibilità di dare della norma impugnata un'interpretazione conforme a Costituzione"*.

La Corte costituzionale, nell'ordinanza n. 399 del 2005 segnala dunque alla Cassazione la necessità non solo di incentrarsi (come fatto dal giudice di legittimità) sul "dato letterale" della singola disposizione legislativa, ma di valutare anche l'intero impianto sistematico della normativa di riferimento, giacché il mancato integrale esperimento di tale percorso interpretativo finisce per risolversi in un difetto di adeguata motivazione in merito alla impossibilità di dare della disposizione impugnata una interpretazione costituzionalmente orientata.

Nella sentenza n. 189 del 2000 la Corte era chiamata a giudicare della costituzionalità del combinato disposto degli artt. 12, comma 5, e 18, commi 3 e 4 del d.lgs. n. 546 del 1992 (*"Disposizioni sul processo tributario"*) *"nella parte in cui, nei giudizi innanzi alle commissioni tributarie, il cui valore ecceda i cinque milioni di lire, sanzionerebbe, con la inammissibilità, il ricorso sottoscritto dal solo contribuente, senza prevedere che quest'ultimo possa nominare un difensore in un momento successivo, eventualmente su disposizione del presidente di commissione o di sezione, ovvero del collegio"*.

Secondo il giudice *a quo* la norma impugnata si poneva in contrasto con l'art. 3 Cost. (*"per il carattere ingiustificato della discriminazione, fondata sull'importo della lite"*) e con l'art. 24, comma 1, Cost. (*"intralciandosi in modo egualmente ingiustificato la concreta possibilità dei singoli di ottenere tutela giurisdizionale, in quanto l'azione da proporre in sede giurisdizionale tributaria, ... ove dichiarata inammissibile, non potrebbe essere validamente proposta stante la brevità del termine di decadenza entro il quale l'atto impositivo può essere impugnato"*).

La Corte costituzionale afferma che *"la questione è priva di fondamento, in quanto la norma denunciata è suscettibile di essere interpretata in modo da escludere in radice i dubbi sollevati dal giudice a quo con eliminazione dei paventati ostacoli all'esercizio del diritto di difesa e all'esercizio dell'azione avanti al giudice tributario"*. Più precisamente *"la previsione dell'art. 18, commi 3 e 4 del d.lgs. 31 dicembre 1992, n. 546 deve essere interpretata unitariamente all'art. 14, comma 2, cui viene fatto espresso rinvio di salvezza, alla fine del comma 3 dello stesso art. 18, e alla luce anche dei criteri direttivi contenuti nella legge di delega"* [43].

---

[43] La Corte costituzionale specifica che *"l'inammissibilità del ricorso dinanzi alla commissione tributaria provinciale è prevista (art. 18, comma 4) quando il ricorso stesso manca di uno degli elementi considerati essenziali dal legislatore, ovvero quando non vi sia la sottoscrizione 'a norma del comma' 3: tuttavia il comma 3 prevede che 'il ricorso deve essere sottoscritto dal difensore del ricorrente e contenere l'indicazione dell'incarico a norma dell'art. 12, comma 3' (con modalità del conferimento dell'incarico: atto pubblico, scrittura privata autenticata, sottoscrizione autografa certificata in calce o a margine dell'atto processuale, ovvero oralmente e verbalizzata all'udienza pubblica), salvo che il ricorso non sia sottoscritto personalmente. Nel quale caso vale quanto disposto dall'art. 12, comma 6, cioè la possibilità di stare in giudizio personalmente per chi è in possesso dei requisiti richiesti. Tuttavia, tale norma di rinvio, contenuta nell'art. 18, comma 3, del*

In senso simile la Corte costituzionale si è pronunciata con la sentenza n. 158 del 2003 ribadendo la necessità per il giudice di procedere ad un'interpretazione conforme a Costituzione (*"indicata da questa Corte con la sentenza n. 189 del 2000"*), *"secondo cui l'inammissibilità del ricorso quando non vi sia assistenza tecnica per controversie di valore superiore a 5.000.000 di lire scatta – per scelta del legislatore tutt'altro che irragionevole – solo a seguito di un ordine del giudice ineseguito nei termini fissati e non per il semplice fatto della mancata sottoscrizione del ricorso da parte di un professionista abilitato"*.

E – aggiunge la Corte costituzionale – *"rientra nella discrezionalità (nella specie non irragionevole né arbitraria) del legislatore la disciplina del diritto di difesa, non essendovi in via generale una scelta costituzionalmente obbligata di assistenza di difensore abilitato, soprattutto in relazione alla tenuità del valore della lite o alla natura della controversia"*.

---

d.lgs. n. 546 del 1992 è stata modificata dall'art. 69, comma 2, lettera c), del d.-l. 30 agosto 1993, n. 331 (convertito in legge 29 ottobre 1993, n. 427), che ha sostituito il richiamo al comma 6 con quello al comma 5 dell'art. 12 del d.lgs. n. 546 del 1992. A seguito di tale modifica, il riferimento al disposto del comma 5 dell'art. 12 assume un significato logico (con interpretazione in armonia con un sistema processuale che deve garantire la tutela delle parti in posizione di parità, evitando irragionevoli sanzioni di inammissibilità che si risolvano a danno del soggetto che si intende tutelare) di richiamo complessivo all'intero comma 5 e quindi anche al meccanismo dell'ordine da parte del Presidente della commissione o della sezione o del collegio di 'munirsi di assistenza tecnica fissando un termine entro il quale la stessa (parte) è tenuta, a pena di inammissibilità, a conferire l'incarico ad un difensore abilitato'. La conseguenza è che l'inammissibilità scatta – per scelta del legislatore tutt'altro che irragionevole – solo a seguito di ordine ineseguito nei termini fissati e non per il semplice fatto della mancata sottoscrizione del ricorso da parte di un professionista abilitato. Tale soluzione appare maggiormente in linea con il principio e criterio direttivo della delega [art. 30, comma 1, lettera i), che contempla il potere di disciplinare l'assistenza tecnica solo per le parti diverse dall'Amministrazione, mentre prevede espressamente che vi deve essere l'assistenza tecnica per i procedimenti ai sensi della lettera b), del citato art. 30 della delega (procedimenti speciali preventivi collegati a reati per i quali sia ammessa l'oblazione)]. D'altro canto, deve essere sottolineato che trattasi di semplice assistenza tecnica (e non anche di rappresentanza), il cui incarico può essere conferito anche in sede di udienza pubblica (art. 12, comma 3, ultima parte). Il legislatore, nell'esercizio di una scelta discrezionale, ha voluto introdurre l'assistenza tecnica generalizzata per le parti diverse dall'amministrazione finanziaria (art. 12, comma 1), ma ha anche previsto, in ipotesi di controversia di valore inferiore a un milione, poi elevato a cinque milioni, e nei casi di cui all'art. 10 del d.P.R. 28 novembre 1980, n. 787, la proponibilità diretta dei ricorsi ad opera delle parti interessate senza esigenza di assistenza tecnica, non incidendo, di per sé, l'esercizio personale delle proprie ragioni, anche da parte del contribuente non iscritto ad un albo, sul diritto di difesa (art. 24 della Costituzione, ordinanza n. 685 del 1988)".

In virtù di tale interpretazione adeguatrice (che è stata poi fatta propria anche dalle Sezioni Unite della Cassazione con la sentenza n. 22601 del 2004)[44] si è previsto che l'inammissibilità del ricorso non discende automaticamente (nella cause con valore superiore a cinque milioni di lire) dalla mancata sottoscrizione di un difensore abilitato, ma solo a seguito dell'eventuale inadempimento del contribuente a specifico ordine in tal senso del giudice (e decorso il termine da questi stabilito).

All'interno delle dinamiche dei rapporti fra Corte costituzionale e Cassazione in merito alla condivisione o meno di determinate opzioni interpretative, si possono citare anche episodi diversi, in cui la Corte costituzionale si è mostrata molto attenta nei confronti degli orientamenti interpretativi fatti propri dalla Cassazione.

E così nell'ordinanza n. 149 del 2002 la Corte costituzionale "bacchetta" il giudice *a quo* che, in sede di rinvio, dichiarava che il principio di diritto posto della Cassazione si poneva in contrasto con l'interpretazione prospettata dalla Corte costituzionale in una precedente pronuncia.

Secondo la Corte costituzionale è il giudice *a quo* a muovere da un erroneo presupposto interpretativo, non avendo lo stesso preso atto delle modifiche nel frattempo sopravvenute nel relativo quadro normativo, dovendosi dunque ritenere superata anche l'interpretazione prospettata dalla stessa Corte costituzionale.

Nella sentenza n. 470 del 2002, la Corte costituzionale dichiara che *"rifiutando di far propria l'interpretazione prospettata da questa Corte e contestualmente sollevando questione di legittimità costituzionale, la Corte di cassazione non altro ha fatto che esercitare il potere-dovere di interpretare la legge che l'art. 101 Cost. riconosce a qualsiasi giudice e certamente riconosce ad un giudice cui, 'quale organo supremo della giustizia', l'ordinamento giudiziario (art. 65) affida il compito di assicurare 'l'esatta osservanza e l'uniforme interpretazione della legge'. Del tutto corrette, quindi, sono, quali esercizio del potere-dovere di interpretare la legge, le considerazioni svolte dal rimettente nel dar conto delle ragioni per le quali disattende l'interpretazione proposta dalla sentenza n. 242 del 1999 di questa Corte: la quale, quindi, non può che prendere atto della conclusione raggiunta dal rimettente circa l''unica' interpretazione compatibile con il tenore letterale della disposizione in questione"*.

---

[44] In precedenza la Cassazione aveva adottato pronunce di opposto tenore (Cass. n. 1100 del 2002, *contra* Cass. n. 8369 del 2002).

L'esame della giurisprudenza costituzionale[45] conferma che, nel contrasto tra l'approccio volto a dare prevalenza al c.d. "diritto vivente" (cioè all'interpretazione prevalente affermatasi nella giurisprudenza di merito e in quella di Cassazione) e l'approccio che ritiene necessario preliminarmente procedere a verificare la possibilità di un'interpretazione costituzionalmente conforme della disposizione impugnata, è il primo a dover cedere.

Inoltre, la constatazione dell'esistenza di numerosi casi in cui la Corte costituzionale si discosta dall'interpretazione di una disposizione legislativa come prospettata dalla Cassazione, conferma che l'attività interpretativa è inevitabilmente un'attività dotata di un ineliminabile tasso di libertà e dunque di creatività.

Ma è da rimarcare anche che gli illustrati orientamenti della giurisprudenza costituzionale pongono – o ripropongono – il problema della vincolatività delle interpretazioni prospettate dalla Corte costituzionale in tipologie decisorie (sentenza di rigetto, ordinanza di inammissibilità) diverse dalla sentenza di accoglimento (e di qui il problema dell'efficacia di tali decisioni) ed in cui la Corte costituzionale tende a distaccarsi dal "testo" della disposizione legislativa[46].

Emerge così netto, in dottrina, un orientamento che (sebbene artico-

---

[45] Numerosi sono gli ulteriori esempi che, nella giurisprudenza costituzionale, possono essere ricordati: sent. n. 394 del 2005; n. 141 del 2006 (interpretativa di rigetto); sent. n. 140 del 2006 (in cui la Corte rigetta la questione grazie ad *"una ricostruzione sistematica della normativa"* che consente così il riconoscimento di una indennità anche a categorie non previste dalla disposizione scritta giacché *"non può ritenersi ostacolo a questa interpretazione la formulazione testuale della discussione impugnata, laddove fa espresso riferimento alla fonte costitutiva del collocamento obbligatorio"*); sent. n. 343 del 2006 (ove la Corte non condivide la motivazione prospettata dal giudice *a quo* circa l'impossibilità di una interpretazione costituzionalmente conforme, essendo la relativa motivazione fondata *"esclusivamente su dati letterari"*); sentt. nn. 197 e n495 del 2002; sent. n. 347 del 1998; n. 198 del 2003 (relativa a permesso di soggiorno a minori stranieri sottoposti a tutela ed in cui la Corte afferma che l'interpretazione letterale della disposizione legislativa si pone in contrasto con i valori di tutela della persona sanciti dalla Costituzione). Dall'esame della giurisprudenza costituzionale si può affermare che la *"lettera della legge"* a volte costituisce un vincolo per il giudice (e dunque per l'interprete) ed altre volte no.

[46] Secondo R. Romboli, *op. ult. cit.*, 11, questi sarebbero i casi in cui la Corte costituzionale "attraverso un dispositivo diverso da quello di illegittimità costituzionale, procede più che ad una interpretazione, ad una vera propria riscrittura del testo della legge".

lato in una pluralità differenziata di posizioni) sostanzialmente muove alla Corte costituzionale l'accusa di una "riscrittura del testo della legge" (o di una "nomofilachia creativa") [47].

Secondo questo orientamento la Corte costituzionale addirittura "fuoriuscirebbe" dal sistema costituzionale, non essendo alla stessa consentito di "creare" contenuti normativi in contrasto con la lettera della legge, vulnerando così anche "le dinamiche della responsabilità politica" (con conseguente deficit democratico) nonché il principio della certezza del diritto [48].

A ben vedere, le predette osservazioni vengono a confluire nella "antica accusa" (quella di invasione del potere legislativo) mossa alla giurisdizione costituzionale fin dalla sua nascita e periodicamente rinnovata sia pure sotto diverse forme.

E così nei decenni scorsi tali argomentazioni erano state utilizzate all'interno della dottrina italiana per criticare le sentenze di accoglimento manipolative (c.d. "additive", "normative", ecc.) e tali considerazioni risalgono alla originaria "critica" mossa da Carl Schmitt a Kelsen in merito alla stessa istituzione di una giurisdizione costituzionale delle leggi (giacché – a detta di Schmitt – il giudizio su un atto politico, quale la legge, non può non contenere a sua volta una intrinseca "politicità") [49]. Ma, per rimanere nel panorama italiano, è agevole ricordare la crisafulliana "dottrina delle rime obbligate" (e "delle rime obbligatissime", di Leopoldo Elia) quale risposta teorica alla problematica relativa alla lamentata invasione da parte della Corte costituzionale del potere legislativo [50]. Ma soprattutto bisogna ricordare l'insegnamento di Costantino Mortati che, ricordando la ineliminabile creatività dell'interpretazione giuridica e ribadendo la precettività della Costituzione repubblicana,

---

[47] R. Romboli, *op. loc. ult. cit.*

[48] M. Esposito, *In penetrabilis pontificum repositum erat: brevi considerazioni sulla parabola discendente del diritto scritto*, in *Giur. cost.*, 2004, 3018 ss.

[49] Sulla polemica fra Kelsen e Schmitt sempre magistrali le riflessioni di C. Mezzanotte, *Corte costituzionale e legittimazione politica*, Roma, 1984 (oggi Napoli, 2014).

[50] V. Crisafulli, *La Corte costituzionale ha vent'anni*, in *Giur. cost.*, 1976, I, 1707. Fondamentali al riguardo le due relazioni (di Modugno e Zagrebelsky al Convegno di Firenze del 1981), F. Modugno, *Corte costituzionale e potere legislativo*, in *Corte costituzionale e sviluppo della forma di governo*, a cura di P. Barile, E. Cheli, S. Grassi, Bologna, 1982, 19 ss.; G. Zagrebelsky, *La Corte costituzionale e il legislatore*, *ivi*, 103 ss.

dimostrava la conformità al quadro costituzionale delle peculiarità della Corte costituzionale quale giudice chiamato a pronunciarsi su atti legislativi [51].

In via riassuntiva, può dirsi che rispondono ad una visione giuspositivistica le diverse proposte che emergono in dottrina quando questa si interroga sulle – e si pone alla ricerca delle – "modalità" mediante le quali tentare di "risolvere" i rapporti fra Corte costituzionale e potere giudiziario o, più nello specifico, fra Corte costituzionale e Cassazione.

E così è stata proposta la strada del conflitto di attribuzioni tra poteri dello Stato o (*de lege ferenda*) di introduzione di strumenti previsti in altri ordinamenti costituzionali [52] o l'introduzione di una norma (legislativa o costituzionale) che espliciti l'efficacia vincolante anche delle sentenze di rigetto ed anche delle motivazioni addotte dalla Corte costituzionale.

A queste proposte, può replicarsi che l'insopprimibile creatività dell'attività interpretativa determina, rispetto a quanto visto finora, anche un interessante rovesciamento dei ruoli (con pronunce in cui è la Cassazione ad optare per innovativi itinerari interpretativi, fondati su un'interpretazione costituzionalmente conforme).

A questo proposito, bisogna ricordare la pronuncia della Cassazione (III sezione penale, n. 4377 del 20 gennaio 2012, dep. il 1° febbraio 2012) relativa proprio ad un'interpretazione costituzionalmente conforme della disposizione legislativa relativa all'automatismo della custodia carceraria con riguardo al reato di violenza sessuale di gruppo.

La Cassazione si trovava a doversi pronunciare sulla previsione di cui

---

[51] C. Mortati, *Appunti per uno studio sui rimedi contro i comportamenti omissivi del legislatore*, in *Foro it.*, 1970, 153 ss.

[52] E così è stata proposta la strada (seguita nell'ordinamento spagnolo con la *ley* organica sul potere giudiziario) di un vincolo legislativo che imponga al giudice di interpretare la legge secondo i principi costituzionali "*conformemente all'interpretazione degli stessi quale risulta dalle pronunce rese dalla corte costituzionale*" (con l'ulteriore esplicito vincolo legislativo secondo cui il giudice, prima di sollevare la questione di costituzionalità, deve verificare se il dubbio di costituzionalità non possa essere eliminato assegnando alla disposizione legislativa un'interpretazione conforme ai principi costituzionali). Altri hanno proposto la strada seguita dall'ordinamento tedesco ove pure è espresso l'obbligo per i giudici della interpretazione costituzionalmente conforme, al riguardo v. J. Luther, *Le interpretazioni adeguatrici nel diritto tedesco vivente*, in *Corte costituzionale, giudici comuni e interpretazioni adeguatrici*, Milano, 2010, 199 ss.

all'art. 275, comma 3, c.p.p. che, con riferimento al delitto di cui all'art. 609-*octies* c.p. (violenza sessuale di gruppo) dispone che "*quando sussistono gravi indizi di colpevolezza ... è applicata la custodia cautelare in carcere, salvo che siano acquisiti elementi dai quali risulti che non sussistono esigenze cautelari*". Tale disposizione pone dunque la cosiddetta presunzione assoluta di adeguatezza della sola custodia in carcere (presunzione che determina un automatismo della custodia in carcere, salvo che siano acquisiti elementi dai quali risulti che non sussistono esigenze cautelari).

Con il cosiddetto "pacchetto sicurezza" (d.l. n. 11 del 2009 conv. in legge n. 38 del 2009) tale presunzione assoluta era stata estesa a numerose fattispecie di reato: dai delitti di associazione mafiosa ai reati collegati alla riduzione in schiavitù, dal commercio di schiavi al traffico illecito di rifiuti, delitti con finalità di terrorismo allo sfruttamento della prostituzione, dalla violenza sessuale (anche di gruppo) all'omicidio volontario, dalla pornografia minorile al c.d. turismo sessuale a scopo di prostituzione minorile.

È principio pacifico – sia nella giurisprudenza costituzionale che in quello della Corte Edu – che il sistema cautelare debba rispondere al principio del "*minore sacrificio necessario*", principio che rende la carcerazione preventiva una soluzione estrema da adottare solo quando le "*altre opzioni disponibili si rivelano insufficienti*".

La Corte costituzionale ha ritenuto ammissibile la cosiddetta presunzione assoluta per i reati di stampo mafioso (sent. n. 265 del 2010), ma l'ha ritenuta incostituzionale con riguardo ad altri reati (traffico di sostanze stupefacenti, sent. n. 231 del 2011; delitti a sfondo sessuale, sent. n. 265 del 2010; reati di contraffazione, sent. n. 110 del 2012; omicidio volontario, sent. n. 164 del 2011; favoreggiamento dell'immigrazione clandestina, sent. n. 331 del 2011).

In tutti questi casi la Corte ha dunque dichiarato incostituzionale la disposizione censurata "*nella parte in cui ... non fa salva, altresì, l'ipotesi in cui siano acquisiti elementi specifici, in relazione al caso concreto, dai quali risulti che le esigenze cautelari possono essere soddisfatte con altre misure*".

La Corte costituzionale ha dunque dichiarato incostituzionale tale "presunzione assoluta" con riguardo a vari reati, ma per ulteriori reati (riguardo ai quali la Corte non si era ancora pronunciata) veniva a porsi la questione se, con riguardo a tali ulteriori reati, il giudice comune dovesse – o debba – sentirsi ancora vincolato dalla "lettera della legge" e dunque sollevare una questione di costituzionalità (ed attendere la relativa pronuncia della Corte) o potesse o dovesse – o possa o debba – interpretare la disposizione legislativa, che formalmente pone ancora una presunzione assoluta, alla luce di quanto affermato dalla Corte costituzionale nelle (già adottate) sentenze di accoglimento. In questo secondo caso il giudice comune verrebbe a dare alla citata disposizione legislativa un'interpretazione costituzionalmente conforme "orientata" sugli esiti delle – e sulle argomentazioni contenute nelle – precedenti pronunce della Corte costituzionale.

La Cassazione, nella citata pronuncia, con riferimento alla violenza sessuale di gruppo, ha seguito esattamente questa seconda opzione, annullando (per errata applicazione di legge) l'ordinanza di custodia cautelare in carcere emessa dal gip non avendo questi "interpretato" la disposizione legislativa "in modo coerente con i principi fissati dalla Corte costituzionale" nelle citate pronunce di accoglimento.

In questa occasione, la Cassazione opera un'interpretazione costituzionalmente orientata dell'art. 275, comma 3, c.p.p., riconoscendo *"l'esistenza di principi interpretativi direttamente applicabili"* alla disposizione in esame nella parte in cui la stessa "disciplina il regime cautelare applicabile a persone raggiunte da gravi indizi di reato *ex* art. 609-*octies* cod. pen.". Per la Cassazione, *"nel caso in esame l'unica interpretazione compatibile con i principi fissati dalla sent. n. 265 del 2010 ... è quella che estende la possibilità per il giudice di applicare misure diverse dalla custodia carceraria anche agli indagati sottoposti a misura cautelare per il reato previsto all'art. 609-*octies *cod. pen."* [53].

L'interpretazione costituzionalmente conforme (come individuata dalla Cassazione sulla base delle pronunce della Corte costituzionale) della disposizione in esame finisce per introdurre una deroga al principio della "presunzione assoluta" pur essendo questa ancora espressamente prevista dalla lettera della disposizione legislativa.

Un'interpretazione *contra litteram legis* ampiamente commentata in dottrina [54]. E così alcuni hanno parlato di "interpretazione sistematica"

[53] È da ricordare che le sezioni unite della Cassazione penale (23 giugno-22 settembre 2011, n. 34475), in merito al regime cautelare *ex* art. 275, comma 3, c.p.p. con riguardo all'imputazione per il reato di associazione a delinquere finalizzata al traffico di stupefacenti riguardante *"fatti di lieve entità"*, aveva optato per una interpretazione restrittiva e *"costituzionalmente orientata"*.

[54] M. Ruotolo, *Oltre i confini dell'interpretazione costituzionalmente conforme? A proposito della pronuncia della Cassazione sulla presunzione di adeguatezza della custodia*

(Gaeta) o di "estensione analogica" (Dogliani) della nuova norma con forza di legge, o criticato l'opzione argomentativa prescelta dalla Cassazione che avrebbe dovuto attendere (o sollecitare) una pronuncia di incostituzionalità della Corte costituzionale (Chiavario, Ruotolo).

Bisogna parimenti ricordare che, in un'ottica più generale, è stato autorevolmente sottolineato (proprio con riguardo alle ordinanze di inammissibilità per omessa interpretazione costituzionalmente conforme della disposizione oggetto della questione di costituzionalità) che "l'attenuazione del c.d. monopolio del sindacato (accentrato) di costituzionalità delle leggi attribuito alla (sola) Corte costituzionale" si fonda "sul bilanciamento tra due principi costituzionali fondamentali, quello di superiorità globale della Costituzione su tutto l'universo normativo, ... e l'altro del c.d. "monopolio" del sindacato sulle leggi attribuito alla Corte" sicché "quest'ultimo va inteso correttamente con riferimento alla sola dichiarazione di incostituzionalità – che è l'ultima *ratio* – e non già all'interpretazione della legge e della stessa costituzione" [55].

Successivamente alla pronuncia della Cassazione, la Corte costituzionale, nella sentenza n. 110 del 2012 (relativa all'art. 275, comma 3, c.p.p. con riguardo al reato di contraffazione) afferma di condividere "la tesi del rimettente, secondo cui le parziali declaratorie di illegittimità costituzionale della norma impugnata, aventi per esclusivo riferimento i reati oggetto delle precedenti pronunce di questa Corte, non si possono estendere alle altre fattispecie criminose ivi disciplinate. È inoltre da aggiungere che *"la lettera della norma impugnata, il cui significato non può essere valicato neppure per mezzo dell'interpretazione costituzionalmente conforme, non consente in via interpretativa di conseguire l'effetto che solo una pronuncia di illegittimità costituzionale può produrre"*.

Investita infine proprio della questione sull'automatismo riguardante la violenza sessuale di gruppo, la Corte, con la sentenza n. 232 del 2013, ha dichiarato l'incostituzionalità della presunzione assoluta (trasformandola in presunzione relativa) [56].

---

cautelare in carcere per il delitto di violenza sessuale di gruppo, in *Rivista AIC, www.rivistaaic.it*, 29 maggio 2012; Id., *Interpretare. Nel segno della Costituzione*, Napoli, 2014, 142 ss.; G. Giostra, *Carcere cautelare "obbligatorio": la campana della Corte costituzionale, le "stecche" della Cassazione, la sordità del legislatore*, in *Giur. cost.*, 2012, 4900.

[55] F. Modugno, *Inammissibilità della quaestio legitimitatis ...*, in *Giur. cost.*, 2009, 2412.

[56] Per M. Ruotolo, *op. ult. cit.*, la Cassazione avrebbe superato "i confini della in-

Un ulteriore esempio che può essere ricordato è quello rappresentato dalla sentenza delle Sezioni Unite della Cassazione relative alla formazione del giudicato implicito sulla giurisdizione (Cass., Sez. Un., 9 ottobre 2008, n. 24883)[57].

L'art. 37 c.p.c. dispone – come noto – che il difetto di giurisdizione "*è rilevato anche d'ufficio in qualunque stato e grado del processo*".

Le Sezioni Unite hanno fornito un'interpretazione "sistematica" di tale disposizione escludendo che il processo, dopo che la causa sia stata decisa nel merito in due gradi di giudizio, possa regredire allo stato iniziale[58]. Più precisamente la Cassazione ha affermato che "*nel bilancia-*

---

terpretazione conforme, operando un'estensione analogica di una regola ricavata da precedente sentenza della Corte costituzionale, evidentemente non consentita per assenza di una specifica lacuna. Si potrebbe dire, sinteticamente, che la Cassazione non poteva compiere questa operazione perché, propriamente, non ha colmato una lacuna, implicante la mancata regolazione del caso da decidere, ma ha finito per sostituire, disapplicandolo, un disposto presente nell'ordinamento atto a qualificarlo direttamente".

[57] In tale pronuncia la Cassazione afferma che "*qualora il giudice decida espressamente sia sulla giurisdizione sia sul merito e la parte impugni solo sul merito, è precluso al giudice di appello e alla Cassazione il rilievo d'ufficio della questione di giurisdizione e alla parte interessata non è consentito introdurla in sede di legittimità se non l'abbia proposta anche in appello, essendosi formato il giudicato interno sulla questione. Tale giudicato interno, secondo numerose pronunce (v. Cass., sez. un., 8.8.2001 n. 10961, Sez. L. 12.4.1984 n. 2377, SS.UU. 24.2.1982. n. 1151, SS.UU. 17.11.1978 n. 5330, SS.UU. 1506/1976), si forma per effetto di un fenomeno di acquiescenza, ai sensi dell'art. 329 c.p.c., comma 2; altre pronunce, invece, pur giungendo alla medesima conclusione, non fanno leva sull'art. art. 329 c.p.c., comma 2, ma sulla preclusione derivante dal giudicato*".

[58] Per la Cassazione, "*l'avvento del principio della ragionevole durata del processo comporta l'obbligo di verificare la razionalità delle norme che non prevedono termini per la formulazione di eccezioni processuali per vizi che non si risolvono in una totale carenza della tutela giurisdizionale, come ad esempio i vizi attinenti al principio del contraddittorio*". E pertanto "*l'art. 37 c.p.c. va letto ed interpretato nel contesto delle altre regole processuali e della 'sostenibilità' degli effetti cronologici. In particolare, occorre tenere conto: a) della regola della coerenza dei comportamenti delle parti (art. 329 c.p.c.), per cui l'acquiescenza alla pronuncia sulla giurisdizione comporta la impossibilità di sollevare successivamente l'eccezione di difetto di giurisdizione; b) del dovere di responsabile collaborazione delle parti per contenere i tempi processuali: il principio costituzionale di ragionevole durata del processo si rivolge non soltanto al giudice quale soggetto processuale, in funzione acceleratoria, ma anche e soprattutto al legislatore ordinario ed al giudice quale interprete della norma processuale, rappresentando un canone ermeneutico imprescindibile per una lettura costituzionalmente orientata delle norme che regolano il processo, nonché a tutti i protagonisti del giudizio, ivi comprese*

mento tra i valori costituzionali della precostituzione per legge del giudice naturale (artt. 25 e 103 Cost.) e della ragionevole durata del processo, si deve tenere conto che una piena ed efficace realizzazione del primo ben può (e deve) ottenersi evitando che il difetto di giurisdizione del giudice adito possa emergere dopo che la causa sia stata decisa nel merito in due gradi di giudizio".

Secondo la Cassazione, *"La norma il cui tenore letterale sembra consentire che un vizio procedurale immediatamente rilevabile possa essere fatto valere* per saltum *soltanto dopo che il processo abbia esaurito i gradi di merito, con l'effetto di riportare a zero tutta l'attività svolta, non può essere ascritta tra quelle che assicurano la ragionevole durata del processo e, quindi, va interpretata utilizzando i riferimenti sistematici e costituzionali che consentano di contenerne la portata nei limiti dei parametri di ragionevolezza utilizzati dal legislatore per istituti analoghi"* [59].

---

*le parti, le quali, soprattutto nei processi caratterizzati dalla difesa tecnica, debbono responsabilmente collaborare a circoscrivere tempestivamente i fatti effettivamente controversi (Cass. 1540/2007); c) della preclusione derivante dal giudicato, che opera, come si è detto, anche nei confronti del giudice di legittimità (Cass. 34/1999). L'evoluzione giurisprudenziale, nel quadro della interpretazione sistematica, porta alla conclusione che la portata precettiva dell'art. 37 c.p.c., deve essere contenuta in limiti più ristretti di quelli autorizzati dalla lettera della legge (*lex plus dixit quam voluit*)"*.

[59] Per la Cassazione, *"nel mutato quadro normativo (interno ed internazionale) in tema di giurisdizione (non più inderogabile) e con l'avvento della costituzionalizzazione del principio della ragionevole durata del processo, il principio di economia processuale non può non produrre i suoi effetti anche in relazione ai tempi concessi per il consolidamento della giurisdizione. Non ha senso giocare una partita in un campo di cui solo successivamente possa essere verificata la praticabilità. Quindi, l'art. 37 c.p.c., ha subito certamente una erosione di principio, nel senso che il contenuto letterale della norma deve cedere il passo alla odierna intenzione del legislatore (*voluntas legis*) frutto della evoluzione storica del sistema (art. 12 preleggi, comma 1) che impone termini perentori per la verifica della* potestas iudicandi. *La riduzione degli spazi applicativi dell'art. 37 c.p.c., è simmetrica alla 'portata espansiva del nuovo dettato costituzionale', che fornisce ai giudici 'uno strumento per verificare la tenuta e la portata delle singole norme del codice di rito e per garantirne una interpretazione costituzionalmente orientata' (Cass. n. 20604/2008). Inoltre, la riforma dell'art. 38 c.p.c., incide sulla portata dell'art. 37 c.p.c., non soltanto in termini di principio, ma anche in termini di diretta riduzione degli spazi interpretativi di quest'ultima disposizione. Se fosse legittima, ma non lo è, l'eccezione secondo la quale il giudizio di merito non implica un giudizio sulla giurisdizione, alla quale le parti ed il giudice potrebbero 'non aver pensato', la stessa eccezione non sarebbe comunque proponibile quando una sentenza si pronunci* expressis verbis *sulla* potestas iudicandi. *Competenza e giurisdizione stanno tra loro in termini di continenza e, quindi, il giudice che si pronunci affermando la propria competenza, non può non aver verificato il presupposto del-*

Le Sezioni Unite, richiamando la disciplina dell'art. 38 c.p.c., come modificato nel 1995, e che ha ristretto l'ambito entro il quale può essere sollevato il difetto di competenza – "*non oltre la prima udienza di trattazione*" –, affermano che "*se la verifica della competenza implica la verifica della giurisdizione, quando i tempi per la verifica della competenza sono esauriti, coerenza vuole che siano esauriti anche quelli per la verifica della giurisdizione; ovvero, coerenza vuole che almeno questi ultimi non siano dilatati fino al punto da essere incompatibili con la ragionevole durata del processo*". Pertanto: "*Ragioni di coerenza del sistema e di lettura adeguatrice della norma alle innovazioni costituzionali*" conducono ad una lettura restrittiva – *contra litteram legis* – dell'art. 37 c.p.c.

Infine significative, con riguardo alla problematica dei rapporti fra Corte costituzionale e giudici comuni (*in primis*, la Cassazione), rapporti resi ulteriormente complessi in ragione dell'intervento dei giudici sovranazionali, si appalesano due sentenze (nn. 24 e 25) del 2019 della Corte costituzionale, entrambe particolarmente pregnanti perché ricche di considerazioni in tema di vincoli interpretativi e di approccio alla interpretazione di "clausole generali".

---

la giurisdizione. Infatti, secondo la giurisprudenza di questa Corte, anche la pronuncia che declina la competenza implica l'affermazione della giurisdizione: 'la pronuncia declinatoria della competenza presuppone, come antecedente logico giuridico, la positiva affermazione, ancorché implicita, della giurisdizione, avendo ad oggetto un accertamento subordinato, rispetto al quesito pregiudiziale relativo all'esistenza della potestas iudicandi *del giudice adito' (Cass. n. 26483/2007). Conseguentemente, se la competenza del giudice adito (che implica la sussistenza della giurisdizione) non può più essere messa in discussione dopo il termine fissato dall'art. 38 c.p.c., non si vede poi come la giurisdizione possa essere rimessa in discussione* sine die. *In altri termini, se le esigenze di economia processuale impongono la verifica immediata della* potestas iudicandi *entro termini rigorosi, non si spiega una radicale diversità di disciplina, quando i criteri di riparto siano analoghi. Si deve propendere perciò per una interpretazione restrittiva dell'art. 37 c.p.c., per ragioni di coerenza del sistema e di lettura adeguatrice della norma alle innovazioni costituzionali. Né si potrebbe osservare che, se il legislatore ha modificato l'art. 38 c.p.c., senza intervenire anche sull'art. 37 c.p.c., significa che ha inteso mantenere una differente disciplina. Il rilievo non avrebbe pregio, perché, come già accennato, il legislatore del 1990 è intervenuto in un sistema in cui era ancora vigente la inderogabilità convenzionale della giurisdizione (art. 2 c.p.c.). Nel mutato quadro normativo, gli effetti dell'art. 38 c.p.c., riformato, si proiettano necessariamente sulla portata dell'art. 37 c.p.c., nel senso che se la verifica della competenza implica la verifica della giurisdizione, quando i tempi per la verifica della competenza sono esauriti coerenza vuole che siano esauriti anche quelli per la verifica della giurisdizione; ovvero, coerenza vuole che almeno questi ultimi non siano dilatati fino al punto da essere incompatibili con la ragionevole durata del processo*".

Con la sent. n. 24 del 2019 la Corte ha dichiarato l'incostituzionalità di diverse disposizioni legislative[60] (per contrasto con l'art. 117, comma 1, Cost., in relazione all'art. 2 del Protocollo n. 4 alla Convenzione EDU), in ragione del "difetto di precisione" delle "fattispecie astratte" previste dalle predette disposizioni laddove consentivano l'applicazione della misura di prevenzione personale della sorveglianza speciale (con o senza obbligo o divieto di soggiorno) e delle misure di prevenzione patrimoniali del sequestro e della confisca a *"coloro che debba ritenersi, sulla base di elementi di fatto, che sono abitualmente dediti a traffici delittuosi"*.

La Corte invece ha rigettato la questione di costituzionalità delle predette disposizioni con riguardo a *"coloro che per la condotta ed il tenore di vita debba ritenersi, sulla base di elementi di fatto, che vivono abitualmente, anche in parte, con i proventi di attività delittuose"*.

Oggetto del giudizio di costituzionalità era la questione relativa alla sufficiente (o meno) determinazione delle espressioni *"abitualmente dedito a traffici delittuosi"* e *"vivere abitualmente con i proventi di attività delittuose"*, affinché possa ritenersi rispettata la *"garanzia della previsione per legge"* tanto della sorveglianza speciale quanto del sequestro e della confisca di prevenzione.

I giudici *a quibus* dubitavano della capacità di tali fattispecie normative *"di indicare con sufficiente precisione i presupposti delle misure in questione, sì da non consentire ai loro destinatari di poterne ragionevolmente prevedere l'applicazione"*. Le questioni concernevano dunque la costituzionalità delle citate disposizioni nella parte in cui costituiscono *"il*

---

[60] Art. 1 della legge 27 dicembre 1956, n. 1423 (*"Misure di prevenzione nei confronti delle persone pericolose per la sicurezza e per la pubblica moralità"*), nel testo vigente sino all'entrata in vigore del d.lgs. 6 settembre 2011, n. 159 (*"Codice delle leggi antimafia e delle misure di prevenzione"*), *"nella parte in cui consente l'applicazione della misura di prevenzione personale della sorveglianza speciale di pubblica sicurezza, con o senza obbligo o divieto di soggiorno, anche ai soggetti indicati nel numero 1"*; art. 19 della legge 22 maggio 1975, n. 152 (*"Disposizioni a tutela dell'ordine pubblico"*), nel testo vigente sino all'entrata in vigore del d.lgs. n. 159 del 2011, nella parte in cui stabiliva che il sequestro e la confisca previsti dall'art. 2-*ter* della legge 31 maggio 1965, n. 575 (*"Disposizioni contro le organizzazioni criminali di tipo mafioso, anche straniere"*) si applicano anche alle persone indicate nell'art. 1, n. 1), della legge n. 1423 del 1956; art. 4, comma 1, lett. c), del d.lgs. n. 159 del 2011, nella parte in cui stabiliva che i provvedimenti previsti dal capo II si applichino anche ai soggetti indicati nell'art. 1, lett. a); art. 16 del d.lgs. n. 159 del 2011, nella parte in cui stabiliva che le misure di prevenzione del sequestro e della confisca, disciplinate dagli artt. 20 e 24, si applichino anche ai soggetti indicati nell'art. 1, comma 1, lett. a).

presupposto" per l'applicazione di misure di prevenzione personali e patrimoniali.

Nella motivazione della sentenza la Corte, dopo aver svolto considerazioni di carattere generale sullo statuto di garanzia (costituzionale e convenzionale) delle misure di prevenzione (personali e patrimoniali)[61], di cui mette in luce le peculiarità, ripercorre la giurisprudenza propria[62], quella della Cassazione[63] e quella della Cedu[64].

---

[61] La Corte ricorda che le misure di prevenzione personali (disciplinate dal d.lgs. n. 159 del 2011) rappresentano *"l'approdo di una lunga evoluzione storica, le cui origini risalgono quanto meno alla legislazione di polizia ottocentesca, cristallizzatasi subito dopo l'unità d'Italia nella legge 20 marzo 1865, n. 2248, allegato B, che già conferiva all'autorità di pubblica sicurezza il potere di disporre le misure dell'ammonizione, del domicilio coatto (o confino di polizia) e del rimpatrio con foglio di via obbligatorio nei confronti di persone ritenute pericolose per la società, senza che fosse – tuttavia – necessaria una loro condanna in sede penale. Largamente utilizzate in epoca fascista come strumento di controllo e di repressione degli oppositori politici, tali misure ... restarono in vita anche dopo l'avvento della Costituzione repubblicana, ponendo subito alla dottrina e alla stessa giurisprudenza la questione della loro compatibilità con la Carta costituzionale"*.

[62] La sentenza n. 2 del 1956 ha dichiarato l'incostituzionalità della disciplina in tema di esecuzione coattiva dell'ordine di rimpatrio disposto dal questore; la successiva sentenza n. 11 del 1956 ha dichiarato incostituzionale la disciplina dell'ammonizione. Le decisioni si fondavano sulla violazione della riserva di giurisdizione *ex* art. 13 Cost. Infatti, nella sentenza n. 11 del 1956 si prende atto che *"l'ordinanza di ammonizione ha per conseguenza la sottoposizione dell'individuo ad una speciale sorveglianza di polizia"* e *"attraverso questo provvedimento si impone all'ammonito tutta una serie di obblighi, di fare e di non fare, fra cui, quello di non uscire prima e di non rincasare dopo di una certa ora, non è che uno fra gli altri che la speciale commissione prescrive"*. Questi effetti integravano *"una significativa 'restrizione' del diritto alla libertà personale"*. In attuazione di tali pronunce, il legislatore ha successivamente introdotto una nuova disciplina delle misure di prevenzione (legge n. 1423 del 1956) che nella sua versione originaria indicava cinque diverse categorie di destinatari delle misure medesime: oziosi e vagabondi; persone *"notoriamente e abitualmente dedite a traffici illeciti"*; *"proclivi a delinquere e coloro che, per la condotta e il tenore di vita, devono ritenersi vivere abitualmente, anche in parte, con il provento di delitti o con il favoreggiamento"*; persone ritenute dedite allo sfruttamento della prostituzione, alla tratta delle donne, alla corruzione di minori, al contrabbando o al traffico di droga; nonché *"coloro che svolgono abitualmente altre attività contrarie alla morale pubblica e al buon costume"*. Nei confronti di tutti costoro, la legge prevedeva che il questore potesse direttamente indirizzare una motivata diffida a cambiare condotta, nonché ordinarne il rimpatrio con foglio di via obbligatorio; mentre affidava al tribunale – in conformità al principio fissato dalla sentenza n. 11 del 1956 – la competenza a disporre la più grave misura della sorveglianza speciale, cui il tribunale stesso poteva aggiungere il divieto di soggiorno in uno o più comuni o province nonché, nei casi di

particolare pericolosità, l'obbligo del soggiorno in un determinato comune. Le misure previste dalla legge n. 1423 del 1956 sono state poi estese dalla legge n. 575 del 1965 agli *"indiziati di appartenere ad associazioni di tipo mafioso"* e la legge n. 152 del 1975 ne ha ampliato ulteriormente l'ambito di applicazione a una vasta area di soggetti indiziati di coinvolgimento in attività di tipo terroristico o eversivo, di appartenenza ad associazioni politiche disciolte o di ricostituzione del partito fascista, nonché a soggetti già condannati per violazioni della disciplina in materia di armi e da ritenersi, per il loro comportamento successivo, "proclivi" a commettere nuovi reati della stessa specie. Con la sentenza n. 177 del 1980 la Corte ha dichiarato incompatibile con il principio di legalità la previsione della applicabilità delle misure di prevenzione a coloro che *"per le manifestazioni cui abbiano dato luogo, diano fondato motivo di ritenere che siano proclivi a delinquere"*, in ragione dell'indeterminatezza di tale formula normativa, ritenuta tale da *"offrire agli operatori uno spazio di incontrollabile discrezionalità"*. Indi la legge n. 327 del 1988 (*"Norme in materia di misure di prevenzione personali"*) ha eliminato la possibilità per il tribunale di ordinare l'obbligo di soggiorno in un Comune diverso da quello di residenza ed ha riformulato le descrizioni normative contenute nell'art. 1 della legge n. 1423 del 1956, eliminando dal novero dei destinatari delle misure i *"vagabondi"* e gli *"oziosi"*, e precisando che la riconduzione del soggetto alle categorie descritte dalla legge dovesse effettuarsi da parte del tribunale sulla base di *"elementi di fatto"*.

[63] La Cassazione ha elaborato una lettura *"convenzionalmente orientata"* e *"tassativizzante"* delle disposizioni relative alla misure di prevenzione, muovendo dal presupposto metodologico secondo cui la fase prognostica relativa alla probabilità che il soggetto delinqua in futuro è necessariamente preceduta da una fase diagnostico-constatativa, nella quale vengono accertati (con giudizio retrospettivo) gli elementi costitutivi delle cosiddette *"fattispecie di pericolosità generica"*, attraverso un apprezzamento di *"fatti"*, costituenti a loro volta *"indicatori"* della possibilità di iscrivere il soggetto proposto in una delle categorie criminologiche previste dalla legge (Cass., sez. I, sent. 1° febbraio 2018-31 maggio 2018, n. 24707; sez. II, sent. 4 giugno 2015-22 giugno 2015, n. 26235; sez. I, sent. 24 marzo 2015-17 luglio 2015, n. 31209; sez. I, sent. 11 febbraio 2014-5 giugno 2014, n. 23641). E così, con riferimento alle "fattispecie di pericolosità generica" (art. 1, lett. a) e b) del d.lgs. n. 159 del 2011), i loro elementi costitutivi sono stati dalla Cassazione così precisati: a) l'aggettivo "delittuoso" viene letto nel senso che l'attività del proposto debba caratterizzarsi in termini di "delitto" e non di un qualsiasi illecito (Cass., sez. I, sent. 19 aprile 2018-3 ottobre 2018, n. 43826; sez. II, sent. 23 marzo 2012-3 maggio 2012, n. 16348), sì da escludere, ad esempio, che *"il mero* status *di evasore fiscale"* sia sufficiente a fondare la misura, ben potendo l'evasione tributaria consistere anche in meri illeciti amministrativi (Cass., sez. V, sent. 6 dicembre 2016-9 febbraio 2017, n. 6067; sez. VI, sent. 21 settembre 2017-21 novembre 2017, n. 53003); b) l'avverbio *"abitualmente"* viene letto nel senso di richiedere una *"realizzazione di attività delittuose ... non episodica, ma almeno caratterizzante un significativo intervallo temporale della vita del proposto"* (Cass., n. 31209 del 2015), in modo che si possa *"attribuire al soggetto proposto una pluralità di condotte passate"* (Cass., sez. I, sent. 15 giugno 2017-9 gennaio 2018, n. 349), talora richiedendosi che esse connotino *"in modo significativo lo stile di vita del*

---

soggetto, che quindi si deve caratterizzare quale individuo che abbia consapevolmente scelto il crimine come pratica comune di vita per periodi adeguati o comunque significativi" (Cass., sez. II, sent. 19 gennaio 2018-15 marzo 2018, n. 11846); c) il termine "*traffici*" delittuosi è stato in un caso definito come "*qualsiasi attività delittuosa che comporti illeciti arricchimenti, anche senza ricorso a mezzi negoziali o fraudolenti*", risultandovi così comprese anche attività "*che si caratterizzano per la spoliazione, l'approfittamento o l'alterazione di un meccanismo negoziale o dei rapporti economici, sociali o civili*" (Cass., n. 11846 del 2018). In altra pronuncia, il termine è stato invece inteso come "*commercio illecito di beni tanto materiali (in via meramente esemplificativa: di stupefacenti, di armi, di materiale pedopornografico, di denaro contraffatto, di beni con marchi o segni distintivi contraffatti, di documenti contraffatti impiegabili a fini fiscali, di proventi di delitti in tutte le ipotesi di riciclaggio) quanto immateriali (di influenze illecite, di notizie riservate, di dati protetti dalla disciplina in tema di privacy, etc.), o addirittura concernente esseri viventi (umani, con riferimento ai delitti di cui al d.legisl. 25 luglio 1998, n. 286 (Testo unico delle disposizioni concernenti la disciplina dell'immigrazione e norme sulla condizione dello straniero), o di cui all'art. 600 cod. pen. e segg., ed animali, con riferimento alla normativa di tutela di particolari specie), nonché a condotte lato sensu negoziali ed intrinsecamente illecite (usura, corruzione), ma comunque evitando che essa si confonda con la mera nozione di delitto ... da cui sia derivato una qualche forma di provento*" (Cass. n. 53003 del 2017); d) il riferimento ai "*proventi*" di attività delittuose viene poi interpretato nel senso di richiedere la "realizzazione di attività delittuose che ... siano produttive di reddito illecito" e dalle quale sia scaturita un'effettiva derivazione di profitti illeciti (Cass., n. 31209 del 2015). Nell'ambito di questa interpretazione "*tassativizzante*", la Cassazione ha fatto confluire anche considerazioni attinenti alle modalità di accertamento in giudizio di tali elementi della fattispecie. Pur muovendo dal presupposto che "*il giudice della misura di prevenzione può ricostruire in via totalmente autonoma gli episodi storici in questione ... in virtù della assenza di pregiudizialità e della possibilità di azione autonoma di prevenzione*" (Cass., n. 43826 del 2018), si è precisato: che non sono sufficienti meri indizi, perché la locuzione utilizzata va considerata volutamente diversa e più rigorosa di quella utilizzata dall'art. 4 del d.lgs. n. 159 del 2011 per l'individuazione delle categorie di cosiddetta pericolosità qualificata, dove si parla di "*indiziati*" (Cass., n. 43826 del 2018 e n. 53003 del 2017); che l'esistenza di una sentenza di proscioglimento nel merito per un determinato fatto impedisce, alla luce anche del disposto dell'art. 28, comma 1, lett. b), che esso possa essere assunto a fondamento della misura, salvo alcune ipotesi eccezionali (Cass., n. 43826 del 2018); che occorre un pregresso accertamento in sede penale, che può discendere da una sentenza di condanna oppure da una sentenza di proscioglimento per prescrizione, amnistia o indulto che contenga in motivazione un accertamento della sussistenza del fatto e della sua commissione da parte di quel soggetto (Cass., n. 11846 del 2018, n. 53003 del 2017 e n. 31209 del 2015).

[64] La sentenza della Corte EDU 6 novembre 1980, Guzzardi contro Italia, ha stabilito che l'applicazione della misura della sorveglianza speciale con ordine di soggiorno all'isola dell'Asinara disposta nei confronti del ricorrente (indiziato di appartenenza a un'associazione mafiosa ai sensi della legge n. 575 del 1965), non aveva

Per la Corte costituzionale, in quanto "imperniate" su un giudizio di "*persistente pericolosità del soggetto*", le misure di prevenzione personale hanno una chiara finalità preventiva (e non punitiva) e pertanto (pur non essendo sottoposte ai principi dettati, in materia penale, dagli artt. 25, comma 2, 27, 111, commi 3, 4 e 5 e 112, Cost.) devono rispettare i limiti che l'art. 13 Cost. pone a tutela alla libertà personale (riserva assoluta di legge e riserva di giurisdizione).

Con riguardo alle misure di prevenzione patrimoniali della confisca (e del correlato sequestro), introdotte dalla legge n. 646 del 1982 (c.d. legge Rognoni-La Torre), non dipendenti da condanna penale (con effet-

---

soltanto limitato la sua libertà di circolazione (tutelata dall'art. 2 Prot. n. 4 Cedu), ma si era risolta – in ragione della particolare ristrettezza dello spazio cui il ricorrente era confinato, nonché della situazione di sostanziale isolamento personale in cui egli era costretto a vivere – in una vera e propria privazione della sua libertà personale (ai sensi dell'art. 5 Cedu). Tale privazione non poteva essere ritenuta legittima, non ricorrendo alcuna delle eccezioni previste dal comma 1 dello stesso art. 5 Cedu. La Corte EDU (sent. 23 febbraio 2017, De Tommaso contro Italia) ha escluso che le misure di prevenzione personali costituiscano sanzioni di natura sostanzialmente punitiva, e come tali soggette ai vincoli che la Convenzione detta in relazione alla materia penale, riconoscendo invece che le misure di prevenzione disciplinate nell'ordinamento italiano costituiscono misure limitative della libertà di circolazione (*ex* art. 2 Prot. n. 4 Cedu) e quindi sono legittime ma nel rispetto delle condizioni previste dal paragrafo 3 della norma convenzionale (idonea base legale, finalità legittima, "*necessità in una società democratica*" della limitazione in rapporto agli obiettivi perseguiti). Nella sentenza de Tommaso, la Corte Edu ha ritenuto la disciplina italiana non idonea a soddisfare il rispetto degli standard qualitativi – in termini di precisione, determinatezza e prevedibilità – che deve possedere ogni norma che costituisca la base legale di un'interferenza nei diritti della persona riconosciuti dalla Cedu o dai suoi protocolli. Per la Corte Edu, "*né la legge né la Corte costituzionale hanno individuato chiaramente le 'prove fattuali' o le specifiche tipologie di comportamento di cui si deve tener conto al fine di valutare il pericolo che la persona rappresenta per la società e che può dar luogo a misure di prevenzione*"; e pertanto la legge in questione è stata ritenuta non contenente "*disposizioni sufficientemente dettagliate sui tipi di comportamento che dovevano essere considerati costituire un pericolo per la società*" e le disposizioni sulla cui base era stata adottata la misura di prevenzione non indicavano "*con sufficiente chiarezza la portata o la modalità di esercizio della ampissima discrezionalità conferita ai tribunali interni, e non fosse[ro] pertanto formulat[e] con sufficiente precisione in modo da fornire una protezione contro le ingerenze arbitrarie e consentire al ricorrente di regolare la propria condotta e prevedere con un sufficiente grado di certezza l'applicazione di misure di prevenzione*". Proprio tali vizi normativi hanno determinato nel caso concreto, secondo la Corte, la lesione del diritto del ricorrente alla libertà di circolazione, riconosciuto dall'art. 2 del Prot. n. 4 Cedu.

ti destinati a essere anticipati da uno speciale sequestro in chiave di più efficace contrasto della criminalità mafiosa), la Corte[65] prende le mosse dalla giurisprudenza della Cassazione (sez. un., sent. 26 giugno 2014-2 febbraio 2015, n. 4880) secondo cui *"il presupposto giustificativo"* della confisca di prevenzione (e pertanto dello stesso sequestro, che ne anticipa provvisoriamente gli effetti) è *"la ragionevole presunzione che il bene sia stato acquistato con i proventi di attività illecita"* (con la conseguenza della necessaria verifica giudiziale della sproporzione in quanto *"idonea a fondare una ragionevole presunzione relativa all'origine illecita del bene, allorché contestualmente risulti la pregressa attività criminosa di colui il quale abbia la disponibilità del bene e – in sede di valutazione dei presupposti della confisca – non riesca a giustificarne la legittima provenienza"*)[66].

La presunzione (relativa) viene dunque a trovare fondamento nel *"riscontro della sproporzione tra i beni da confiscare e il reddito o l'attività economica del soggetto – condannato per uno dei reati menzionati dallo stesso art. 240-*bis *c.p. – che di tali beni risulti titolare o abbia a qualsiasi titolo la disponibilità, e dei quali non riesca a giustificare l'origine lecita"*. Per la Corte pertanto la confisca *"di prevenzione"* e la confisca *"allargata"* costituiscono *"altrettante* species *di un unico* genus" identificato nella *"confisca dei beni di sospetta origine illecita"* (accertata mediante uno schema legale di carattere presuntivo) quale strumento di contrasto alla criminalità[67].

---

[65] In merito a tali misure la Corte aveva già affermato che *"le misure di ordine patrimoniale non hanno la loro ragion d'essere esclusivamente nei caratteri dei beni che colpiscono. Esse sono rivolte non a beni come tali, in conseguenza della loro sospetta provenienza illegittima, ma a beni che, oltre a ciò, sono nella disponibilità di persone socialmente pericolose, in quanto sospette di appartenere ad associazioni di tipo mafioso ... La pericolosità del bene, per così dire, è considerata dalla legge derivare dalla pericolosità della persona che ne può disporre"* (sent. n. 335 del 1996).

[66] La Corte richiama anche la propria sentenza n. 33 del 2018 concernente appunto *"la presunzione che le risorse economiche, sproporzionate e non giustificate, rinvenute in capo al condannato derivino dall'accumulazione di illecita ricchezza che talune categorie di reati sono ordinariamente idonee a produrre"*.

[67] La Corte costituzionale ricorda che *"In conformità a tale* ratio*, la giurisprudenza della Cassazione, con riferimento tanto al sequestro e alla confisca di prevenzione quanto alla confisca 'allargata', ha da tempo intrapreso ... un percorso volto a circoscrivere l'area dei beni confiscabili, limitandoli a quelli acquisiti in un arco temporale ragionevolmente correlato a quello in cui il soggetto risulta essere stato impegnato in attività criminose"* (Cass., sez. un., n. 4880 del 2015).

La Corte costituzionale, pur escludendo la natura penale di tali misure, riconosce che le stesse (sequestro e confisca di prevenzione) incidono *"pesantemente sui diritti di proprietà e di iniziativa economica, tutelati a livello costituzionale (artt. 41 e 42 Cost.) e convenzionale (art. 1 Prot. addiz. Cedu)"* e pertanto devono rispettare le garanzie (previsione per legge; necessarietà e proporzionalità della misura; garanzia del "giusto processo")[68] che la Costituzione e la Cedu prevedono per la legittimità delle restrizioni di tali diritti.

Per la Corte costituzionale, i requisiti di "precisione", "determinatezza" e "prevedibilità" della base normativa enucleati dalla Corte Edu non possono non valere anche rispetto alle misure limitative del diritto di proprietà (pena il contrasto con l'art. 1 Prot. addiz. Cedu, che tutela il diritto di proprietà, e dunque la violazione dell'art. 117, comma 1, Cost.). La Corte prende atto che la questione di costituzionalità deve svolgersi sulle disposizioni censurate *"nella lettura fornitane dalla più recente giurisprudenza della Corte di cassazione, al fine di verificare se tale interpretazione – sviluppatasi in epoca in larga misura successiva alla sentenza della Corte EDU de Tommaso – ne garantisca ora un'applicazione prevedibile da parte dei consociati"*.

Questo passaggio della motivazione della sentenza n. 24 del 2019 è particolarmente importante perché, da un lato, la Corte riconosce l'operatività della *"dottrina del diritto vivente"* ("lettura" delle disposizioni impugnate "fornita" dalla recente giurisprudenza della Cassazione) e, dall'altro lato, sottopone siffatta "interpretazione" ad un giudizio di conformità agli esiti della giurisprudenza della Cedu.

---

[68] Più specificamente, la Corte riconosce che le *"garanzie minime"* da rispettare sono: a) la previsione per legge delle restrizioni (*ex* artt. 41 e 42 Cost.), al fine di consentire ai destinatari, anche in conformità alla giurisprudenza della Corte EDU sui requisiti di qualità della *"base legale"* della restrizione, di prevedere la futura possibile applicazione di tali misure (art. 1 Prot. addiz. Cedu); b) la *"necessarietà"* della restrizione rispetto ai legittimi obiettivi perseguiti (art. 1 Prot. addiz. Cedu), e pertanto la proporzionalità della stessa rispetto a tali obiettivi la Corte ricorda che quello della proporzionalità *"rappresenta un requisito di sistema anche nell'ordinamento costituzionale italiano per ogni misura della pubblica autorità che incide sui diritti dell'individuo, alla luce dell'art. 3 Cost."*); c) la necessità che l'applicazione della misura sia disposta a conclusione di un procedimento rispettoso dei canoni generali del *"giusto"* processo garantito dalla legge (artt. 111, commi 1, 2 e 6 Cost., e 6 Cedu, nel suo *"volet civil"*), assicurando in particolare la piena tutela al diritto di difesa (art. 24 Cost.) (pur potendo non conformarsi ai principi che la Costituzione e il diritto convenzionale dettano specificamente per il processo penale).

Ed è in questo ambito che la Corte svolge importanti considerazioni in tema di interpretazione ed in tema di rapporto fra esiti interpretativi e "tenore letterale" della singola disposizione legislativa.

E così, con riguardo alla materia penale, la giurisprudenza costituzionale afferma che *"l'esistenza di interpretazioni giurisprudenziali costanti non valga, di per sé, a colmare l'eventuale originaria carenza di precisione del precetto penale"* (sent. n. 327 del 2008), con la conseguenza che nessuna interpretazione possa *"surrogarsi integralmente alla* praevia lex scripta, *con cui si intende garantire alle persone 'la sicurezza giuridica delle consentite, libere scelte d'azione' (sent. n. 364 del 1988)"* [69]. Invece (aggiunge la Corte), al di fuori della materia penale l'esigenza di predeterminazione delle condizioni che giustificano la limitazione di un diritto costituzionalmente e convenzionalmente protetto può essere soddisfatta anche sulla base dell'interpretazione (*"fornita da una giurisprudenza costante e uniforme"*) di disposizioni legislative *"pure caratterizzate dall'uso di clausole generali, o comunque da formule connotate in origine da un certo grado di imprecisione"* [70].

La Corte passa dunque ad esaminare se la giurisprudenza della Cassazione *"sia riuscita nell'intento di conferire un grado di sufficiente precisione, imposta da tutti i parametri costituzionali e convenzionali invocati, alle fattispecie normative in parola"* [71].

Se l'evoluzione giurisprudenziale consente di assicurare in via interpretativa contorni sufficientemente precisi alla fattispecie del *"vivere abitualmente con i proventi di attività delittuose"* (sì da consentire ai conso-

---

[69] Per la Corte *"nei paesi di tradizione continentale, e certamente in Italia"* è indispensabile l'esistenza di un *"diritto scritto di produzione legislativa"* rispetto al quale *"l'ausilio interpretativo del giudice penale non è che un* posterius *incaricato di scrutare nelle eventuali zone d'ombra, individuando il significato corretto della disposizione nell'arco delle sole opzioni che il testo autorizza e che la persona può raffigurarsi leggendolo"* (sent. n. 115 del 2018).

[70] Per la Corte ciò che è *"essenziale"* è che la *"interpretazione giurisprudenziale sia in grado di porre la persona potenzialmente destinataria delle misure limitative del diritto in condizioni di poter ragionevolmente prevedere l'applicazione della misura stessa"*.

[71] A questo proposito la Corte distingue tra il concetto di tassatività sostanziale (*"relativa a*l thema probandum") e quello di *"tassatività processuale"* (concernente il *quomodo* della prova). E se *"il primo attiene al rispetto del principio di legalità al metro dei parametri già sopra richiamati, inteso quale garanzia di precisione, determinatezza e prevedibilità degli elementi costitutivi della fattispecie legale che costituisce oggetto di prova, il secondo attiene invece alle modalità di accertamento probatorio in giudizio, ed è quindi riconducibile a differenti parametri costituzionali e convenzionali"*.

ciati di prevedere ragionevolmente in anticipo in quali "casi" – oltre che in quali "modi" – essi potranno essere sottoposti alla misura di prevenzione della sorveglianza speciale, nonché alle misure di prevenzione patrimoniali del sequestro e della confisca), non altrettanto può dirsi con riguardo alla fattispecie dell'essere *"abitualmente dedito a traffici delittuosi"*. Infatti, la locuzione *"coloro che per la condotta ed il tenore di vita debba ritenersi, sulla base di elementi di fatto, che vivono abitualmente, anche in parte, con i proventi di attività delittuose"* è dalla giurisprudenza interpretata come *"espressiva della necessità di predeterminazione non tanto di singoli 'titoli' di reato, quanto di specifiche 'categorie' di reato"*, consentendo così *"di ritenere soddisfatta l'esigenza di individuazione dei 'tipi di comportamento' assunti a presupposto della misura"* [72].

Viceversa la Corte costituzionale ritiene che la fattispecie relativa ai *"traffici delittuosi"* appare *"affetta da radicale imprecisione"* e *"non emendata dalla giurisprudenza successiva alla sentenza de Tommaso"*. Secondo il giudice delle leggi, la Cassazione non è riuscita a *"riempire di significato certo, e ragionevolmente prevedibile* ex ante *per l'interessato, il disposto normativo in esame"*. Infatti, la Corte riscontra che sul punto convivono due contrapposti indirizzi interpretativi (che definiscono in modo differente il concetto di "traffici delittuosi") [73], entrambi però caratterizzati

---

[72] La Corte specifica che le *"categorie di delitto"* che possono essere assunte a presupposto della misura sono in effetti suscettibili di trovare concretizzazione in virtù del triplice requisito – da provarsi sulla base di precisi *"elementi di fatto"*, di cui il giudice è chiamato a dare conto nella motivazione (art. 13, comma 2, Cost.) – per cui deve trattarsi di a) delitti commessi abitualmente (e dunque in un significativo arco temporale) dal soggetto, b) che abbiano effettivamente generato profitti in capo a costui, c) i quali a loro volta costituiscano – o abbiano costituito in una determinata epoca – l'unico reddito del soggetto, o una componente significativa di tale reddito. Con riguardo alle misure patrimoniali del sequestro e della confisca, i requisiti richiesti "devono essere accertati in relazione al lasso temporale nel quale si è verificato, nel passato, l'illecito incremento patrimoniale che la confisca intende neutralizzare. Dal momento che (sez. un. Cass.), la necessità della correlazione temporale in parola *"discende dall'apprezzamento dello stesso presupposto giustificativo della confisca di prevenzione, ossia dalla ragionevole presunzione che il bene sia stato acquistato con i proventi di attività illecita"* (Cass., Sez. Un., sent. 26 giugno 2014-2 febbraio 2015, n. 4880), l'ablazione patrimoniale si giustificherà se, e nei soli limiti in cui, le condotte criminose compiute in passato dal soggetto risultino essere state effettivamente fonte di profitti illeciti, in quantità ragionevolmente congruente rispetto al valore dei beni che s'intendono confiscare, e la cui origine lecita egli non sia in grado di giustificare.

[73] Da un lato, ad esempio, la Cassazione (sent. n. 11846 del 2018) fa riferimento a

da generiche definizioni di un termine (già di per sé vago) come quello di "traffici delittuosi". Per la Corte *"la giurisprudenza non è stata ... in grado di selezionare i delitti la cui commissione possa costituire il ragionevole presupposto per un giudizio di pericolosità del potenziale destinatario della misura"* [74].

Pertanto, la formulazione normativa *"non soddisfa le esigenze di precisione imposte tanto dall'art. 13 Cost., quanto, in riferimento all'art. 117, comma 1, Cost., dall'art. 2 del Prot. n. 4 Cedu per ciò che concerne le misure di prevenzione personali della sorveglianza speciale, con o senza obbligo o divieto di soggiorno; né quelle imposte dall'art. 42 Cost. e, in riferimento all'art. 117, comma 1, Cost., dall'art. 1 del Prot. addiz. Cedu per ciò che concerne le misure patrimoniali del sequestro e della confisca"*.

Nella sentenza n. 25 del 2019, la Corte ha dichiarato incostituzionale l'art. 75, comma 2, d.lgs. n. 159 del 2011 (*"Codice delle leggi antimafia e delle misure di prevenzione"*) *"nella parte in cui prevede come delitto la violazione degli obblighi e delle prescrizioni inerenti la misura della sorveglianza speciale con obbligo o divieto di soggiorno ove consistente nell'inosservanza delle prescrizioni di 'vivere onestamente' e di 'rispettare le leggi'"* [75]. La dichiarazione di incostituzionalità dell'art. 75, comma 2, cit., concerne dunque la parte in cui tale disposizione punisce come de-

---

"qualsiasi attività delittuosa che comporti illeciti arricchimenti, anche senza ricorso a mezzi negoziali o fraudolenti" (ricomprendendovi anche attività *"che si caratterizzano per la spoliazione, l'approfittamento o l'alterazione di un meccanismo negoziale o dei rapporti economici, sociali o civili"*), mentre, dall'altro, Cass., sent. n. 53003 del 2017, si riferisce al *"commercio illecito di beni tanto materiali ... quanto immateriali ... o addirittura concernente esseri viventi (umani ... ed animali ...), nonché a condotte* lato sensu *negoziali ed intrinsecamente illecite ..., ma comunque evitando che essa si confonda con la mera nozione di delitto ... da cui sia derivato una qualche forma di provento"*, osservando ulteriormente che *"nel senso comune della lingua italiana ... trafficare significa in primo luogo commerciare, poi anche darsi da fare, affaccendarsi, occuparsi in una serie di operazioni, di lavori, in modo affannoso, disordinato, talvolta inutile, e infine, in ambito marinaresco, maneggiare, ma non può fondatamente estendersi al significato di delinquere con finalità di arricchimento"*.

[74] Esigenza affermata sia dalla Corte EDU nella sentenza de Tommaso, che in precedenza dalla Corte costituzionale (sent. n. 177 del 1980).

[75] Ed in via conseguenziale, ha dichiarato l'incostituzionalità anche del comma 1 dell'identica disposizione, *"nella parte in cui prevede come reato contravvenzionale la violazione degli obblighi inerenti la misura della sorveglianza speciale senza obbligo o divieto di soggiorno ove consistente nell'inosservanza delle prescrizioni di 'vivere onestamente' e di 'rispettare le leggi'"*.

litto l'inosservanza delle prescrizioni di "vivere onestamente" e di "rispettare le leggi" da parte del soggetto sottoposto alla misura di prevenzione della sorveglianza speciale con obbligo o divieto di soggiorno [76].

Il dubbio di costituzionalità (sollevato dalla Cassazione penale) si fondava sulla vaghezza, indeterminatezza e non prevedibilità della prescrizione ("vivere onestamente" e "rispettare le leggi") imposta con la misura della sorveglianza speciale con conseguente violazione del principio di legalità (prescritto in materia penale dalla Costituzione e del canone di prevedibilità sancito dalla Cedu). La disposizione censurata (comma 2 dell'art. 75) prevedeva, come delitto, l'inosservanza degli "obblighi" e delle "prescrizioni" inerenti alla sorveglianza speciale di pubblica sicurezza con obbligo o divieto di soggiorno, ove ricorra il presupposto della loro pericolosità (il comma 1 dell'art. 75 prevede come contravvenzione la violazione delle prescrizioni inerenti alla sorveglianza speciale senza obbligo o divieto di soggiorno).

Il giudizio *a quo* aveva ad oggetto la condotta di un sorvegliato speciale con obbligo di soggiorno che aveva commesso un reato comune (una rapina), integrando con tale condotta anche la fattispecie del reato previsto dall'art. 75, comma 2, per violazione dell'obbligo di vivere onestamente e di rispettare le leggi. E con la sentenza di condanna per i due reati (quello comune e quello *ex* art. 75, comma 2) i giudici di merito applicavano un aumento di pena (ai sensi dell'art. 81, comma 1, c.p.) su quella ritenuta congrua per il reato comune in ragione del concorso formale con il reato di cui all'art. 75, comma 2.

Con riguardo all'interpretazione assegnata a tale disposizione legislativa, la Cassazione richiama la pronuncia delle sezioni unite (27 aprile-5 settembre 2017, n. 40076, c.d. "sentenza Paternò") che, innovando la

---

[76] E gli stessi dubbi di costituzionalità possono porsi con riferimento al reato contravvenzionale di cui al comma 1 della medesima disposizione che prevede analogamente la violazione degli obblighi inerenti la misura di prevenzione della sorveglianza speciale, ma senza obbligo né divieto di soggiorno, allorché le prescrizioni consistono nell'obbligo di vivere onestamente e di rispettare le leggi; reato che parimenti la giurisprudenza di legittimità ritiene in via interpretativa non più configurabile dopo la richiamata pronuncia delle Sezioni unite (*ex plurimis*, Cass. pen., sez. VII, 6 ottobre 2017-13 marzo 2018, n. 11171). Pertanto, in via conseguenziale (e per le stesse ragioni) è dichiarata l'incostituzionalità dell'art. 75, comma 1, cod. antimafia, nella parte in cui prevede come reato contravvenzionale la violazione degli obblighi inerenti la misura della sorveglianza speciale senza obbligo o divieto di soggiorno, ove consistente nell'obbligo di *"vivere onestamente"* e di *"rispettare le leggi"*.

precedente giurisprudenza, aveva affermato il seguente principio di diritto: *"L'inosservanza delle prescrizioni generiche di 'vivere onestamente' e 'rispettare le leggi', da parte del soggetto sottoposto alla sorveglianza speciale con obbligo o divieto di soggiorno, non integra la norma incriminatrice di cui all'art. 75, comma 2, d.lgs. n. 159 del 2011"* (e quindi la relativa condotta non integra il previsto reato).

Di fronte a tale *"diritto vivente"* (alla luce del quale *"non sussisterebbe il reato ai sensi dell'art. 75, comma 2, concorrente con il reato comune"*), la Corte riscontra che *"non si tratta di una sopravvenuta abolitio criminis per successione della legge nel tempo, ma di un'interpretazione giurisprudenziale che risulta essere più favorevole per l'imputato ricorrente"*. Ma un orientamento giurisprudenziale non è assimilabile ad uno *ius superveniens* e pertanto non può escludersi la sindacabilità della relativa disposizione anche perché la successiva dichiarazione di incostituzionalità (determinando una situazione assimilabile all'*abolitio criminis*)[77] amplierebbe gli ambiti di tutela del singolo (ad esempio evitare la formazione di un giudicato non più emendabile in sede esecutiva). Ed è qui che la Corte – dopo aver affermato che *"In un ordinamento in cui il giudice è soggetto alla legge e solo alla legge (art. 101, secondo comma, Cost.), la giurisprudenza ha un contenuto dichiarativo e nella materia penale deve conformarsi al principio di legalità di cui all'art. 25, secondo comma, Cost., che vuole che sia la legge a prevedere che il fatto commesso è punito come reato"* – dichiara che *"L'attività interpretativa del giudice, anche nella forma dell'interpretazione adeguatrice costituzionalmente orientata, può sì perimetrare i confini della fattispecie penale circoscrivendo l'area della condotta penalmente rilevante. Ma rimane pur sempre un'attività dichiarativa, non assimilabile alla successione della legge penale nel tempo"*.

La Corte aveva già affermato (sent. n. 230 del 2012) che, pure in presenza di un orientamento giurisprudenziale che abbia acquisito i caratteri del "diritto vivente", il giudice rimettente ha soltanto la facoltà, e non già l'obbligo di uniformarsi a esso. E ha ribadito che *"[a]l pari della creazione delle norme, e delle norme penali in specie, anche la loro abroga-*

---

[77] Ed identica situazione si riproduce in sede di esecuzione della condanna passata in giudicato perché l'art. 673 c.p.p. prevede la revoca della sentenza per abolizione del reato (rimedio non esperibile dal condannato deducendo una giurisprudenza sopravvenuta secondo cui il fatto per cui è stata pronunciata la condanna non costituisce reato).

*zione – totale o parziale – non può, infatti, dipendere, nel disegno costituzionale, da regole giurisprudenziali, ma soltanto da un atto di volontà del legislatore (*eius est abrogare cuius est condere*)"* [78].

La sentenza n. 25 del 2019 si presenta particolarmente significativa perché in essa la Corte riconosce che le questioni affrontate si pongono *"nel punto di confluenza della giurisprudenza delle tre Corti"* (costituzionale: sent. n. 282 del 2010; Corte EDU: sent. De Tommaso; Cassazione, sezioni unite penali, n. 40076 del 2017).

Il parametro costituzionale nazionale (principio di legalità in materia penale *ex* art. 25, comma 2, Cost.) fonda il principio di tassatività e determinatezza della fattispecie penale. A questo proposito, la Corte [79] indica la necessità di una interpretazione sistematica, giacché "per verificare il rispetto del principio di tassatività o di determinatezza della norma penale occorre non già valutare isolatamente il singolo elemento descrittivo dell'illecito, bensì collegarlo con gli altri elementi costitutivi della fattispecie e con la disciplina in cui questa s'inserisce". E, in particolare, la Corte ribadisce che *"l'inclusione nella formula descrittiva dell'illecito di espressioni sommarie, di vocaboli polisensi, ovvero di clausole generali o concetti elastici, non comporta un* vulnus *del parametro costituzionale evocato, quando la descrizione complessiva del fatto incriminato consenta comunque al giudice – avuto riguardo alle finalità perseguite dall'incriminazione ed al più ampio contesto ordinamentale in cui essa si colloca – di stabilire il significato di tale elemento mediante un'operazione interpretativa non esorbitante dall'ordinario compito a lui affidato: quando cioè quella descrizione consenta di esprimere un giudizio di corrispondenza della fattispecie concreta alla fattispecie astratta, sorretto da un fondamento ermeneutico controllabile; e, correlativamente, permetta al destinatario della norma di avere una percezione sufficientemente chiara ed immediata del relativo valore precettivo"* [80]. Pertanto *"la prescrizione di vivere onestamente e di rispettare le leggi non viola il principio di legalità in materia penale"*, giacché le "leggi" *"sono tutte le norme a contenuto precettivo, non solo quelle la cui violazione è sanzionata penalmente"* e l'obbligo di *"vivere onestamente"* va *"collocat[o] nel contesto di tutte le altre prescri-*

---

[78] In senso simile, Cassazione, sezioni unite penali, sentenza 29 ottobre 2015-23 giugno 2016, n. 26259.

[79] Vedi già sentenze n. 282 del 2010 e n. 24 del 2019.

[80] Vedi *ex plurimis*, sentenze n. 327 del 2008, n. 5 del 2004, n. 34 del 1995 e n. 122 del 1993.

zioni previste dal menzionato art. 5" e quindi *"ha il valore di un monito rafforzativo di queste ultime senza un autonomo contenuto prescrittivo"*.

Con riguardo invece alla portata dell'art. 2 Prot. n. 4 Convenzione EDU, nella parte in cui pone il principio di legalità con riferimento specifico alla libertà di circolazione (che può subire solo le restrizioni "previste dalla legge"), la Corte costituzionale ricorda che tale norma pone il canone di prevedibilità della condotta prevista dalla norma nazionale perché possa giustificarsi una limitazione della libertà personale (sentenza de Tommaso della Corte EDU). E per la Corte EDU [81], il sistema italiano delle misure di prevenzione (*"quanto ai presupposti soggettivi e al loro contenuto"*) è formulato *"in termini vaghi ed eccessivamente ampi"* tali da non rispettare il criterio della "prevedibilità". Ed in particolare gli obblighi di *"vivere onestamente e rispettare le leggi"* sono stati ritenuti *"non delimitati in modo sufficiente"*, con conseguente violazione del *"principio di prevedibilità della condotta da cui consegue la limitazione della libertà personale, segnatamente quello posto dall'art. 2 del Protocollo n. 4"*.

La Corte costituzionale evidenzia che la pronuncia De Tommaso *"è stata decisiva nell'orientare la puntualizzazione giurisprudenziale"* operata dalla Cassazione (sez. un. pen., n. 40076 del 2017) nella "sentenza Paternò", in cui la Cassazione (misurandosi con la sentenza de Tommaso e conformemente a quanto prescritto dalla Corte costituzionale nella sent. n. 239 del 2009), ricordato che compete al giudice assegnare alla disposizione interna un significato quanto più aderente alla Cedu, rileva che la Corte Edu, riferendosi al contenuto del "vivere onestamente nel rispetto delle leggi", ha ritenuto tali prescrizioni non sufficientemente delimitate. La Cassazione quindi (procedendo ad una "rilettura del diritto interno aderente alla Cedu") afferma che *"il richiamo 'agli obblighi e alle prescrizioni inerenti alla sorveglianza speciale con obbligo o divieto di soggiorno può essere riferito soltanto a quegli obblighi e a quelle prescrizioni che hanno un contenuto determinato e specifico, a cui poter attribuire valore precettivo"* e che *"tali caratteri difettano alle prescrizioni del 'vivere*

[81] *"La loi n° 1423/1956 était libellée en des termes vagues et excessivement généraux. Ni les personnes auxquelles les mesures de prévention pouvaient être appliquées (article 1 de la loi de 1956) ni le contenu de certaines de ces mesures (articles 3 et 5 de la loi de 1956) n'étaient définis avec une précision et une clarté suffisantes. Il s'ensuit que cette loi ne remplissait pas les conditions de prévisibilité telles qu'elles se dégagent de la jurisprudence de la Cour"*.

onestamente' e del 'rispettare le leggi'". Pertanto *"le prescrizioni del vivere onestamente e rispettare le leggi non possono integrare la norma incriminatrice di cui all'art. 75, comma 2, d.lgs. n. 159 del 2011"*.

La Corte costituzionale prende atto degli esiti della giurisprudenza di legittimità (che, adeguandosi ai principi della Cedu ha affermato l'insussistenza del reato *ex* art. 75, comma 2, *"allorché la violazione degli obblighi e delle prescrizioni della misura della sorveglianza speciale consista nell'inosservanza dell'obbligo di vivere onestamente e di rispettare le leggi"*) e riconosce che *"la convergenza delle Sezioni unite verso la pronuncia della Corte EDU segna l'arresto ultimo del diritto vivente: l'inosservanza dell'obbligo di vivere onestamente e di rispettare le leggi, quale prescrizione della misura della sorveglianza speciale con obbligo di soggiorno, non integra la fattispecie di reato di cui all'art. 75, comma 2"*. Ma la Corte costituzionale, constatato che non ci trova *"di fronte a un'*abolitio criminis *per successione nel tempo della legge penale"* e rilevata l'esistenza di una (sia pur "limitata") "area in cui occorre ancora domandarsi se la fattispecie penale suddetta, schermata solo dall'interpretazione giurisprudenziale, sia conforme, o no, al principio di legalità in materia penale, vuoi costituzionale che convenzionale", conclude per la sussistenza (*"in questi stretti limiti"*) della questione di costituzionalità *"come possibile completamento dell'operazione di adeguamento dell'ordinamento interno alla Cedu"* (operazione già compiuta dalla Cassazione *"nei limiti in cui l'interpretazione giurisprudenziale può ritagliare la fattispecie penale escludendo dal reato condotte che prima si riteneva vi fossero comprese"*).

In questa parte della motivazione della sentenza n. 25 del 2019, la Corte costituzionale svolge considerazioni in merito alla interpretazione della legge che il giudice comune (ordinario o speciale) deve svolgere *"orientata alla conformità alla Cedu"* (*"le cui prescrizioni e principi appartengono indubbiamente ai vincoli derivanti da obblighi internazionali con impronta costituzionale"*), pur precisando che in questo *"progressivo adeguamento alla Cedu"* non vi è *"alcun automatismo", dal momento che nell'ordinamento nazionale sussite il "predominio assiologico della Costituzione sulla Cedu"* [82].

La Corte precisa che *"la violazione del parametro convenzionale interposto, ove già emergente dalla giurisprudenza della Corte EDU, può comportare l'incostituzionalità della norma interna sempre che nelle pronunce di quella*

[82] Vedi già Corte cost., sent. n. 49 del 2015.

Corte sia identificabile un 'approdo giurisprudenziale stabile' (sent. n. 120 del 2018) o un 'diritto consolidato' (sent. n. 49 del 2015 e n. 80 del 2011)".

Alla luce dell'insieme delle considerazioni sopra esposte, la Corte giunge alla conclusione per cui *"la previsione come reato della violazione, da parte del sorvegliato speciale, dell'obbligo 'di vivere onestamente' e 'di rispettare le leggi' ha, da una parte, l'effetto abnorme di sanzionare come reato qualsivoglia violazione amministrativa e, dall'altra parte, comporta, ove la violazione dell'obbligo costituisca di per sé reato, di aggravare indistintamente la pena"*. Pertanto *"la norma censurata viola il canone di prevedibilità della condotta sanzionata con la limitazione della libertà personale, quale contenuto in generale nell'art. 7 Cedu e in particolare nell'art. 2 del Protocollo n. 4, e rilevante come parametro interposto ai sensi dell'art. 117, primo comma, Cost."*.

4. *Considerazioni conclusive*

Nell'attività di interpretazione della legge, Corte costituzionale e Cassazione (e, più in generale, Corte costituzionale e giudice comune), pur nelle diverse competenze e poteri, non si differenziano affatto con riguardo al rispettivo "potere interpretativo", essendo entrambi "interpreti del diritto".

Pertanto si appalesa la necessità di procedere verso la "realizzazione di una proficua opera di collaborazione tra la Corte costituzionale e l'autorità giudiziaria nell'attività di interpretazione della legge alla luce della Costituzione" [83].

La Corte costituzionale, quando sollecita un'interpretazione della disposizione legislativa in senso costituzionalmente conforme, riconosce la natura normativa della Costituzione (invitando così tutti gli operatori a rendere attuali i valori costituzionali) e richiede anche *"una presenza attiva dei giudici non solo nel momento propositivo, ma anche in quello risolutivo dei problemi di costituzionalità"* [84].

Le ordinanze di inammissibilità per mancanza di motivazione da parte del giudice *a quo* sull'impossibilità di un'interpretazione costituzionalmente conforme della disposizione legislativa impugnata rappresen-

---

[83] R. Romboli, *op. ult. cit.*, 12.

[84] R. Romboli, *op. ult. cit.*, 13.

tano uno strumento altamente significativo proprio perché, in quanto prive di un'efficacia legislativamente fissata, si fondano, da un lato, sulla capacità della Corte costituzionale di fornire motivazioni adeguate e persuasive e, dall'altro lato, sul principio che spetta ad ogni giudice – e non alla sola Corte costituzionale – rispettare, in ogni azione interpretativa, un onere di attuazione e difesa delle disposizioni costituzionali che dunque non appartengono ad un ordinamento (quello costituzionale) separato e distaccato dall'ordinamento legislativo, ma che invece insieme compongono l'ordinamento giuridico.

Il problema di fondo è dunque rappresentato dal rapporto (o dai rapporti) fra Corte costituzionale e giudici comuni, rapporto che è sempre "alla ricerca di un equilibrio" – potremmo dire "alla continua ricerca dell'equilibrio" –, equilibrio che non è mai definitivo perché l'attività interpretativa di per sé crea dialettica e perché, dal punto di vista (per così dire) degli "assetti di potere", l'attività interpretativa genera tensione (oltre che fra potere legislativo e potere giudiziario) anche (all'interno e) fra le diverse giurisdizioni ed in particolare fra la Cassazione e quella peculiare figura di giudice che è la Corte costituzionale.

Ed il tasso della dialettica finisce per aumentare con specifico riguardo al nostro sistema di giustizia costituzionale, caratterizzato da un sindacato accentrato, ma – secondo la magistrale riflessione crisafulliana – "venato" da elementi di sindacato diffuso che permeano proprio mediante il giudizio di non manifesta infondatezza operato dal giudice *a quo* ed il successivo controllo svolto dalla Corte costituzionale sulla non manifesta infondatezza e sulla rilevanza.

Ma non deve dimenticarsi che è nella "dialettica" – o nei "momenti di tensione" – fra giudici comuni e Corte costituzionale che maggiormente emergono i nodi problematici relativi all'attuazione e alla tutela dei valori costituzionali.

Decisivo, in questa prospettiva, è il ruolo della dottrina, quale occhio critico dei percorsi argomentativi e delle scelte di valore compiute sia dal giudice costituzionale che da quello comune. Quando oggi, ad esempio, la Cassazione (nelle sue pronunce) si sofferma, con riguardo alle sentenze interpretative di rigetto, sulla esistenza o meno (e sulla portata) di un "vincolo positivo" o di un "vincolo in negativo", essa è chiaramente debitrice della grande riflessione dottrinale sviluppatasi sul punto a partire dalla fine degli anni Cinquanta del secolo scorso. Parimenti anche oggi ricade sulla dottrina – quale occhio critico degli sviluppi dell'esperienza giuridica – l'onere di "contribuire" ad aiutare il giudice (costituzionale e comune) ad orientarsi nel proprio compito (difficile e gravoso)[85] e a metterne in luce le dinamiche, le contraddizioni e le scelte assiologiche di fondo.

A questo proposito, richiamando le riflessioni di Guido Calogero (secondo cui "la vera e grande opera del giudice" non è quella di dedurre "la conclusione" da etero-imposte premesse, bensì quella di "trovare e formulare le premesse"), bisogna ribadire che il compito della dottrina è proprio quello di interrogarsi sui percorsi argomentativi seguiti dalla giurisprudenza per cercare di comprendere la "realtà sottostante", allo scopo di *"vivere profondamente la propria esperienza"*.

In conclusione del presente volume non si possono non ricordare le parole di Paolo Grossi che, nel prendere atto dei limiti e delle contraddizioni del contemporaneo "paesaggio giuridico", riconosce che "non possiamo fingere che non abbia gli attuali reali (e allarmanti) tratti". Al tempo stesso, il Maestro fiorentino ammonisce che "il vizio peggiore del giurista è la pigrizia, la pigrizia culturale che ha reso accettabile (peggio: encomiabile!) fino ad oggi il fornire apparecchi ortopedici alle claudicanze del legislatore, restando però sempre sotto la sua ombra protettiva"[86].

Paolo Grossi richiama dunque il giurista alla peculiarità dell'attività interpretativa del diritto, attività che costituisce "la valvola respiratoria dell'ordinamento giuridico"[87].

---

[85] A tal proposito può ricordarsi la testimonianza di Benjam Nathan Cardozo, *Il giudice e il diritto*, cit., che così ricordava i suoi primi anni di magistratura: "il mio spirito rimase molto turbato nel constatare come l'oceano sul quale era imbarcato fosse privo di tracce sicure. Andavo in cerca della certezza ... Tentavo di toccar terra, la stabile terra delle regole ben consolidate ... Col passare degli anni, ed avendo sempre più riflettuto sulla natura dell'attività giudiziaria, mi sono riconciliato con l'incertezza, poiché sono giunto a considerarla inevitabile. Sono giunto a vedere che tale attività, nelle sue zone più elevate, non è una scoperta, ma una creazione; e che i dubbi e le apprensioni, le esperienze e i timori, sono parte del travaglio della mente, sono le angosce della morte e le doglie della nascita, tra le quali si estinguono i principi che hanno fatto il loro tempo e nascono nuovi principi".

[86] P. Grossi, *L'invenzione del diritto*, Bari-Roma, 2017, 104: "Il lavacro interiore a cui l'odierno giurista deve assoggettarsi è, senza alcun dubbio, il seguente: immettere il momento esegetico, sempre comunque, in un più ampio momento interpretativo, nel quale è riposto il suo salvataggio sociale e culturale: Né si tratta di perdere un'identità per ricrearne un'altra. Al contrario, si tratta di riscoprire quella identità inventiva di cui si gloriarono i giuristi della Roma classica e pos-classica, il giurista dello *ius commune medievale, ieri e oggi giuristi di common law*".

[87] P. Grossi, *op. ult. cit.*, 114 ss.

L'invenzione del diritto è appunto lo scopo dell'interpretazione giuridica e Paolo Grossi ricorda che ricade sul giurista il compito di *invenìre* il diritto e la Costituzione repubblicana è "un modello di invenzione" perché "per la prima volta nella storia dell'Italia moderna, dà volto ad una società plurale, autenticamente plurale. Tutta la complessità del sociale è registrata fedelmente, cui al fine corrisponde una coerente complessità giuridica"[88]. Ed il "nucleo valoriale" posto alla base della "dimensione costituzionale della Repubblica" è rappresentato dal principio della anteriorità della persona rispetto allo Stato, la tutela della dignità umana e della persona intesa nella sua dimensione relazionale, il principio pluralistico e quello di solidarietà.

È in questa visione che appare comprensibile l'immagine che Grossi utilizza per indicare la Costituzione come "una sorta di scrigno prezioso fatto anche di principi inespressi", i quali richiedono l'attività di un interprete che, oltre a trarli dallo stato latente, li trasformi "in strumenti corroborativi della vita delle persone nelle vicende della loro esistenza quotidiana".

---

[88] P. Grossi, *op. ult. cit.*, 118.

Finito di stampare nel mese di novembre 2022
nella Stampatre s.r.l. di Torino
Via Bologna, 220